Christoph Marx

Politische Presse im Nachkriegsberlin 1945-1953

Erik Reger und Rudolf Herrnstadt

Christoph Marx

POLITISCHE PRESSE IM NACHKRIEGSBERLIN 1945-1953

Erik Reger und Rudolf Herrnstadt

ibidem-Verlag
Stuttgart

Bibliografische Information der Deutschen Nationalbibliothek
Die Deutsche Nationalbibliothek verzeichnet diese Publikation in der Deutschen Nationalbibliografie; detaillierte bibliografische Daten sind im Internet über http://dnb.d-nb.de abrufbar.

Bibliographic information published by the Deutsche Nationalbibliothek
Die Deutsche Nationalbibliothek lists this publication in the Deutsche Nationalbibliografie; detailed bibliographic data are available in the Internet at http://dnb.d-nb.de.

Coverabbildung:
Nachkriegszeit - Ende Berlin-Blockade 1949. Fotograf: zbarchiv. © picture alliance / ZB. Abdruck mit freundlicher Genehmigung.

∞
Gedruckt auf alterungsbeständigem, säurefreien Papier
Printed on acid-free paper

ISBN-13: 978-3-8382-0985-2

© *ibidem*-Verlag
Stuttgart 2016

Alle Rechte vorbehalten

Das Werk einschließlich aller seiner Teile ist urheberrechtlich geschützt. Jede Verwertung außerhalb der engen Grenzen des Urheberrechtsgesetzes ist ohne Zustimmung des Verlages unzulässig und strafbar. Dies gilt insbesondere für Vervielfältigungen, Übersetzungen, Mikroverfilmungen und elektronische Speicherformen sowie die Einspeicherung und Verarbeitung in elektronischen Systemen.

All rights reserved. No part of this publication may be reproduced, stored in or introduced into a retrieval system, or transmitted, in any form, or by any means (electronic, mechanical, photocopying, recording or otherwise) without the prior written permission of the publisher. Any person who does any unauthorized act in relation to this publication may be liable to criminal prosecution and civil claims for damages.

Printed in the EU

INHALTSVERZEICHNIS

EINLEITUNG 7

A. HISTORISCHE VORAUSSETZUNGEN FÜR DIE PRESSEENTWICKLUNG IN BERLIN NACH 1945   19

I. USA und Sowjetunion als ideologische Antipoden   19
II. Die Grundprinzipien für eine deutsche Nachkriegsordnung   26
III. US-Pressepolitik als Reeducation: der Drei-Stufen-Plan   29
IV. Sowjetische Pressepolitik als Propagandapolitik   38

B. ENTWICKLUNG DER BERLINER PRESSELANDSCHAFT 1945-1953   51

I. Ende und Anfang 1945: Sowjetische Grundlagen   51
II. Strategischer Aufbau einer „antifaschistischen Presse":
Die *Tägliche Rundschau* und die *Berliner Zeitung*   57
III. Strategie und Konzeption der US-amerikanischen Besatzungsmacht   69
IV. Liberale Gegenpresse: *Allgemeine Zeitung* und *Tagesspiegel*   75
V. Das „Zeitungsparadies Berlin" 1946-1948   86
VI. Berlin-Blockade und die Folgen   104
VII. Konsolidierung der Berliner Presse in West- und Ost-Berlin (1949-1953)   107
VIII. Zusammenfassung   114

C. KÄMPFER UM DIE KÖPFE: ERIK REGER UND RUDOLF HERRNSTADT — 119

I. Journalisten des Kalten Kriegs – eine Doppelbiografie — 119
    a) Herkunft und politische Sozialisation — 119
    b) Zeit des Nationalsozialismus — 129
    c) An der Spitze der publizistischen Front — 138

II. Der erste Berliner Zeitungskrieg: Die Fusion von SPD und KPD — 149

III. Positionen, Strategien und Entwicklungen (1946-1953) — 169

IV. Zwischen Unterwerfung und Selbstbehauptung: Das Verhältnis zur Besatzungsmacht — 184
    a) Erik Reger und sein Verhältnis zur USA — 184
    b) Die Russen und ich: Der Sowjetmensch Rudolf Herrnstadt — 192

SCHLUSSBETRACHTUNG — 205

ANHANG — 211
    Abkürzungs– und Sigelverzeichnis — 211
    Quellen — 215
    Literatur — 220
    Personenregister — 235

Einleitung

Zeitungen und Zeitschriften entfalten seit jeher politische Wirkung. Sie ermöglichen den Menschen den Zugang zu Geschehnissen außerhalb ihres persönlichen Wirkungsbereichs, bestimmen ihre Wahrnehmung der Außenwelt und können daraus resultierende persönliche Handlungen mitbestimmen. Zeitungen waren von Anfang an potentiell herrschaftsgefährdend. Ohne Zeitungen und Flugschriften hätte etwa die Reformation im 16. Jahrhundert nicht wirksam werden können, die zu einer Umwälzung politischer Machtverhältnisse geführt hat. Schon im 17. Jahrhundert versuchten die Herrschenden deswegen, Zeitungen in ihrem Sinn einzusetzen. Einerseits wurde durch Eingriffe von staatlichen Behörden versucht, missliebige Stellungnahmen in der Öffentlichkeit zu unterbinden. Andererseits sollte mit Staatszeitungen die Bevölkerung gezielt im Sinne der Machthaber beeinflusst werden.[1]

Zu einem bedeutenden Machtfaktor im Staat wurde die Presse als öffentlicher Meinungsmacher in Folge der kontinuierlichen Demokratisierungsprozesse im 19. Jahrhundert. Durch den wachsenden Einfluss breiter Bevölkerungsschichten auf die politische Führungselite im Staat wuchs das Informationsbedürfnis. Die Anzahl der verschiedensten Presseerzeugnisse stieg rasant an. Der Zeitungsboom in Deutschland erreichte ihren Höhepunkt während der Weimarer Republik, als deutschlandweit über 4.000 Tages- und Wochenzeitungen erschienen. Allein in Berlin waren es 1928 147.[2] Die Zeitungen tragen in pluralistischen Gesellschaften wesentlich zur politischen

---

[1] Heinz Pürer, Johannes Raabe, Presse in Deutschland, Konstanz 2007, 35-63. Zentral auch: Rudolf Stöber, Deutsche Pressegeschichte, Konstanz 2005.

Orientierung und Meinungsbildung der Menschen bei. So wurde in der Weimarer Demokratie der Kampf der Parteien um die Mehrheiten und damit um die Macht im Staat nicht zuletzt auch in der Presse ausgetragen. In Berlin standen dem liberal-bürgerlich orientierten Pressekonzern Rudolf Mosses mit seinem *Berliner Tageblatt* als publizistischer Speerspitze, dem ebenfalls liberalen *Ullstein-Verlag* mit seiner *Berliner Morgenpost* und der *Vossischen Zeitung* die gegen die Weimarer Republik gerichteten kommunistischen Blätter aus dem Hause Münzenberg und die nationalistischen Publikationen des Großindustriellen Alfred Hugenberg gegenüber. Es ist unbestritten, dass das von der Schwerindustrie finanziell großzügig unterstützte Zeitungsimperium Hugenbergs in der Weimarer Republik wesentlich ein Meinungsklima förderte, das einen fruchtbaren Nährboden für die nationalsozialistische Propaganda bot.

Politische Presse versucht durch Meinungen, Berichte und Haltungen der Bevölkerung ein Wahrnehmungsmuster der öffentlichen Angelegenheiten vorzugeben, um das öffentliche Bewusstsein der Menschen im gewünschten Sinne zu beeinflussen. Die politische Publizistik ist so immer auch als ein ideologisches Mittel zu machtpolitischen Zwecken zu verstehen. In diesem Sinne bedeutete der Zusammenbruch des Deutschen Reiches am Ende des Zweiten Weltkriegs und die Besetzung Deutschlands durch die alliierten Truppen einen bis heute wirksamen Einschnitt in der deutschen Pressegeschichte. Die alliierten Besatzungsmächte zerstörten nicht nur das nationalsozialistische Medienmonopol, sondern schufen ein strukturell neues Pressewesen, das sich an nationale Traditionen nur soweit hielt, wie diese den jeweiligen weltanschaulichen Überzeugungen nützlich bzw. förderlich waren. Aufgrund der grundsätzli-

---

[2] Zu den Zahlen vgl. Hans Bohrmann, Anmerkungen zur Mediengeschichte Berlins, in: Günter Bentele/Otfried Jansen (Hg.), Medienstadt Berlin, Berlin 1988, 12-41. Hier: 33

chen Interessendivergenz zwischen der USA und der Sowjetunion als den entscheidenden ideologischen Gegnern der Anti-Hitler-Koalition wurde die neuformierte Presselandschaft schnell zum interalliierten Kampffeld um die Meinungsführerschaft im besetzten Deutschland, die die spätere Spaltung Deutschlands in zwei sich feindlich gegenüberstehende Gesellschaftssysteme vorwegnahm und ideologisch legitimierte. In Berlin, dem Machtzentrum des untergegangenen Deutschen Reiches, setzte diese Entwicklung bereits unmittelbar nach Kriegsende ein, weil hier die ideologischen Antagonismen der englisch-amerikanischen und der sowjetischen Besatzungsmacht direkt aufeinanderstießen. Aufgrund der besonderen Vier-Mächte-Konstellation und dramatischer Ereignisse wie der Berlin-Blockade durch die Sowjets 1948/1949 blieb der Meinungskampf in Berlin auch dann noch besonders kriegerisch, als sich im übrigen Deutschland abgrenzbare Staatsstrukturen entwickelten. Durch die räumliche Nähe der feindlichen Lager und den immer noch gemeinsamen Lebensalltag der Bevölkerung blieb Berlin in Vielem ein Sonderfall. Wie sich diese besondere Situation auf die Entwicklung und Ausprägung des Berliner Pressewesens auswirkte, steht im Mittelpunkt der Untersuchung.

Der Zusammenhang zwischen der Ausformung der Berliner Presselandschaft der Nachkriegszeit und dem Ost-West-Konflikt ist an sich ein Gemeinplatz. Die Ausrichtung und Entwicklung der politischen Nachkriegspresse sind ohne die ideologischen Implikationen des Kalten Kriegs nicht denkbar. Ein historisierender Vergleich, der die spezifische Berliner Pressentwicklung in größere historische Zusammenhänge einordnet, fehlt bisher. Zu nah war die Literatur bis 1990 noch an den politischen Faktizitäten des Kalten Kriegs.[3]

---

[3] Oft ist die vor 1990 erschienene Literatur zur Berliner Pressegeschichte nach 1945 selbst Kind ihrer Zeit und in den ideologischen Fallstricken des Kalten Kriegs ge-

In der vorliegenden Arbeit wird nun konkret angestrebt, die Entwicklung der Berliner Presselandschaft in den größeren Kontext der ideologischen Auseinandersetzungen zu stellen, gegenseitige Beeinflussungen und Wechselwirkungen zu erkunden und individuelle Freiräume und Besonderheiten von Redakteuren und Medienmachern innerhalb des eigenen Lagers auszuloten. Es wird also zwischen strukturellen Vorgaben bzw. Zwängen und den Handlungen bzw. Handlungsmöglichkeiten der handelnden Personen unterschieden. Ausgangspunkt ist die Überzeugung, dass Zeitungen einerseits von den historischen Bedingungen, andererseits auch von einzelnen Persönlichkeiten wesentlich mitgeprägt sind. Zeitungen sind Ausdruck des Zeitgeists – Ausdruck sowohl der politischen Gegenwart als auch der Medienmacher.

Strukturell wird davon ausgegangen, dass die Berliner Nachkriegszeitungen in erster Linie Produkte der alliierten Pressepolitiken waren und aufgrund der besonderen Berliner Vier-Mächte-Konstellation von den Alliierten auch als Instrumente benutzt wurden, sich eine starke ideologische Machtposition gegenüber dem ehemaligen Kriegspartner zu verschaffen. Die besondere Nachkriegsentwicklung der Berliner Presselandschaft soll also auch von ihrem Wert als interalliiertes Kampfmittel erklärt werden. Dabei werden zwei Zeitungen und die sie prägenden Journalisten genauer betrachtet, um exemplarisch und idealtypisch im Sinne von „pars pro toto" die individuellen Differenziertheiten aus den allgemeinen politischen Bedingungen und Vorgaben herauszuarbeiten. Besonders in den Fokus rücken die einzigen heute noch in Berlin existierenden Zeitungen: die sowjetisch lizenzierte *Berliner Zeitung*, die

---

fangen geblieben. Vgl. z.B. Friedrich Medebach, Stellung und Aufgabe der Berliner Presse seit 1945, in: ZV+ZV (Jg. 56/1959) H.10, 354-362. Zur DDR-Pressegeschichtsschreibung exemplarisch: Günter Raue, Geschichte des Journalismus in der DDR, Leipzig 1986.

erste deutsche Nachkriegszeitung in Berlin, und der US-amerikanisch lizenzierte *Tagesspiegel*, die „erste freie Presse in Berlin"[4]. Da jede Zeitung auch ein Produkt handelnder Menschen ist, werden die beiden deutschen Chefredakteure genauer ins Visier genommen: Erik Reger vom *Tagesspiegel* und Rudolf Herrnstadt von der *Berliner Zeitung*. Beide waren die überragenden Journalisten der jeweiligen Seite im Nachkriegsjahrzehnt. Sie waren nie reine Vermittler der politischen Weltanschauung einer fremden Besatzungsmacht, sondern vor allem bis zur Selbstzerstörung arbeitende Überzeugungstäter. Gerade dieser absolute Glaube an eine Idee, gepaart mit den dramatischen politischen Zuspitzungen in den ersten acht Nachkriegsjahren, konnte zu jener politischen Sprengkraft führen, die das Nachkriegsberlin speziell kennzeichnet. Reger und Herrnstadt waren somit nicht nur die führenden Berliner „Kalten Krieger" im Kampf mit dem Wort, vielmehr standen beide als intellektuelle Idealisten einander durchaus nah. Eine jeweils bemerkenswerte Symbiose von Geist und Macht, die in einer vergleichenden Doppelbiografie genauer untersucht werden wird.

Die Wirkungsdauer der beiden Journalisten in Berlin deckt sich fast genau mit dem Untersuchungszeitraum der vorliegenden Studie. Die Darstellung der Presseentwicklung und exemplarischer thematischer Auseinandersetzungen beschränkt sich auf die Jahre 1945 bis 1953, endet also zu dem Zeitpunkt, als Rudolf Herrnstadt in der SED politisch jäh abstürzte und kurz bevor Erik Reger plötzlich und unerwartet verstarb. Es war auch der Zeitpunkt, als im Juni 1953 nach dem Tod Stalins das kommunistische Zwangssystem der DDR seine erste schwere öffentliche Legitimitätskrise durchlebte und nur durch die sowjetischen Panzer gerettet werden konnte. Ein erster politisch

---

[4] So der Tagesspiegel im Vorwort zu seiner Jubiläumsausgabe zum fünfzigjährigen Bestehen. Vgl. *Der Tagesspiegel* vom 27.9.1995 (Sonderbeilage).

wie auch publizistisch wichtiger Einschnitt im Berlin der Nachkriegszeit.

Der formale Aufbau der Arbeit orientiert sich an den dargestellten Erkenntnisinteressen und besteht aus drei großen zusammenhängenden Themenblöcken.

Der **erste Teil** untersucht die historischen Bedingungen für die spezielle Entwicklung der Berliner Presse. Neben der Darstellung der alliierten Machtfülle gegenüber der deutschen Bevölkerung stehen hier insbesondere die grundlegenden ideologischen Unterschiede zwischen den USA und der Sowjetunion als den beiden wichtigsten Alliierten und ihre Auswirkungen auf die Pressepolitik im Blickpunkt. Vor dem Hintergrund der prinzipiellen antithetischen Zielsetzungen der USA und der Sowjetunion, die anhand der Vorgeschichte des Zweiten Weltkriegs kurz skizziert werden, werden hierfür in angemessener Ausführlichkeit die pressepolitischen Nachkriegsplanungen der US-Amerikaner und der Sowjets analysiert und abschließend gegenübergestellt werden.

Der **zweite Abschnitt** widmet sich dann der konkreten strukturellen Ausformung der Berliner Presselandschaft in den ersten acht Nachkriegsjahren, wobei der Schwerpunkt auf die Darstellung der ersten beiden Jahre liegt, in denen die wesentlichen Grundlagen gelegt wurden. Dabei stehen die Entstehungsgeschichte und das inhaltliche, formale und personelle Profil der ersten Berliner Nachkriegszeitungen im Mittelpunkt, wobei deutlich werden wird, wie sehr jeweils die eine Seite auf die andere Seite reagiert. Entsprechend dem chronologischen Ablauf werden hierfür zunächst das offizielle sowjetische Publikationsorgan *Tägliche Rundschau* und die *Berliner Zeitung* als die ersten von den Sowjets lizenzierten Zeitungen während ihres dreimonatigen Machtmonopols in Berlin analysiert werden, um diesen dann spiegelbildlich das offizielle US-amerikanische Blatt

Allgemeine Zeitung und die erste deutsche US-Lizenzzeitung *Der Tagesspiegel* gegenüberzustellen. Die Entstehungsgeschichte und das Profil des *Tagesspiegel* verdienen hierbei aus erwähnten Gründen besondere Aufmerksamkeit. Im Weiteren werden der enorme Zeitungs- und Zeitschriftenboom in den ersten Jahren in Berlin mit der interalliierten politischen Wettbewerbssituation erklärt. Dabei wird anhand amtlicher Dokumente und redaktioneller Konzepte vor allem der Frage nachgegangen, wie die alliierten Bündnispartner auf ihre jeweiligen Zeitungen reagierten. Eine Situation, die sich nach 1948 noch einmal erheblich verschärfte, als der Kalte Krieg mit Berlin-Blockade und Spaltung seinen ersten Höhepunkt in der Stadt erreichte.

Der **dritte Teil** beschreibt dann die inhaltlichen Dimensionen des Zeitungskriegs und nimmt dabei die Auseinandersetzungen zwischen den publizistischen Frontkämpfern auf beiden Seiten, Erik Reger und Rudolf Herrnstadt, als roten Faden auf. In einer Art Doppelbiografie werden Herkunft, Erfahrungen, Einstellungen und Überzeugungen der prägenden Journalisten auf beiden Seiten gegenübergestellt, ihr Profil und ihre Rolle für die jeweilige Schutzmacht analysiert. Dabei werden konkrete Hintergründe und persönliche Motivation für die publizistischen Ziele und Tätigkeiten ergründet sowie Unterschiede und auch Gemeinsamkeiten herausgearbeitet. Anhand von Artikeln von ausgewählten Ereignissen wie der Berlin-Blockade oder dem Aufstand vom 17. Juni 1953 werden publizistische Kampfstrategien der von ihnen verantworteten Zeitungen untersucht und nach zeitlichen Entwicklungen, Änderungen und Beeinflussungen gefragt. Besonders ausführlich wird auf die Kontroverse um den Zusammenschluss der KPD und SPD in Berlin im Frühjahr 1946 eingegangen, den ersten Zeitungskrieg Berlins, in dem auch beide Journalisten direkt eingriffen. Diese Auseinandersetzung war ein entscheidender Wendepunkt im politischen und publizistischen Bereich hin zu einer Konfrontation, die 1948 in der Spaltung Berlins endete. Dabei waren beide Journalisten nie nur ferngesteuerte politische Handlanger, sondern vor allem auch durch die unmittelbare Kriegsvergangenheit geprägte deutsche Intellektuelle. Beide waren umfassend gebildet, handwerklich glänzend und ließen sich trotz ihrer festen Überzeugung nie einfach zu einem Kadergehorsam zwingen. Als denkende Wesen bewahrten sie sich in ihrem individuellen Rahmen mehr oder weniger geistige Unabhängigkeit auch gegenüber „ihrer" Hegemonialmacht. Die Frage des individuellen Verhältnisses zur jeweiligen Besatzungsmacht wird anhand von Reden und Dokumenten gesondert untersucht werden. Denn das Nachleben der beiden kann unterschiedlicher nicht sein. Wurde lange Zeit ein „Erik-Reger-Preis" verliehen, ist Rudolf Herrnstadt im kollektiven Gedächtnis Berlins fast vollständig vergessen bzw. bewusst verdrängt worden. Das liegt nicht nur an seiner heute als moralisch anstößig empfundenen Rolle als Unterstützer einer Diktatur, sondern auch an dem Verhalten der DDR selbst, die ihn 1953 von heute auf morgen zur Unperson erklärte.

In Hinblick auf die Literatur zur Berliner Pressegeschichte der Nachkriegszeit geht die folgende Studie von meiner ausführlichen Untersuchung über die Anfänge der Berliner Presse[5] aus, erweitert aber wesentlich deren Perspektive. Im Sinne des vorgestellten differenzierten Ansatzes nimmt die vorliegende Arbeit verstärkt die Verhältnisse innerhalb des eigenen Lagers in den Blick. Durch den Fokus auf die beiden Journalistenpersönlichkeiten Erik Reger und Rudolf Herrnstadt soll am Ende auch ein lebendiges Bild von Möglichkeiten und Grenzen des Journalismus in Zeiten der extremen ideologischen Polarisierung stehen. Die Verbindung einer intellektuellen- mit einer journalismusgeschichtlichen Perspektive wird durch den

---

[5] Christoph Marx, Reeducation und Machtpolitik – Die Neuordnung der Berliner Presselandschaft 1945-1947, Stuttgart 2001.

biografischen Zugriff eingegrenzt und exemplarisch verdichtet. Damit orientiere ich mich prinzipiell an der Vorgehensweise der ideengeschichtlichen Arbeit von Marcus M. Payk zum Feuilletonjournalismus der frühen Bundesrepublik[6], ohne vorliegende Spezialuntersuchung mit dieser ambitionierten Großstudie im „Spannungsfeld von intellektueller Selbstverständigung und demokratischer Soziabilität"[7] gleichsetzen zu wollen.

Die wichtigsten Primärquellen der Studie waren die jeweiligen Jahrgänge der ausgewählten Zeitungen. Die *Tägliche Rundschau* ebenso wie die *Berliner Zeitung* und *Der Tagesspiegel* waren in den Berliner Bibliotheken komplett einzusehen. Bei der Analyse der nur kurzzeitig existierenden *Allgemeine(n) Zeitung* konnte auf die ausführliche Studie von Gisela Frohner zurückgegriffen werden.[8] In den Landesarchiven der Stadt Berlin[9] und der „Stiftung Archiv der Parteien und Massenorganisationen der DDR im Bundesarchiv" (SAPMO–BArch) wurden einige für die Arbeit interessante Dokumente entdeckt.[10] Ebenso ermöglichten die im Landesarchiv Berlins einzusehenden Akten der US-amerikanischen Militäradministration in Berlin (OMGBS) Einblicke in das politische Innenleben des *Tagesspiegel*.

---

[6] Marcus M.Payk, Der Geist der Demokratie – Intellektuelle Orientierungsversuche im Feuilleton der frühen Bundesrepublik: Karl Korn und Peter de Mendelssohn, München 2008.
[7] Zitiert nach: Ebda, 9.
[8] Gisela Frohner, „Allgemeine Zeitung". Portrait einer Zeitung für die Berliner Bevölkerung, unveröffentlichte Magisterarbeit an der Philosophischen Fakultät der FU Berlin 1966.
[9] Das ehemalige Stadtarchiv im Osten in der Breite(n) Straße wird im folgenden LAB (STA), das im Westen Berlins gelegene Landesarchiv an der Kalckreuther Straße LAB abgekürzt.
[10] Ein in der SAPMO-BArch entdeckter Erinnerungsbericht Bernt von Küngelgens über das erste Jahr der *Berliner Zeitung* erwies sich als wichtigste Quelle für die politische Einordnung der *Berliner Zeitung*. Bernt von Küngelgen, Jahrgang 1945 – Die „Berliner Zeitung" – ein Instrument der Bündnispolitik der Arbeiterklasse, in: SAPMO-BArch, EA Sg Y 30/ 1828, Bl. 1-35.

Für die Einordnung und Bewertung der Ereignisse und Auseinandersetzungen blieb der Rückgriff auf zeitgenössische Erinnerungen und wissenschaftliche Darstellungen wichtig, von denen die wichtigsten für die Arbeit im Folgenden kurz vorgestellt werden.

Unter den Erinnerungen muss in diesem Zusammenhang Peter de Mendelssohns journalistische Darstellung der „Zeitungsstadt Berlin"[11] erwähnt werden. Die aufgrund seiner Stellung als ehemaliger US-amerikanischer Presseoffizier notwendigerweise subjektive Schilderung der Entwicklung der Berliner Nachkriegspresse im Allgemeinen und des *Tagesspiegel* im Besonderen bleibt unverzichtbar. Oschilewskis knapper, aber sehr informativer Überblick über die Berliner Zeitungen war in erster Linie bei den nicht näher analysierten Zeitungen nützlich.[12]

Unter den wissenschaftlichen Untersuchungen zur Westberliner Pressegeschichte ragt Harold Hurwitz' soziologisch orientiertes vierbändiges opus magnum über „Demokratie und Antikommunismus in Berlin nach 1945" heraus. Dessen dritter Teil, der sich detailliert u. a. mit der Berliner Medienpolitik der US-Amerikaner befasst, boten zusammen mit seiner früheren Studie über die „Stunde Null der deutschen Presse" einen schier unerschöpflichen Fundus an Quellen und Belegen.[13] Ebenso die von Klaus Jans 1986 am Institut für Publizistik der FU Berlin angefertigte Magisterarbeit über die „Anfänge des Tagesspiegel", die ausführlich und quellengestützt das erste Halbjahr des *Tagesspiegel* rekonstruiert.[14] Auf der anderen Seite

---

[11] Peter de Mendelssohn, Zeitungsstadt Berlin, Frankfurt/ Berlin 1982.
[12] Walther G. Oschilewski, Zeitungen in Berlin – Im Spiegel der Jahrhunderte, Berlin 1975.
[13] Harold Hurwitz, Die Eintracht der Siegermächte und die Orientierungsnot der Deutschen 1945-1946, Köln 1984. Ders., Die Stunde Null der deutschen Politik – Die amerikanische Pressepolitik in Deutschland 1945-1949, Köln 1972.
[14] Klaus Jans, Die Anfänge des Tagesspiegel, unveröffentlichte Magisterarbeit am FB Kommunikationswissenschaften der FU Berlin 1986.

kann auf die Dissertationsschrift von Peter Strunk über die „Pressekontrolle und Propagandapolitik der Sowjetischen Militäradministration in Deutschland" hingewiesen werden, die die Intentionen der sowjetischen Pressepolitik beleuchtet. Sie wurde darüberhinaus für die Analyse der *Tägliche(n) Rundschau* herangezogen.[15] Von den neuesten Untersuchungen war inbesondere für die Einordnung der inhaltlichen Auseinandersetzungen die sprachwissenschaftlich ausgerichtete Studie von Eva Zametzer über den Ost-West-Konflikt in *Tagesspiegel* und *Berliner Zeitung* sehr hilfreich.[16] In diesem Zusammenhang sei auch auf die Studie von Wolfgang Schievelbusch über das „geistige Berlin 1945-1948" verwiesen, deren Quellen und geistreichen Interpretationen immer wieder wichtige Anregungen gaben.[17]

Journalismusgeschichte ist immer noch vor allem Presse-, also Sachgeschichte. Journalisten selbst sind nur selten Gegenstand historischer Untersuchungen und wenn doch, gehen sie nur wenig über Anekdoten hinaus.[18] Umso erfreulicher, dass zu beiden Persönlichkeiten in jüngster Zeit zwei neuere Quelleneditionen bzw. Memoiren aus dem familiären Umfeld erschienen, die für die beiden Biografien, gerade für die Charakteristik der Persönlichkeiten, unentbehrlich waren. Das Eine ist das neu editierte Tagebuch von Erik Reger aus

---

[15] Peter Strunk, Pressekontrolle und Propagandapolitik der sowjetischen Sowjetischen Militäradministration in Deutschland (SMAD) – Der politische Kontrollapparat der SMAD im sowjetischen Besatzungsgebiet (1945-1947), Diss. Frankfurt 1989. Ders., Zensur und Zensoren – Medienkontrolle und Propagandapolitik unter sowjetischer Besatzungsherrschaft in Deutschland, Berlin 1996.

[16] Zametzer, Eva, Die Anfänge des Ost-West-Konflikts in der deutschen Sprache – Argumentationsstrategien in Tagesspiegel und Berliner Zeitung von 1945 bis 1949, Frankfurt u. a. 2006.

[17] Wolfgang Schivelbusch, Vor dem Vorhang – Das geistige Berlin 1945-1948, Frankfurt 1997.

[18] Zum Beispiel: Hans-Jürgen Jakobs, Wolfgang R. Langenbucher, Das Gewissen ihrer Zeit – Fünfzig Vorbilder des Journalismus, Wien 2004.

den letzten Kriegstagen[19], und das Andere die preisgekrönte Biografie der Tochter von Rudolf Herrnstadt über ihren Vater[20]. Beide bieten auch ein atmosphärisches Epochenbild, das sich in den nur gelehrten Studien schwer finden lässt. Für die jeweiligen politischen Positionierungen bleiben eigene Pressebeiträge zentral. Viele Korrespondenzen und Materialien aus dem Nachlass von Erik Reger in der Berliner Akademie der Künste waren sowohl für die politische Einordnung als auch für die Frage nach dem Verhältnis zur Besatzungsmacht hilfreich.[21] In beiden Fällen blieben neben den jeweiligen Originalschriften die wissenschaftlichen Expertisen unverzichtbar.[22] Aus dem Nachlass des Berliner Zeitungswissenschaftlers Emil Dovifat geht hervor, dass im Jahr 1969 eine Dissertation zum Thema „Erik Reger und der Tagesspiegel 1945-1954" geplant war. Diese Arbeit hat wohl die Planungsphase nicht überstanden.[23]

---

[19] Reger, Erik, Zeit des Überlebens – Tagebuch April bis Juni 1945, mit einem Nachwort von Andreas Petersen (131-159), Berlin 2014.

[20] Liebmann, Irina, Wäre es schön? Es wäre schön! – Mein Vater Rudolf Herrnstadt, Berlin 2008. Das quellengesättigte und stilistisch sehr ansprechende Porträt der ausgebildeten Sinologin ist 2008 mit dem Preis der Leipziger Buchmesse ausgezeichnet worden. Das Buch hat auch wegen seines vermeintlichen „Antikommunismus" von interessierter Seite aus zu polemischen Gegendarstellungen geführt: Klaus Huhn, Der Fall Rudolf Herrnstadt, Berlin 2008.

[21] Archiv der Akademie der Künste Berlin, Nachlass Reger. In der Folge: AdK, NL Reger.

[22] Im Fall von Erik Reger vor allem: Erhard Schütz, „...der Wille zur Empfänglichkeit" Erik Reger. Leben und Werk, in: Erik Reger, Kleine Schriften – Band 2, hg. von Erhard Schütz, Berlin 1993. Im Fall von Rudolf Herrnstadt die Veröffentlichung des Herrnstadt-Experten Helmut Müller-Enbergs; inbesondere: Helmut Müller-Enbergs, Der Fall Rudolf Herrnstadt – Tauwetterpolitik vor dem 17. Juni, Berlin 1991.

[23] So die Korrespondenz zwischen Sven Thomas Frank und Emil Dovifat in: GSTA PK, VI.HA, NL Dovifat, Nr. 437. Sven Thomas Frank hatte in Erlangen bei Professor Schoeps Geistesgeschichte studiert und galt in den 1970er-Jahren als einer der Vordenker der „Neuen Rechten".

A. Historische Voraussetzungen für die Presseentwicklung in Berlin nach 1945

I. USA und Sowjetunion als ideologische Antipoden

Die USA entstanden als Willensnation, als revolutionäres Experiment. Zum ersten Mal wurde ein Gemeinwesen begründet, das sich politische Demokratie und Menschenrechte auf die Fahnen schrieb. Die auf den aufklärerischen Prinzipien der Volkssouveränität, Gewaltenteilung und Bürgerfreiheit aufbauende, im Wesentlichen noch heute gültige Verfassung von 1787 wurde zum Vorbild für die liberalen Kräfte in der Welt und zum „transsakrale[n] Motto der Vereinigten Staaten".[24] Sie liegt dem US-typischen Freiheitsverständnis zugrunde, demzufolge das Recht der Völker auf Selbstbestimmung und die individuellen Freiheitsrechte auf der ganzen Welt gültig seien. Die naturrechtlich begründeten Freiheitsrechte des Individuums werden dabei in der Tradition der Unabhängigkeitserklärung und der Bill of Rights von 1776 als persönliche unveräußerliche Schutzrechte gegenüber einer überindividuellen, staatlichen Instanz definiert. Der einzige legitime Zweck jeder Regierung oder sonstiger staatlicher Organisation sei es, diese Individualfreiheiten zu schützen. Werden diese Rechte verletzt, sei es Pflicht der USA, den Angegriffenen Unterstützung zu gewähren.[25]

---

[24] Christoph Marx, Volkssouveränität und Gewaltenteilung – Die US-Verfassung als globales Vorbild, in: BROCKHAUS Horizonte – Im Kampf um die Freiheit, 44-52.

[25] Vgl. hierzu auch: Brockhaus – Die Bibliothek – Weltgeschichte, Bd.6, Leipzig 1999, 192ff; Rüdiger B. Wersich (Hg.), USA-Lexikon, Berlin 1995, 128f bzw. 218f. Zitat: 219.

In diesem Sinn verfolgte US-Präsident Franklin Roosevelt in den 1930er-Jahren gegen die allgemeine Stimmung im Land[26] früh einen interventionistischen Ansatz gegenüber dem nationalsozialistischen Expansionsdrang. Er erkannte den Anspruch der Nationalsozialisten, die gesamte Welt in ihrem Sinne militärisch wie auch ideologisch neu ordnen zu wollen.[27] Die Expansionsgelüste Hitlers in Europa waren für ihn eine globale Bedrohung für alle freiheitlichen Demokratien. Die demokratischen Staaten sollten der menschenverachtenden nationalsozialistischen Ideologie mit ihrem militärischen Machtapparat massiv entgegenwirken.

Diese Haltung entsprach dem elementaren Eigeninteresse der USA an einem liberalen Weltmarkt. In der auf dem traditionellen Freiheitsverständnis aufbauenden One-World-Konzeption war die Sicherung des freien Weltmarktes „untrennbar mit der unteilbaren Sicherheit und der unteilbaren Freiheit aller verbunden"[28]. Die liberal-freiheitliche Verfassung eines Landes war also nur zu sichern, wenn alle Länder in diesem Sinne freiheitlich regiert werden. Der von den Nationalsozialisten angestrebten neuen Weltordnung, die auf Rassismus, Gewalt und Freiheitsentzug baute, stellte Roosevelt in seiner Vier-Freiheiten-Rede vom 6. Januar 1941 so die „moralische Ordnung"[29] der unteilbaren, individuellen Freiheitsrechte entgegen.

---

[26] Detlef Junker, Kampf um die Weltmacht – Die USA und das Dritte Reich 1933-1945, Düsseldorf 1988, 21.

[27] So sah Roosevelt bereits 1937 einen Existenzkampf zwischen Demokratie und Diktatur voraus, deren „Regime des Schreckens und der Gewalt die Welt" bedrohe. Zitiert nach: Hermann Kindler/Werner Hilgemann, dtv-Atlas zur Weltgeschichte, Bd.II, München 1996, 186. Insgesamt vgl. Detlef Junker, Roosevelt und die nationalsozialistische Bedrohung der USA, in: Frank Trommler (Hg.), Amerika und die Deutschen, Opladen 1986, 379-392. Hier. 386.

[28] Zitiert: Junker, Weltmarkt, 283. Vgl. Werner Link, Das nationalsozialistische Deutschland und die USA 1933-1941, in: NPL 18 (1973), 225-233.

[29] Aus der Vier-Freiheiten-Rede Franklin D. Roosevelts am 4.1.1941. Rede abgedrückt in: Dokumente zur Geschichte der Vereinigten Staaten von Amerika, eingeleitet von Herbert Schambeck und gemeinsam hg. mit Helmut Widder und Marcus Bergmann, Berlin 1993, 472-477. Zitat: 476.

Diese waren entsprechend den traditionellen US-amerikanischen Werten die Religionsfreiheit, die Freiheit von Furcht, die Freiheit von Not und die Freiheit der Rede und Meinungsäußerung.[30] Um den Frieden langfristig zu sichern, müssten diese weltweit durchgesetzt werden. Diese Vision der globalen Durchsetzung der unveräußerlichen Freiheitsrechte war also einerseits der „antagonistische Weltmachtsentwurf"[31] zum Nationalsozialismus, andererseits im positiven Sinne selbst programmatisches Ziel einer neu zu errichtenden Weltordnung. Da deren Grundpfeiler auf dem US-amerikanischen Freiheits- und Demokratieverständnis basieren sollte, musste eine solche Friedensordnung notwendigerweise eine Art Pax Americana sein.

In der Entscheidung, aktiv und parteiisch in den zunächst rein europäischen Konflikt einzugreifen, verbanden sich in direkter Kohärenz moralische, ökonomische und sicherheitspolitische Motive zu der missionarischen Vorstellung, dass es um nicht weniger ging als

> „einen epochalen Kampf zweier unvereinbarer Grundprinzipien: auf der einen Seite der demokratisch-freiheitliche, rechtsstaatliche Gesellschaftsentwurf mit christlich-humanistisch fundiertem Menschenbild und privatkapitalistischer Wirtschaftsordnung, auf der Gegenseite die menschheitsfeindliche, rassistisch-totalitäre Willkürdoktrin der NS-Diktatur."[32]

Oder moralischer in den Worten Roosevelts ausgedrückt: als ein Ringen „zwischen Gut und Böse"[33].

Die Sowjetunion als die zweite politische Macht der späteren Anti-Hitler-Koalition war ebenfalls eine Willensnation und ähnlich missionarisch angelegt wie die USA – nur mit diameteral entgegengesetz-

---

[30] Die in dem Text benannten vier demokratischen Grundfreiheiten in: Ebda.
[31] Zitiert nach: Junker, 34.
[32] Zitiert nach: Klaus-Dietmar Henke, Die amerikanische Besetzung Deutschlands, München 1995, 44.
[33] So Roosevelt in seiner Jahresbotschaft an den Kongress vom 6.1.1942; Zitiert nach: Ebda.

tem Ziel. Die Sowjetunion entstand als Produkt der Machtübernahme der Bolschewiki unter der Führung Lenins in der Oktoberrevolution des November 1917. In der 1922 gegründeten „Union der Sozialistischen Sowjet-Republiken" sollten erstmals die Lehren von Karl Marx und Friedrich Engels verwirklicht werden, die den historisch notwendigen Sturz des den Menschen von sich selbst entfremdenden kapitalistischen Herrschaftssystems und die Errichtung einer durch die Arbeiterklasse zu verwirklichenden herrschaftsfreien, kommunistischen Gesellschaftsordnung propagierten.[34] Im Namen der Lehren von Marx und Engels errichtete die Russische Kommunistische Partei (RKP) als die selbst ernannte revolutionäre Vorhut der Arbeiterklasse ab 1920 ein diktatorisches Ein-Parteien-System. Gemäß dem Marxschen Diktum von der „Diktatur des Proletariats" wurde diese Parteiendiktatur ideologisch als eine notwendige, nur vorläufige Etappe des Übergangs vom Kapitalismus zum Kommunismus begründet. In der Sowjetunion setzte nun die kommunistische Staatspartei, die KPdSU, planmäßig und gewaltsam die vermeintliche „sozialistische" Umstrukturierung der Gesellschaft durch.[35]

Die Sowjetunion besaß von Anfang an auch intellektuelle Ausstrahlungskraft. Für Kommunisten in aller Welt wurde die Sowjetunion zu einer „Avantgarde der gesamten Menschheit"[36], zu dem vermeintlichen Beweis der Marxschen These vom notwendigen Sturz der kapitalistischen Staatenwelt. Nach sowjetischer, orthodox-

---

[34] Zur kommunistischen Theorie von Marx und Engels als den Urvätern der verschiedenen sozialistischen Lehren vgl. die komprimierte Zusammenfassung bei: Hans-Joachim Lieber, Politische Theorien von der Antike bis zur Gegenwart, Bonn 1993, 507-577. Zu den ideologischen Kämpfen innerhalb der KPdSU: Ebda, 748-781.

[35] Vgl. Georg von Rauch, Geschichte der Sowjetunion, Stuttgart 1990. Hier besonders: 41-296.

[36] Zitiert aus: Francois Furet, Das Ende der Illusion – Der Kommunismus im 20. Jahrhundert, Paris 1995, 148.

kommunistischer Überzeugung verschleierten deren formale, demokratisch-individuelle Freiheiten nur den gesellschaftlichen Antagonismus zwischen der Minderheit der ausbeutenden Kapitalisten und der großen Mehrheit der ausgebeuteten Arbeiter und würden von der herrschenden bürgerlichen Klasse in erster Linie als Mittel zur Stabilisierung der Klassengesellschaft und damit der eigenen Macht eingesetzt. Demnach könne von einer „wahren" Demokratie erst dann gesprochen werden, wenn die gesellschaftlichen Bedingungen der „bürgerlichen Klassendiktatur", also die auf Profit und das individuelle Eigeninteresse aufbauenden Ordnungsprinzipen in Wirtschaft und Staat, überwunden wären. Erst in einem noch aufzubauenden „sozialistischen" Herrschaftssystem habe die große Mehrheit des Volkes auch faktisch die politische und gesellschaftliche Macht inne. Die vorher skizzierten liberalen Abwehrrechte des Einzelnen gegenüber dem Staat als essentieller Kern des US-amerikanischen, westlichen Demokratieverständnisses waren in diesen Denkkategorien also nur Mittel zum kapitalistischen Zweck und auch eine wesentliche Verkürzung des Demokratiebegriffs. Denn Demokratie, „Herrschaft des Volkes", wäre in der Klassengesellschaft ein Widerspruch in sich. Nur wenn durch Vergesellschaftung die wichtigsten Produktionsmittel in den Händen der werktätigen Masse konzentriert wären, könnte demnach Demokratie in ihrem eigentlichen Wortgehalt verwirklicht werden. Hierbei kommt auch ein in aristotelischer Tradition stehendes, dem liberalen, US-amerikanischen Denken antithetisch entgegengesetztes inhaltliches Verständnis von Freiheit zum Ausdruck. Der Mensch als *zoon politikon* kann sich nur in der staatlichen Gemeinschaft als ein Freier erfahren. Statt der amerikanischen, individuellen „Freiheit von" steht hier die idealtypische Vorstellung von der nur im Kollektiv zu erfahrenden „Freiheit zu" im Vordergrund. [37]

---

[37] Vgl. insgesamt Ausführungen zum sozialistischen Demokratiebegriff u. a. die

Das ideologische Selbstverständnis der Sowjetunion, die historische Vorhut der zukünftigen kommunistischen Weltrevolution zu sein und sich damit in einem ständigen Kampf mit dem zu überwindenden Kapitalismus zu befinden, war das Leitmotiv für die Sowjetunion in ihrer Beziehung zu den restlichen Ländern der Welt. Das ideologische Misstrauen gegenüber den kapitalistischen Ländern bestimmten die Leitlinien sowjetischer Außenpolitik der 1930er-Jahre.[38] Der Sieg des Nationalsozialismus in Deutschland änderte daran zunächst wenig, weil man den Nationalsozialismus nicht als politisches System sui generis, sondern „nur" als eine besonders aggressive Form des Kapitalismus verstand.[39] Die Verantwortung für den Kriegsausbruch in Europa schrieb die Sowjetunion den „imperialistischen Westmächten" zu.[40] Als am 22. Juni 1941 deutsche Truppen in der Sowjetunion einfielen und damit der von Hitler lange geplante Vernichtungsfeldzug begann, wurde der Sowjetunion ein mörderischer Krieg aufgezwungen.

Die USA und die Sowjetunion waren von ihren Wesen her ideologische Todfeinde. Die USA erkannte 1933 als einer der letzten Staaten

---

Zusammmenfassung, in: Barbara Baerns, Ost und West – Eine Zeitschrift zwischen den Fronten, Münster 1968, 21-27. Zitat : 23.

[38] Kennzeichnend war die Furcht Stalins vor einem Krieg der kapitalistischen Grossmächte gegen die Sowjetunion.Vgl. Axel Kuhn, Das nationalsozialistische Deutschland und die Sowjetunion, in: Manfred Funke (Hg.), Hitler, Deutschland und die Mächte – Materialien zur Außenpolitik des Dritten Reiches, Düsseldorf 1976, 639-653. Hier: 645.

[39] So war nach sowjetischer Lesart die faschistische Diktatur und die bürgerliche Demokratie nichts anderes als "zwei verschiedene Formen des politischen Überbaus über ein und dieselbe Gesellschaftsstruktur, nämlich der des 'staatsmonopolischen Kapitalismus'". Zitiert nach: Richard Saage, Faschismustheorien, München 1981, 33.

[40] Vgl. v. Rauch, 331f. Außenminister Molotow hielt es für „sinnlos und verbrecherisch, zur Vernichtung des Hitlerismus einen solchen Krieg zu führen". Zitiert nach: Alfred Grosser, Geschichte Deutschlands seit 1945 – Eine Bilanz, München 1978, 42.

die Sowjetunion diplomatisch an.[41] Erst die gemeinsame Bedrohung durch die Aggression des nationalsozialistischen Deutschlands – wobei die Sowjetunion unmittelbar in ihrer Existenz gefährdet war, während die Amerikaner ihre ideellen Grundsätze und damit zusammenhängend ihre wirtschaftlichen und sicherheitspolitischen Interessen beeinträchtigt sahen – führte zu dem widernatürlichen Zusammenschluss in der sogenannten Anti-Hitler-Koalition. So sicherten sich am 1. Januar 1942 die USA, England und die Sowjetunion in der „Erklärung der Vereinten Nationen" gegenseitig zu, „alle ihre Hilfsmittel, (...) militärische und wirtschaftliche, gegen jene Mitglieder des Drei-Mächte-Paktes und seine Anhänger, (...) einzusetzen" und „keinen Sonderfrieden mit den Feinden zu schließen."[42]

Der gemeinsame Wille, das nationalsozialistische Deutschland nicht nur zu schlagen, sondern völlig zu besiegen[43], verdeckte während der Kriegsjahre zunächst die tiefen ideologischen Differenzen der Bündnispartner. Eine solche Zielsetzung verlangte ein gemeinsames Konzept für die Behandlung Deutschlands nach der bedingungslosen Kapitulation, das den Rahmen für die politische Neuordnung Deutschlands im Allgemeinen und somit auch Berlins im Speziellen bilden sollte.

---

[41] Vgl. hierzu: Gottfried Schramm (Hg.), Handbuch der Geschichte Russlands, Bd.3, Stuttgart 1983, 662f; Jürgen Heideking, Geschichte der USA, Tübingen 1996, 317.
[42] Erklärung der Vereinten Nationen – Anerkennung der Prinzipien der Atlantik-Charta am 1.1.1942, in: Europa Archiv 1 (1946f.), 343. Diese Erklärung wurde anfangs von 22 meist kleineren Staaten mitunterschrieben, bis 1945 schlossen sich weitere 19 Staaten an.
[43] So richtete sich die Forderung der bedingungslosen Kapitulation des Deutschen Reiches, auf die sich Roosevelt und Churchill auf der Konferenz von Casablanca (14.1.–26.1.1943) geeinigt hatten, nicht nur an die „deutsche Armee, sondern an Deutschland in seiner Gesamtheit". Stalin schloss sich wenig später der Resolution an. Zitiert nach: Grosser, 43.

II. Die Grundprinzipien für eine deutsche Nachkriegsordnung

Die alliierten Planungen waren bestimmt von der Notwendigkeit, eine neuerliche militärische Aggression Deutschlands für alle Zukunft unmöglich zu machen. In der „Atlantik-Charta" legten alle Alliierten die Prinzipien einer friedlichen Nachkriegsordnung fest – wesentliche Inhalte des Dokuments waren die Absage an jedweden politischen und wirtschaftlichen Imperialismus sowie das Bekenntnis zum freien Selbstbestimmungsrecht der Völker.[44] Um diese dauerhaft sichern zu können, war es deswegen für die Alliierten unabdingbar, Deutschland nicht nur zu besetzen, zu entwaffnen und die Kriegsverbrecher zur Rechenschaft zu ziehen, sondern auch völlig neu zu ordnen.[45] In diesem Sinne sprach sich schon frühzeitig ein von den USA für die Außenministerkonferenz in Moskau (18.10.-23.10.1943) verfasstes Dokument dafür aus, Deutschland in Zonen einzuteilen. Das deutsche Rüstungspotential müsse hierbei ebenso wie der Nazismus vernichtet und gleichzeitig eine dezentralisierte Demokratie aufgebaut werden.[46] Auf der Konferenz von Teheran (28.11-1.12.1943) einigten sich die Alliierten prinzipiell auf die Tei-

---

[44] Die „Atlantik-Charta" wurde am 14.8.1941 gemeinsam von Roosevelt und Churchill verabschiedet. Im Wortlaut abgedruckt in: Europa-Archiv 1 (1946/7), 343.

[45] Vgl. Henke, 28.

[46] Die Konferenz nahm diesen Plan als gemeinsame Diskussionsgrundlage an und beschloss zur Ausarbeitung der Einzelheiten die Gründung der „European Advisory Commission" (EAC). Sie nahm am 14. Januar 1944 in London ihre Arbeit auf. Vgl. Michael Balfour, Vier-Mächte-Kontrolle in Deutschland, Düsseldorf 1959, 30. Hans-Günter Kowalski, Die „European advisory Commission" als Instrument alliierter Deutschlandplanung 1943–1945, in: VfZ 19 (1971), H.3, 261–293.

lung Deutschlands, ohne sich konkret auf die Modalitäten zu einigen.[47]

Ein entscheidender Meilenstein für die Nachkriegsentwicklung in Deutschland war die Konferenz von Jalta (4.2.-11.2.1945). Auf dieser ratifizierten Stalin, Churchill und Roosevelt die „Londoner Protokolle" vom 11. bzw. 14. November 1944. In diesen wurde die Einteilung Deutschlands in drei[48] Besatzungszonen festgeschrieben. Damit war der Grundstein für die spätere Teilung in zwei deutsche Staaten gelegt. Grundlage der in den Protokollen vereinbarten Aufteilung war das Gebiet des Deutschen Reiches in den Grenzen von 1937. Die sowjetisch zu besetzende Zone umfasste hierbei den gesamten nordöstlichen Teil Deutschlands, während der nordwestliche Teil mit dem wirtschaftlich bedeutenden Ruhrgebiet England und der südwestliche Teil den US-amerikanischen Truppen zugeteilt wurden. Jede Besatzungsmacht ernennt für die ihr zugewiesene Zone einen Oberkommandierenden, der im Namen seiner Regierung die oberste Gewalt ausübt. Zu dritt bilden sie den Alliierten Kontrollrat, der einstimmig Entscheidungen beschließt, die „hauptsächliche(n), militärische(n), politische(n), wirtschaftliche(n) und andere(n) Deutschland als Ganzes betreffende(n) Fragen"[49] tangieren. Er hat seinen Sitz in Berlin.

---

[47] Vgl. Günter Moltmann, Amerikas Deutschlandpolitik im Zweiten Weltkrieg Kriegs-und Friedensziele 1941-1945, Heidelberg 1958, 82f.
[48] Auf der Konferenz von Jalta wurde beschlossen, Frankreich den Status einer vierten Besatzungmacht zuzugestehen. Es erhielt eine eigene Zone, wofür sowohl die britische als auch die US-amerikanische dementsprechend verkleinert wurden.
[49] Zitiert nach: „Abkommen über den Kontrollmechanismus in Deutschland" vom 14.11.1944, in: Dokumentation zur Deutschlandfrage – Von der Atlantik-Charta 1941 bis zur Berlin-Sperre 1961, Bd.1, hg. von Hans v. Siegler, Bonn 1961, 11.

Deutschland sollte trotz der „obersten Autorität"[50] der jeweiligen Besatzungsmacht in ihrer Zone als „wirtschaftliche und politische Einheit"[51] behandelt werden. Dieses „alliierte Subsidiaritätsprinzip" – d. h. einheitliches Handeln in den großen Fragen bei weitgehender Selbstbestimmung im eigenen Bereich – war angesichts der prinzipiellen ideologischen Unterschiede von Anfang an illusionär. Es demonstrierte den Deutschen den gemeinsamen alliierten Willen, auf die totale militärische Niederlage die totale Entmachtung Deutschlands folgen zu lassen.[52] So hatten die Alliierten die alleinige Entscheidungsbefugnis in allen Fragen der staatlichen, politischen, kulturellen und ökonomischen Ordnung. Deutschland spielte in den gesamten alliierten Planungen nur mehr als zu behandelndes Objekt eine Rolle.

Die gemeinsamen politischen Ziele waren im Wesentlichen die moralische Bestrafung Deutschlands und die Zerstörung seiner politischen und militärischen Macht. Diese rein destruktiven Maßnahmen implizierten gleichzeitig die entscheidende konstruktive politische Leitlinie, die das Potsdamer Abkommen als die „Magna Charta der Nachkriegspolitik gegenüber Deutschland"[53] prägen sollte – nämlich die Idee der Umorientierung Deutschlands hin zu einem demokratischen und friedlichen Volk. So wollten, wie es im Abschlusskommunique der Potsdamer Konferenz (17.7.1945–2.8.1945) an exponierter Stelle hieß, „die Alliierten dem Deutschen Volk die Möglichkeit geben, sich darauf vorzubereiten, sein Leben auf einer demokratischen und friedlichen Grundlage von neuem wiederaufzubauen."[54]

---

[50] Zitiert nach: Ebda, 10
[51] Zitiert nach: Hurwitz, Eintracht, 84.
[52] Zu den Ergebnissen der Konferenz von Jalta auch: Christoph Klessmann, Die doppelte Staatsgründung – Deutsche Geschichte 1945–1955, Bonn 1991, 28.
[53] Zitiert nach: Wolfgang Benz, Potsdam 1945, München 1986, 118.
[54] Das Communique der Potsdamer Konferenz ist abgedruckt in: Ebda, 207-225. Zitat: 211.

Gemeinsam formuliertes Ziel war es also, die Deutschen zur Demokratie und zur Achtung demokratischer Werte umzuerziehen. Dazu gehörten neben der Entnazifizierung des gesamten gesellschaftlichen und politischen Lebens auch die Gewährung kontrollierter Freiheiten wie z. B. die Zulassung demokratischer Parteien. Die demokratische Erneuerung sollte sich prinzipiell auf alle kulturellen Bereiche des politisch-gesellschaftlichen Lebens erstrecken. Für diese demokratische Neuausrichtung kam der strukturellen Neuordnung des Pressewesens im Nachkriegsdeutschland eine wichtige Rolle zu. Hierbei konnten die Alliierten auf die Meinungsbildung der Bevölkerung nicht nur Einfluss nehmen, sondern sie auch in ihrem Sinne formen. Mit dem Medium Zeitung konnten sie den Deutschen ihre Vorstellung von einem Neuanfang unmittelbar vermitteln. Die Presse spielte deswegen in den Nachkriegsplanungen aller Alliierten eine wichtige Rolle. Dass die inhaltlichen Vorstellungen von einer Demokratisierung diametral entgegenliefen, wird im Folgenden anhand der Darstellung der unterschiedlichen pressepolitischen Konzepte deutlich werden.

III. US-Pressepolitik als Reeducation: der Drei-Stufen-Plan

Die US-Pläne für die Neuordnung der deutschen Presse in Nachkriegsdeutschland sind in direktem Zusammenhang mit den allgemeinen konzeptionellen Planungen über die politische Behandlung Deutschlands nach dem Krieg zu sehen. Die ersten, seit dem Frühsommer 1944 von den Zuständigen im englisch-amerikanischen Generalstab erarbeiteten, allgemein-politischen Richtlinien zur Behandlung Nachkriegdeutschlands sind ohne klare politische Richtung und orientierten sich im Wesentlichen an der jeweils aktuellen militärischen Lage. So gingen die politischen Planungsstäbe in der US-Militäradministration nach der Invasion von US-Truppen in der

Normandie im Juni 1944 zunächst von einer baldigen Kapitulation Deutschlands aus, die eine kriegerische Auseinandersetzung auf deutschem Gebiet nicht nötig machte.[55] Die erste politische Direktive zu den Besatzungsmodalitäten Deutschlands, die sogenannte Direktive CCS 551 des amerikanisch-englischen Generalstabs vom 28. April 1944, sah dementsprechend eine milde Behandlung der Deutschen vor. So wurde darin ausdrücklich zwischen dem deutschen Volk und seiner Führung differenziert. Die deutsche Verwaltung sollte zwar streng kontrolliert, ihr gleichzeitig aber auch angemessene Freiheiten eingeräumt werden.[56] In diesem Sinne veröffentlichte die SHAEF, die im Zuge der US-amerikanischen Invasion in London gegründete Oberste Kommandobehörde für die befreiten Gebiete, ein „Handbook for Military Government in Germany". Dieses sah pressepolitisch vor, den Deutschen unter alliierter Kontrolle noch vor der Kapitulation die Möglichkeit zur Publikation von eigenen Zeitungen zu geben.[57]

Als aber der Widerstand deutscher Truppen unvermindert anhielt und so eine militärische Besetzung Deutschlands noch vor einer deutschen Kapitulation immer wahrscheinlicher wurde, setzte sich bei den politisch Verantwortlichen der USA die Idee der Politik der „nüchternen Strenge" gegenüber Deutschland durch – und die vorher genannten Pläne wurden verworfen.[58] Berühmt-berüchtigtes Dokument für diese Entwicklung war der im Herbst 1944 vom US-amerikanischen Finanzminister vorgelegte „Morgenthau-Plan", der

---

[55] Vgl. Henke, 98f. Zitat: 98.
[56] So sollten die deutsche Verwaltung wie auch die Wirtschaft nicht Befehlsempfänger der Alliierten sein, sondern unter Kontrolle eigenverantwortlich handeln können. Die Alliierten sollten nur als eine Art Meta-Regierung fungieren. Vgl. Ebda, 100f.
[57] Vgl. Elisabeth Matz, Die Zeitungen der US-Armee für die deutsche Bevölkerung (1944-1946), Münster 1969, 21.

eine völlige Entindustrialisierung Deutschlands vorsah.[59] Dieser Plan wurde nie offizielle Politik. Doch bestimmte in der Folgezeit auch das Motiv der Bestrafung Deutschlands im Zusammenhang mit der vor allem von Roosevelt und General Eisenhower vertretenden Vorstellung einer deutschen Kollektivschuld wesentlich die US-amerikanischen Planungen über die anzustrebende deutsche Nachkriegsordnung. Diese Zielvorstellung eines „Karthago-Friedens" findet sich abgeschwächt in der offiziell bis 1947 gültigen Direktive JCS 1067 vom 26. April 1945 wieder. In dieser Direktive ist einerseits von einer strikten, streng kontrollierten Entnazifizierung, einer harten Bestrafung durch eine scharfe Reduktion des gesamten wirtschaftlichen Lebens, ja sogar von einem Fraternisierungsverbot die Rede, andererseits wird gleichzeitig die Notwendigkeit betont, der deutschen Verwaltung ein Maximum der Verantwortung zu übertragen und eine Demokratisierung des Lebens voranzubringen.[60]

Diese Dialektik von Bestrafung und Neuaufbau bestimmte auch wesentlich die pressepolitischen Anweisungen, die die SHAEF in einem „Manual for the Control of German Information Service" am 12. Mai 1945 veröffentlichte. Sie wurden im Nachhinein auch als „das Pressegesetz der amerikanischen Zone für die Dauer des Lizenzsystems"[61] bezeichnet. Danach sollte der Neuaufbau der deutschen Presse in einem Drei-Stufen-Plan erfolgen. Wie bereits im Gesetz Nr. 191 der US-amerikanischen Militäradministration vom 24.

---

[58] So bezeichnete Roosevelt das SHAEF-Handbuch schlicht als „ziemlich schlecht". Zitiert nach: Henke, 108.
[59] Dieser Entwurf Morgenthaus ist abgedruckt in: Geschichte in Quellen – Die Welt von 1945, hg. von Helmut Krause und Karlheinz Reif, München 1980, 66ff.
[60] Vgl. Hurwitz, Stunde Null, 74f; Klessmann, 22. Auszüge aus der JCS-Direktive, in: Klessmann, 352f. Zum umstrittenen Stellenwert der Direktive vgl. John Gimbel, Amerikanische Besatzungspolitik in Deutschland, Frankfurt 1971, 16ff.
[61] Zitiert nach: Ernst Meier, Die Lizenzpresse in der amerikanischen Besatzungszone 1945-1949, in: Monomentum Bambergense, Festschrift für Benedikt Kraft, München 1955, 68-81. Hier: 68.

November 1944 festgelegt, waren zunächst alle deutschen Zeitungen und Publikationen in den befreiten Gebieten zu verbieten. An deren Stelle sollten in einem zweiten Schritt alliierte Mitteilungsblätter, die sogenannten „Heeresgruppenzeitungen", an die Bevölkerung verteilt werden, bevor in Phase III streng ausgewählten Deutschen die schriftliche Erlaubnis (Lizenz) erteilt werden sollte, eine Zeitung in Eigenregie zu publizieren. Diese seien aber einer strengen alliierten Kontrolle zu unterstellen.[62]

Die Durchführungen der gesamten pressepolitischen Anordnungen oblag im Krieg den Einheiten der „Psychological Warfare Division" (PWD), die nach der Errichtung der Besatzungsadministration in die „Information Control Division" umgewandelt wurde. Die PWD, die als eigenständige Teilorganisation unter dem Dach der SHAEF arbeitete, war ein amerikanisch-englisches Gemeinschaftsunternehmen unter der Führung des englischen Generals McClure und sollte die gesamte alliierte Propagandapolitik gegenüber Deutschland koordinieren.[63] Ihre Hauptaufgabe im Krieg war es, die deutsche Kampfmoral zu schwächen. Die Soldaten sollten von der Unvermeindlichkeit der militärischen Niederlage überzeugt werden.[64] Hierfür gestaltete die Division mehrere Rundfunkprogramme, die teilweise mit mobilen Lautsprecheranlagen direkt an der Front gesendet wurden, entwarf Tausende von Flugblätterzeitungen, die vom Flugzeug aus über der Front abgeworfen wurden, und organisierte in den befreiten Gebieten die ersten alliierten Mitteilungsblätter. In der Regel verfolgte die PWD hierbei eine „Strategie der Wahrheit"[65], d. h. die

---

[62] Vgl. Matz, 21; Kurt Koszyk, Pressepolitik für Deutsche 1945-1949, Berlin 1986, 26.
[63] Zum Aufbau der PWD: Matz, 22f:
[64] Vgl. auch zum Folgenden: Lerner, 164ff; Henke, 300; Hans Habe, Im Jahre Null, München 1966, 12f.
[65] Neben dieser „weißen Propaganda", d. h. einer Propaganda, die offen als US-amerikanische zu identifizieren war, gab es allerdings im Rahmen einer „schwarzen Propaganda" auch Versuche, US-amerikanische Propaganda unter dem offi-

deutsche Bevölkerung, insbesondere die Wehrmacht, sollte durch seriöse und möglichst objektive Nachrichten über die wahre militärische Lage aufgeklärt werden. Damit sollten sowohl das Deutungsmonopol der nationalsozialistischen Propagandamaschine gebrochen wie auch die Furcht der deutschen Bevölkerung vor einer US-amerikanischen Besetzung gemildert werden. Dieses Prinzip einer im Sinne des Wortes wahrhaftigen Berichterstattung war bereits ein Beitrag zur geplanten geistigen Umerziehung Deutschlands nach dem Krieg.[66]

Anbetracht dieser „politisch sensiblen"[67] Aufgabenstellung verwundert es kaum, dass sich die Einheiten der PWD personell von den übrigen militärischen Einrichtungen stark unterschieden. Innerhalb des militärischen Establishments genossen sie den Ruf einer „verrückten Randgruppe der SHAEF"[68]. So kamen viele in der PWD Tätige aus intellektuellen Berufen. Unter ihnen waren zahlreiche Schriftsteller, Künstler, Wissenschaftler – kurz: Intellektuelle, denen die starre militärische Hierarchie fremd blieb. Dadurch konnten sich die einzelnen Einheiten der PWD eine weitgehende Eigenständigkeit sichern. Eine weitere Besonderheit war der überproportional hohe Anteil deutscher Emigranten, darunter neben dem Schriftsteller Stefan Heym auch der ehemalige Berliner Journalist und spätere verantwortliche Leiter der *Allgemeinen Zeitung* Hans Wallenberg und

---

ziellen Deckmantel einer angeblichen deutschen Widerstands- und Untergrundorganisation zu verbreiten. Solche Versuche blieben allerdings die Ausnahme und waren innerhalb der PWD umstritten. Vgl. Henke, 300; auch: Habe, 16f.

[66] So wurde als Ziel der PWD in einer alliierten Arbeitsrichtlinie von Juni 1944 („Standing Directive for Psychological Warfare against Members of the German Armed Forces") unter Punkt 8 genannt: „Ultimate restoration of Germany to a place 'in the world family of democratic nations'". Zitiert nach: Matz, 25.

[67] Zitiert nach: Henke, 301.

[68] So u. a. Eisenhowers Stabschef Bedell Smith. Zitiert nach: Ebda, 302.

der spätere Lizenzgeber des *Tagesspiegel,* Peter de Mendelssohn[69]. Aufgrund ihrer originären Kenntnis der deutschen Mentalität im Allgemeinen und der deutschen publizistischen Szene im Besonderen übernahmen die deutschsprachigen Emigranten weitgehend die Leitung bei der Neustrukturierung der deutschen Presse.[70]

So lag die Verantwortung für die Herausgabe alliierter Publikationen in den befreiten Gebieten – der zweiten Phase im dargestellten Drei-Stufen-Plan – in den Händen der P&PW Det.[71] der 12. Heeresgruppe innerhalb der PWD, die der in Wien geborene Journalist Hans Habe[72] leitete. Habe, trotz allem vom „deutschen Kulturvolk" überzeugt und daher „mit Überzeugung und Begeisterung ein Umerzieher"[73], arbeitete ab Anfang 1945 in den befreiten Gebieten fieberhaft an der Herausgabe alliierter Presseorgane. Sie sollten „dem deutschen Volk die Türen der Wahrheit öffnen"[74]. Zunächst im befreiten Luxemburg mit der Herausgabe alliierter Informationsblätter für die deutschen Soldaten betraut, war Habe von April bis November 1945 für die Herausgabe von insgesamt zwölf Zeitungen mit

---

[69] Näheres zu den Personen im Zusammenhang der Entstehung der US-amerikanisch lizenzierten Zeitungen in Berlin.
[70] Vgl. Ingrid Laurien, Politisch-kulturelle Zeitschriften in den Westzonen 1945-1949 – Ein Beitrag zur politischen Kultur der Nachkriegszeit, Frankfurt 1991, 20.
[71] „P&PW Det." ist die in der Literatur gängige Abkürzung für „Publicity and Psychological Warfare Detachments". Vgl. Matz, 23.
[72] Der 1911 geborene Habe, Sohn des ungarischen Verlegers und Chefredakteurs Imre Bekessy, arbeitete bis 1930 als Journalist in mehreren Wiener Tageszeitungen. Nachdem er 1940 als Freiwilliger der französischen Armee in deutsche Kriegsgefangenschaft geraten war, flüchtete er 1942 in die USA. Im selben Jahr trat er in die US-Army ein. Seit 1944 in der PWD, war er von Oktober 1945 bis März 1946 Chefredakteur der in München erscheinenden *Neuen Zeitung,* des offiziellen amerikanischen Publikationsorgans. Bis zu seinem Tod 1977 lebte er als freier Schriftsteller und Publizist in der Schweiz. Vgl. International Biographical Dictionary of Central European Emigrees 1933–1945, Volume II, The Art, Sciences, and Literature, Part 1: A-K, München u.a 1983, 446.
[73] So Habe in seiner Autobiographie "Ich stelle mich": Zitiert nach: Metz, 79.
[74] Zitiert nach: Habe, 52.

einer zeitweiligen Gesamtauflage von 8 ½ Millionen Exemplaren verantwortlich. Er koordinierte diese zentral von der in Bad Nauheim angesiedelten Redaktion zusammen mit maximal zwanzig Mitarbeitern.[75] Diese sogenannte „Heeresgruppenpresse" – die Zeitungen wurden auschließlich von amerikanischen Militärangehörigen redigiert – war gemäß der PWD–Direktive Nr. 1 vom 22. Mai 1945, die im Geiste der Direktive JCS 1067 größtmöglichste Distanz zur deutschen Bevölkerung einforderte,[76] als reine Informations– und Anordnungsblätter geplant.[77] Tatsächlich aber handelte es sich bei Habes Armeepublikationen in den meisten Fällen bereits um „richtige" Zeitungen, die sich inhaltlich und formal an der Idee der demokratischen Umerziehung im US-amerikanischen Sinne orientierten. Formal entsprachen die Zeitungen durch ihre klare Trennung zwischen objektiver Nachricht und subjektivem Kommentar den US-amerikanischen Vorstellungen einer liberalen, unabhängigen Presse. Inhaltlich veröffentlichte die „Habe-Presse" zahlreiche Gedichte und Essays antinazistischer Dichter und Schriftsteller[78] und bot damit Ansatzpunkte zur moralischen Selbstreinigung der Deut-

---

[75] Vgl. Habe, 77f. Er verfügte damit nach eigener Einschätzung über den "größte(n) Informationskonzern der Welt". Zitiert nach: Ebda, 78. Vgl. auch: Metz, 37. Zu den Zeitungen des Habe-Imperiums gehörte u. a. der *Kölnische Kurier*, die *Frankfurter Presse*, der Bremer *Weser-Bote*. Das Experiment der ersten von einem Deutschen (dem Sozialdemokraten Heinrich Hollands) geleiteten Lizenzzeitung, die *Aachener Nachrichten* (erstmals erschienen am 24.1.1945), ebenfalls ein „Habe-Produkt", scheiterte früh an den strengen Entnazifizierungsrichtlinien der Amerikaner.

[76] Vgl. Hurwitz, Stunde Null, 64.

[77] So erklärte McClure nach den Angaben Habes wörtlich: "Wir wollen Mitteilungen und Richtlinien veröffentlichen, sonst nichts. Die Deutschen brauchen sich keine eigene Meinung zu bilden – the Germans have to be told." Zitiert nach: Habe, 27.

[78] So wurden zahlreiche Gedichte und Essays von Bertolt Brecht, Erich Kästner, Alfred Kerr und Thomas Mann in den „Heeresgruppenblättern" veröffentlicht. Vgl. Metz, 64f.

schen, zu der die Redaktion ausdrücklich aufforderte.[79] Wichtigstes programmatisches Bestreben der US-amerikanischen Besatzungsmacht war es, durch konsequente Entnazifizierung Bedingungen nach dem Muster der westlichen Demokratie zu schaffen, die es den Deutschen ermöglichen sollte, selbst demokratische Grundregeln zu erlernen.[80]

Die „Habe-Presse" war inhaltlich und formal das Vorbild für die amerikanische Konstituierung der deutschen Lizenzzeitungen, dem letzten Schritt des dargestellten Drei-Stufen-Modells. Offiziell grünes Licht für die Lizenzierung deutscher Zeitungen gab die Direktive Nr. 3 vom 28. Juni 1945, die den Aufbau einer „freien, unabhängigen und demokratisch eingestellten Presse" vorsah.[81] Das prinzipielle Verbot der US-Amerikaner, früheren Zeitungseigentümern eine Lizenz zu erteilen, selbst wenn sie 1933 noch eine Zeitlang kritisch geblieben waren, zeigt die Radikalität des geplanten Neuaufbaus.[82] Ex negativo orientierte sich die Lizenzierungspolitik der Amerikaner an den Strukturmängeln der Weimarer Presselandschaft.[83] Das durch ökonomische Abhängigkeit entstandene nationalistische Meinungsmonopol des Hugenbergschen Zeitungsimperiums hätte die Wirksamkeit der nationalsozialistischen Propaganda in der Bevölkerung wesentlich verstärkt. Auch die zahllosen auflagenschwachen, nur am Partikularinteresse orientierten Parteiblätter wären mitschuldig am Aufstieg Hitlers gewesen. Ebenso die zahlreichen kleinen, in der

---

[79] In zahlreichen Artikeln suchten Wissenschaftler, in erster Linie Historiker, bereits nach den Ursachen der nationalsozialistischen Katastrophe. Die Redaktion unter Hans Habe druckte diese Artikel ohne Kommentar ab. Vgl. Ebda, 65.
[80] Vgl. Ebda, 48-70.
[81] Zitiert nach: Hurwitz, Stunde Null, 119. Dort auch Wortlaut der Direktive Nr. 3.
[82] Vgl. Ebda, 40.
[83] Die PWD arbeitete sorgfältige Analysen über die strukturellen Mängel des Weimarer Pressewesens aus. Vgl. Norbert Frei, Amerikanische Lizenzierungspolitik und deutsche Pressetradition – die Geschichte der Nachkriegszeitung Südwest-Kurier, München 1986, 23.

Regel unpolitischen Regionalblätter, die auf Grund ihrer ökonomischen Schwäche widerstandslos durch den nationalsozialistischen Eher-Verlag direkt oder indirekt gleichgeschaltet werden konnten.[84]

Parteipolitische Unabhängigkeit und pluralistische Meinungsvielfalt waren die entscheidenden amerikanischen Leitmotive bei der Neuordnung des deutschen Pressewesens. Um größtmögliche Unabhängigkeit der Presse zu gewährleisten, sollten die Lizenzen nicht an Parteien, sondern an einzelne, parteipolitisch unabhängige „demokratisch gesonnene und vertrauenswürdige deutsche Verleger und Redakteure"[85] unterschiedlicher politischer Orientierung vergeben werden. Diese übernehmen gemeinsam die Verantwortung für die Zeitung. Durch dieses sogenannte „panel"-Modell sollte die Meinungsvielfalt innerhalb der Zeitung gesichert werden. Der meinungsbildende Kommentar war dabei scharf von der Nachricht zu trennen. Für den Nachrichtenteil sollten die Gebote von Seriosität, Fairness und Objektivität gelten.[86] Durch dieses Prinzip der „Demokratie in der Zeitung" glaubten die Amerikaner die Deutschen zu toleranten, mündigen Demokraten im Sinne einer liberalen Gesellschaftsordnung erziehen zu können. Das Prinzip der Unabhängigkeit von parteipolitischer Einflussnahme und des innerbetrieblichen Meinungspluralismus in einer Zeitung entsprach genau dem US-amerikanischen „liberale(n), individualistische(n) Ideal"[87].

---

[84] Zu den einzelnen Begründungen vgl. Hurwitz, Stunde Null, 34ff.
[85] So die amerikanische Militärregierung in einer rückblickenden Analyse zu ihrer pressepolitischen Arbeit vom November 1948. Zitiert nach: Helmuth Mosberg, Reeducation – Umerziehung und Lizenzpresse in Nachkriegsdeutschland, München 1991, 64.
[86] Vgl. hierzu u. a. Norbert Frei, Die Presse, in: Wolfgang Benz, Die Geschichte der Bundesrepublik Deutschland, Bd.4: Kultur, Frankfurt 1989, 370-416. Hier: 376.
[87] Zitiert nach: Hurwitz, Stunde Null, 41.

IV. Sowjetische Pressepolitik als Propagandapolitik

Mit dem Überfall der deutschen Wehrmacht auf die Sowjetunion am 22. Juli 1941 unterlag alles außenpolitische Handeln dem Primat der Rettung der nationalen Freiheit und damit dem bedingungslosen Kampf gegen den deutschen Aggressor. Von Anfang an wurde zwischen der herrschenden Verbrecherclique und dem deutschen Volk differenziert. So betonte Molotow am 22.7.1941 anlässlich des Einmarschs der deutschen Truppen:

> „Dieser Krieg wurde uns nicht vom deutschen Volk, nicht von den deutschen Arbeitern, Bauern und Angehörigen der Intelligenz aufgezwungen, deren Qualen wir wohl ermessen können."[88]

Stalins berühmter Tagesbefehl Nr. 55 vom 23.2.1942, der nach dem sowjetischen Einmarsch in Berlin in der gesamten Stadt plakatiert wurde, lautete:

> „Es wäre lächerlich, die Hitlerclique mit dem deutschen Volk und mit dem deutschen Staat zu identifizieren. Die Geschichte zeigt, dass die Hitler kommen und gehen, während das deutsche Volk und der deutsche Staat bleiben."[89]

Die sofort nach Kriegsbeginn einsetzende Propagandaarbeit der Roten Armee und der Exil–KPD richtete sich so zunächst vornehmlich an die einfachen Soldaten an der Front, in der Hoffnung, damit einem proletarischen Aufstand gegen das Hitler-Regime den Weg zu bereiten.[90] Die zahlreichen Unterabteilungen der Politabteilungen versuchten nun zunächst – vergleichbar den Methoden der amerika-

---

[88] Zitiert nach: Alexander Fischer, Sowjetische Deutschlandpolitik im Zweiten Weltkrieg 1914-1945, Stuttgart 1975, 14.
[89] Zitiert nach: Grosser, 43.
[90] Die Verantwortung für die Koordinierung der ideologischen Kriegsführung lag in den Händen der 7. Abteilungen der Politischen Hauptverwaltung der Roten Armee unter der Führung von Lew Michelis und des hohen Komintern-Funktionärs Manuilskij.

nischen PWD – mit der Verbreitung von zahlreichen Flugblättern, mit der Herausgabe von Zeitungen und mit Radio- und Lautsprecherpropaganda die deutschen Soldaten, hierbei besonders die Kriegsgefangenen, vom verbrecherischen Charakter des Hitlerregimes zu überzeugen und sie für den Kampf für ein sozialistisches Deutschland zu gewinnen. Wichtige Repräsentanten der sich in Moskau im Exil befindlichen Parteiführung der KPD – unter ihnen Wilhelm Pieck und Walter Ulbricht – wurden mit der inhaltlichen Konzeption der Propaganda betraut. Damit sollte die Frontagitation unter den deutschen Soldaten optimiert werden.[91]

Weil die vielfachen Propagandatätigkeiten der KPD und der Politabteilungen allerdings weitgehend folgenlos blieben, leiteten die Politabteilungen ab Mitte September 1943 eine taktische Wende innerhalb der sowjetischen Propagandastrategie ein. Ziel war jetzt die Formierung einer breiten antifaschistischen Volksfront zum Sturz des Hitler-Faschismus, die bewusst alle sozialen Schichten einbeziehen sollte.[92] Die unmittelbare Ausbildung der Kriegsgefangenen zu Kommunisten stand nicht mehr im Mittelpunkt der Propagandatätigkeiten der KPD-Emigranten. Vielmehr sollten nun bewusst auch konservative, ja sogar nationalsozialistisch orientierte deutsche Offiziere und Generäle, die Hitler kritisch gegenüberstanden, „in einer antifa-

---

[91] So leitete Arthur Pieck, der Sohn Wilhelm Piecks, die erste Zeitung für die deutschen Kriegsgefangenen *Das freie Wort*, die die proletarische Revolution propagierte. Vgl. Strunk, Zensoren, 14.; K.L. Selesnjow, Zur Geschichte der Zeitung „Das freie Wort", in: Beiträge zur Geschichte der deutschen Arbeiterbewegung 13 (1971), 951-966. Auch: Günter Raue, Im Dienste der Wahrheit, Leipzig 1966, 77.

[92] Die Bündnispolitik der „antifaschistischen Volksfront" wurde im Prinzip bereits 1935 auf der besagten VII. Tagung der Komintern festgelegt. Furet spricht hierbei von dem Beginn der Phase des „antifaschistischen Kommunismus". Dessen Ziel sei es, mit allen politischen Anti-Hitler-Kräften – hierbei vor allem mit den Sozialdemokraten als den vorherigen Hauptfeinden – zusammenzuarbeiten, ohne das kommunistische Endziel zu verleugnen. Vgl. Furet, 284-336.

schistischen Front für die Rettung der deutschen Nation"[93] integriert werden. Die im Juli bzw. September 1943 auf sowjetische Initiative gegründeten Organisationen – das „Nationalkomittee ‚Freies Deutschland'" (NKFD) unter Führung des kommunistischen Schriftstellers Erich Weinert sowie „Der Bund deutscher Soldaten" (BDO) mit dem deutschen Offizier Walther v. Seydlitz an der Spitze – bildeten hierfür den institutionellen Rahmen. Das am 13. Juli 1943 einstimmig angenommene „Manifest des Nationalkomitees ‚Freies Deutschland'", das maßgeblich von kommunistischer Seite vorbereitet worden war[94], forderte mit patriotischen und deutschnationalen Leitsätzen alle Deutschen zum Kampf gegen Hitler auf. Als programmatische Zielsetzung nannte das Dokument die Konstituierung einer „starken demokratischen Staatsmacht"[95], die sich zu Freiheit und Menschenwürde bekennen und die bürgerlichen Freiheiten garantieren sollte. Jeder Hinweis, der auf ein sowjetisches Deutschland hätte deuten können, wurde absichtsvoll vermieden.

Die liberal-nationale Stoßrichtung dieses Manifests darf nicht darüber hinwegtäuschen, dass die Gründung des NKFD von den Politabteilungen iniitiert worden war und damit auch das Manifest sow-

---

[93] Zitiert nach: Horst Laschitzka, Kämpferische Demokratie gegen Faschismus – Die programmatische Vorbereitung auf die antifaschistisch-demokratische Umwälzung in Deutschland durch die Parteiführung der KPD, Berlin 1969, 54.
[94] Peter Erler, Horst Laude, Manfred Wilke (Hg.), „Nach Hitler kommen wir" – Dokumente zur Programmatik der Moskauer KPD-Führung für Nachkriegsdeutschland, Berlin 1994, 63ff; Helmut Müller-Enbergs, Das Manifest des NKFD vom 13. Juli 1943 – Initiative, Autoren und Intentionen, in: Gerd R. Ueberschär (Hg.), Das Nationalkomitee „Freies Deutschland" und der Bund Deutscher Offiziere, Frankfurt 1995, 93-101.
[95] So in: „Manifest des Nationalkomitees 'Freies Deutschland' an die Wehrmacht und an das deutsche Volk anlässlich der Gründung des NKFD am 12./13. Juli 1943". Zitiert nach: Überschär (Hg.), 265-268. Hier auch das Folgende. Zitate: 267f.

jetischen Propagandaintentionen entsprach.[96] Man hoffte durch dieses Konzept einer patriotischen Volksfront einerseits die deutsche Furcht vor der Roten Armee zu überwinden und andererseits Einflussmöglichkeiten auf Kreise zu gewinnen, die dem Kommunismus bisher ablehnend gegenübergestanden hatten.[97] In diesem Sinne agierte nun auch die zwecks der Propagierung des Manifests gegründete Zeitung *Freies Deutschland* (*FD*).[98] Die Redaktion setzte sich ausschließlich aus überzeugten kommunistischen Parteigängern zusammen, die gleichzeitig journalistische Erfahrung mitbrachten. Zu den wichtigsten Mitarbeitern gehörten Alfred Kurella, Lothar Bolz, Ernst Held und der spätere stellvertretende Bürgermeister im ersten Berliner Nachkriegsmagistrat, Karl Maron.[99] Chefredakteur war Rudolf Herrnstadt, dem später ein eigenes Kapitel gewidmet ist.

Das am 19. Juli 1943 erstmals erschienene *FD* sollte als „Organ für die Propagandisten und Aktivisten der Bewegung ‚Freies Deutsch-

---

[96] Der Außenminister Molotow gab gegenüber dem britischen Botschafter Lord Kerr am 1. August 1943 zu, dass das NKFD lediglich Propagandazwecken diene. Vgl. hierzu: Heike Bungert, Das Nationalkomitee und der Westen – Die Reaktion der Westalliierten auf das NKFD und die Neuen Freien Deutschen Bewegungen 1943-1948, Stuttgart 1997, 39.

[97] So äußerte sich Erich Weinert, der Präsident des NKFD, folgendermaßen: „Es wäre notwendig, wenn auch in größter Kürze, undoktrinäre, auch für die Primitiven verständliche Beiträge über die Sowjetunion zu bringen, etwas Wesentliches über den wahren Sozialismus im Gegensatz zum Pseudosozialismus der Nazis, vielleicht in einer immer zu wiederholenden Rubrik 'Was ist die Sowjetunion? Gegen wen kämpft ihr?'". Zitiert nach: Birgit Petrick, „Freies Deutschland" – die Zeitung des Nationalkomitees „Freies Deutschland" (1943-1945), München 1979, 57.

[98] Vgl. Jörg Morre, Das Institut 99 – Zur Einbindung des NKFD in die administrativen Strukturen der UdSSR, in: Ueberschär (Hg.), 133-140. Auch: Wolfgang Leonhard, Die Revolution entlässt ihre Kinder, Leipzig 1990, 318ff.

[99] Zu den Mitarbeitern und ihren Arbeitsgebieten vgl. Helmut Müller-Engbergs, Der Fall Rudolf Herrnstadt – Tauwetterpolitik vor dem 17. Juni, Berlin 1991, 50; Petrick, 59; Bodo Scheurig, Verräter oder Patrioten – Das Nationalkomitee „Freies Deutschland" und der Bund Deutscher Offiziere in der Sowjetunion 1943–1945, Frankfurt 1993, 89f; Leonhard, 326ff.

land'"[100] die verschiedenen politischen Kräfte für den beabsichtigten Umsturz bündeln. Es erinnerte in Aufmachung und Inhalt mehr an eine liberal-nationale als an eine kommunistisch orientierte Zeitung. So war die Titelseite mit den Farben der Reichskriegsflagge geschmückt. Inhaltlich dominierten Berichte über die Sowjetunion, die Kriegsverbrechen Hitlers und die Verhältnisse in Deutschland. Beiträge deutscher Offiziere wurden unzensiert abgedruckt. Marxistische Terminologie wurde bewusst vermieden.[101] Neben der konzeptionellen Ausrichtung der Zeitung war das Redaktionsgremium unter der Leitung Herrnstadts zuständig für die Ausbildung von Zeitungsredakteuren, die aus den Gefangenen rekrutiert wurden. Unter ihnen auch die späteren Redakteure der *Berliner Zeitung*, Günther Kertzscher und Bernt von Küngelgen.[102] Das *FD* ist somit auch als eine Art journalistische Kaderschmiede für den Aufbau einer neuen antifaschistischen Presse anzusehen.[103] Als allerdings im Laufe des Jahres 1944 der erhoffte Aufstand der deutschen Wehrmacht gegen Hitler nicht stattfand und eine militärische Besetzung Deutschlands durch die Rote Armee immer näher rückte, verlor das NKFD in den politischen Planungen der sowjetischen Propagandastrategen immer mehr an Bedeutung. Am 2. November 1945 löste es sich auf.

Die Idee der Schaffung einer breiten antifaschistischen Volksfront unter kommunistischer Führung bildete auch die Grundlage für die sowjetischen Nachkriegsplanungen bezüglich der gesellschaftlichen und politischen Neuordnung Deutschlands. Bereits Anfang 1944 sprachen sich führende Persönlichkeiten der Politabteilungen für

---

[100] Zitiert nach: Erich Weinert, Das Nationalkomitee „Freies Deutschland" 1943–1945, Berlin 1957, 69.
[101] Zur inhaltlichen Konzeption ausführlich: Petrick, 62-180. Knapp: Weinert, 69-75.
[102] Vgl. hierzu: Müller-Engbergs, 50.
[103] Vgl. Koszyk, Pressepolitik, 326. Auch: Strunk, Pressekontrolle, 17.

eine grundlegende antifaschistisch-demokratische Umgestaltung Deutschlands unter dem Schutz der Roten Armee nach dem Krieg aus. Nach Darstellung des späteren Chef der sowjetischen Propagandaverwaltung Oberst Tjulpanow erklärte der damalige Leiter der Abteilung „Internationale Information" des ZK der KPdSU Georgi Dimitroff in einem Grundsatzreferat u. a. Folgendes:

> "Man darf nicht den Fehler begehen, Methoden, die für die Oktoberrevolution charakteristisch waren, mechanisch auf die Bedingungen dieser Länder übertragen zu wollen. Man muss von den Grundsatzprinzipien der antifaschistisch-demokratischen Reformen ausgehen und sich dort, wo es eine demokratische Verfassung gab bzw. eine solche in nächster Zeit verkündet wird, auf diese stützen und allen fortschrittlichen Kräften bei der Verwirklichung dieser Verfassung behilflich sein. (...) In der gesamten Arbeit muss man stets das betonen und sich darauf stützen, was die fortschrittlichen, die antifaschistischen Kräfte des betreffenden Landes eint, und nicht das Trennende herausstellen. Man darf sie nicht zurückstoßen, sondern man muss sich bemühen, die Menschen zu gewinnen, sie aufzuklären, sie zu überzeugen."[104]

Solche Vorstellungen bildeten den Kern der Richtlinien und Programme zur deutschen Nachkriegsordnung, die die KPD-Führung in zahlreichen Einzelkommissionen seit Mitte 1944 unter ausdrücklicher Billigung der Politabteilungen ausarbeitete.[105] Danach war nach dem Krieg ein „Block der kämpferischen Demokratie" vorgesehen, zu dem sich die „antifaschistisch-demokratischen" Kräfte „aller Organisationen, Parteien, Gruppen und Personen" zusammenschließen sollten. Dieser zur Kooperation verpflichtete Parteienverbund sollte

---

[104] Zitiert nach: Sergeji I.Tjulpanow, Erinnerungen an deutsche Freunde und Genossen, Berlin 1984, 103f. Vgl. auch: Stefan Creuzberger, Die sowjetische Besatzungsmacht und das politische System der SBZ, Weimar u. a. 1996, 21; Strunk, Pressekontrolle, 26f.

[105] Den verschiedenen Einzelkommissionen gehörten insgesamt zwanzig Mitglieder der KPD-Parteiführung an. Darunter neben Wilhelm Pieck, Walter Ulbricht auch Anton Ackermann, Johannes R. Becher, Rudolf Herrnstadt und der spätere Minister für Volksbildung im ersten Berliner Nachkriegsmagistrat, Otto Winzer. Vgl. Fischer, 84. Zu den Einzelheiten der Kommisionsarbeit: Ebda, 83-103. Auch: Erler, 68-107.

auf breiter Basis in Deutschland eine „wahre Demokratie"[106] aufbauen. Die inhaltliche Dimension der angestrebten „antifaschistisch-demokratischen" Reformen sollte allerdings im wesentlich die KPD als die „Partei der revolutionären Arbeiterklasse"[107] bestimmen, indem sie diesem Parteienbündnis „Ziel und Richtung geben"[108] müsse. Das Aktionsprogramm der KPD-Führung, das detaillierte Ausführungen zur Umstrukturierung des gesamten politischen, wirtschaftlichen und kulturellen Lebens beinhaltete[109], war so auch inhaltlich auf den *Weg* zum Sozialismus ausgerichtet. Ziel war „die Ausrottung aller Wurzeln des Faschismus und Imperialismus"[110]. Diese Maßnahmen sollten die Grundlagen bilden, auf denen zu einem späteren Zeitpunkt der Sozialismus nach sowjetischem Muster aufgebaut werden konnte. Die „Aufrichtung einer klassenlosen kommunistischen Gesellschaft" blieb in allen Überlegungen der KPD-Führung das strategische Endziel.[111]

Vor diesem Hintergrund sind auch die kurzfristigen Planungen für die unmittelbare Nachkriegszeit zu interpretieren. Diese sahen vor, zunächst ein auf den ersten Blick demokratisches, pluralistisches

---

[106] Alle drei Zitate in dem "Aktionsprogramm des Blocks der kämpferischen Demokratie", in: Laschitzka, 193-209. Hier: 194f.

[107] So das KPD-Mitglied Florin in einem Vortrag „Über den zukünftigen deutschen Staat" von Anfang 1944. Zitiert nach: Erler, 127.

[108] Wilhelm Pieck vor der Parteischule in Moskau am 10.3.1945. Zitiert nach: Günter Keiderling (Hg.), „Gruppe Ulbricht" in Berlin – April bis Juni 1945. Von den Vorbereitungen im Sommer 1944 bis zur Wiedergründung der KPD im Juni 1945. Eine Dokumentation, Berlin 1993, 236.

[109] Vgl. Gerhard Wetting, Neue Aufschlüsse über Moskauer Planungen für die politisch-gesellschaftliche Ordnung in Deutschland nach dem Zweiten Weltkrieg, in: Jahrbuch für historische Kommunismusforschung 1995, Berlin 1995, 151-172. Hier besonders: 167ff.

[110] „Aktionsprogramm des Blocks für kämpferische Demokratie" vom 18.10.1944, in: Erler, 265-269. Hier: 266.

[111] Zitat aus den stenografischen Notizen Sepp Schwabs zu einem Referat Ulbrichts zur „Strategie und Taktik der Machtübernahme" vom 24.4.1944, in: Erler: 169.

Parteiensystem zu etablieren, das bewusst den Vorstellungen einer „bürgerlichen Demokratie"[112] entsprach. Die beabsichtigte Bündelung dieser weltanschaulich heterogenen politischen Kräfte in einer „antifaschistischen Einheitsfront" unter Leitung der KPD diente im Wesentlichen dem taktischen Kalkül, einerseits breiteste Bevölkerungsschichten für die Sache des Kommunismus zu mobilisieren und damit die KPD zu einer Massenpartei aufzubauen[113] und andererseits „für die nicht-kommunistischen Parteien die Mitwirkung an der Verwirklichung eines politischen Programms verbindlich zu machen, das von den Kommunisten initiiert wurde."[114] Ein weiterer Grund für die taktische Zurückhaltung der Kommunisten bei der Proklamierung ihres Ziels war die bereits Mitte/Ende 1944 deutlich erkennbare Tatsache, dass die Alliierten sich die Macht im besetzten Deutschland teilen mussten und damit zu einer kompromissbereiten Zusammenarbeit angehalten waren.[115]

Die den Nachkriegsplanungen der KPD zugrundeliegende Absicht, durch eine „antifaschistisch-demokratische" Neuordnung Deutschland „dem Ziel einer sozialistischen Umgestaltung nach sowjetischem Vorbild näherzubringen"[116], war auch die bestimmende Richtlinie für die geplanten pressepolitischen Maßnahmen in Nachkriegsdeutschland. Die KPD-Führung maß der Presse als Multiplikator bei

---

[112] So Ulbricht laut Protokoll einer Aussprache im Berliner Stadthaus am 12.6.1945, in: Gruppe Ulbricht, 527. In diesem Sinne sprach auch der aus Moskau zugegangene Aufruf des Zentralkomitees der KPD von 11.6.1945 von der „Aufrichtung eines antifaschistischen, demokratischen Regimes einer parlamentarisch-demokratischen Republik mit allen demokratischen Rechten und Freiheiten des Volkes." Der Aufruf in: Erler, 390-397. Zitiert nach: 394.

[113] So hoffte die KPD, durch diese scheinbare demokratische Offenheit besonders unter den Sozialdemokraten zahlreiche Anhänger zu finden. Vgl. hierzu die zahlreichen Quellenbelege bei: Wetting, 156-172. Hier besonders: 166f.

[114] Zitiert nach: Wetting, 165.

[115] Vgl. hierzu u. a.: Erler, 88f.

[116] Zitiert nach: Creuzberger, 12.

der zukünftigen politisch-ideologischen Aufklärungsarbeit eine große Bedeutung bei. Sie hatte die wesentliche Aufgabe, die Ziele der KPD zu verbreiten und zu popularisieren und dadurch gleichzeitig im Sinne der Umgestaltungsmaßnahmen politisch-erzieherisch zu wirken. Diese ausschließlich polit-propagandistische Aufgabe des Pressewesens innerhalb des politischen Umerziehungsprogramms der KPD bzw. der Politabteilungen wurde paradigmatisch anhand der Darstellung der Rolle des *FD* innerhalb des NKFD ausführlich dargestellt.

Die politisch-erzieherische Funktion der Presse entsprach auch dem allgemeinen kommunistischen Verständnis, nach dem die Presse in einem sozialistischen Staat nicht als unabhängige Gewalt agiert. Sie übernimmt vielmehr die Rolle eines „Transmissionsriemen(s)" zwischen dem Parteiwillenund der Bevölkerung, versucht also im Sinne des Parteiwillens auf die Bevölkerung einzuwirken. Nach Lenin hat die Presse die Funktion als „kollektiver Propagandist, Agitator und Organisator". Die Presse ist ein Agitator, indem sie im Sinne der marxistisch-leninistischen Weltanschauung die Menschen aufklärt und erzieht (historische Avantgardefunktion der KP). Sie ist ein Propagandist, indem sie diese Überzeugung einer breiten Öffentlichkeit zugänglich macht. Sie ist ein Organisator, indem sie zur praktischen Verwirklichung dieser Ideen aufruft.[117] Eine Zeitung konnte also für Kommunisten per se nur parteiisch sein. Die Presse war – wie auch die sonstigen kulturellen und gesellschaftlichen Einrichtungen – in erster Linie Mittel zum parteipolitischen Zweck. Damit war zugleich ein Presseverständnis definiert, das in diametralem Widerspruch zu

---

[117] So Lenin in einem 1901 erschienenen Aufsatz „Womit beginnen?". Vgl. hierzu: Strunk, Pressekontrolle, 117 (dort auch das Zitat). Zum kommunistischen Presseverständnis ausführlich: aus apologetischer Sicht: Raue, Journalismus, besonders: 11-32.

den US-amerikanischen Vorstellungen eines explizit parteipolitisch unabhängigen Pressewesens stand.

Es überrascht daher nicht, dass das neu zu schaffende Pressewesen innerhalb der politischen Nachkriegsplanungen der KPD keine große *eigenständige* Bedeutung erlangte, sondern nur als ein Teil, wenn auch ein bedeutender, im Rahmen der „antifaschistisch-demokratischen Umwälzung" angesehen wurde. Enthielt das Aktionsprogramm vom Oktober 1944 nur vage Formulierungen zur zukünftigen Pressearbeit[118], lagen ab Februar 1945 detaillierte Pläne für den Einsatz der Presse als Propagandainstrument vor. So sprach Heinz Willmann, der spätere Generalsekretär des „Kulturbund(s) zur demokratischen Erneuerung Deutschlands", am 11. Februar 1945 in einem Vortrag über „Sofortmaßnahmen auf dem Gebiet der ideologischen Aufklärung" von der Notwendigkeit der Herausgabe einer Zeitung. Bereits fünf Tage später legte Rudolf Herrnstadt den Plan einer demokratischen Tageszeitung vor.[119] Die „Richtlinien für die Arbeit der deutschen Antifaschisten in dem von der Roten Armee besetzten deutschen Gebiet" vom 5. April 1945 informieren detailliert über den Inhalt einer solchen „antifaschistisch-demokratischen" Zeitung. Die inhaltliche Konzeption einer solchen Zeitung entsprach genau dem schon dargelegten politischen Ziel der Schaffung einer antifaschistischen Einheitsfront:

> "Die antifaschistischen Kräfte sollen in der Zeitung zu Wort kommen, um die Einheit der fortschrittlichen Kräfte aus allen werktätigen Schichten, der Kommunisten, Sozialdemokraten, bürgerlichen Demokraten und Christen auf neuer antifaschistischer Grundlage zu schaffen. Die Zeitung soll die Bevölkerung im Geiste friedlicher Zusammenarbeit und Freundschaft den Völker (sic!), besonders mit der Sowjetunion, erziehen. Durch grundsätzliche Aufsätze ist die allgemeine antifaschistische Umerziehung zu fördern, besonders die

---

[118] Vgl. Laschitzka, 195.
[119] Vgl. Ebda, 166.

Aufklärung über das Wesen des deutschen Imperialismus, des preussischen Militarismus und des Rassismus."[120]

Die dargestellten Nachkriegsplanungen der Exil-KPD im Schatten der sowjetischen Politabteilungen bewegten sich eindeutig in den klassischen Denkkategorien des Marxismus-Leninismus. Die Durchsetzung des sich als sozialistisch verstehenden diktatorischen Staatsmodells der Sowjetunion wurde zunächst hintangestellt und stattdessen ein breites antifaschistisches Bündnis aus Bürgerlichen und Kommunisten im Rahmen der „antifaschistisch-demokratischen Umwälzung" angestrebt. Dieses sogenannte „Volksfrontkonzept" war nur die erste Etappe auf dem Weg zum angestrebten kommunistischen Endziel. Eine neu zu schaffende Presse hatte sich diesem politischen Ziel unterzuordnen und in diesem Sinne propagandistisch zu wirken. Hierfür wurden auserwählte Mitarbeiter der Politabteilungen seit 1944 durch spezielle Schulungen auf ihre Propagandatätigkeit im Nachkriegsdeutschland vorbereitet.[121] Ihnen zuarbeiten sollten „die zuverlässigten und fähigsten"[122] Genossen der KPD, die u. a. den Aufbau eines deutschen antifaschistischen Pressewesens zu organisieren hatten. Die sowjetischen Verantwortlichen konnten sich bei dem pressepolitischen Neuaufbau Nachkriegsdeutschlands also – im Gegensatz zu den US-Amerikanern – auf eine ihr ergebene *homogene* Gruppe Gleichgesinnter stützen. Viele von

---

[120] Zitiert nach: „Richtlinien für die Arbeit der deutschen Antifaschisten in dem von der Roten Armee besetzten deutschen Gebiet" vom 5.4.1945, in: Erler, 380-386. Hier: 381.

[121] Vgl. Creuzberger, 22ff.

[122] So „Aufzeichnung des Leiters und des Ersten Stellvertretenden Leiters der Abteilung für internationale Information des ZK der KpdSU (B) G. Dimitrov und A. Panjuskin für V.Molotov und G. Malenkov über die politische Arbeit in Deutschland", in: Bernd Bonwetsch/Gennadij Bordjugov/ Norman M.Naimark (Hg.), Sowjetische Politik in der SBZ 1945-1949 – Dokumente zur Tätigkeit der Propagandaabteilung der SMAD unter Sergej Tjulpanov, Bonn 1997, 3-7. Hier: 5.

ihnen waren aufgrund ihrer politischen Vergangenheit in der Weimarer Republik mit den deutschen Verhältnissen bestens vertraut.

Zusammenfassend lässt sich festhalten: Die Entwicklung der Presse in Nachkriegsdeutschland war im Wesentlichen von den jeweiligen Demokratisierungskonzepten der alliierten Besatzungsmächte abhängig. Aufgrund der antagonistischen ideologischen Zielsetzungen divergierten die inhaltlichen Vorstellungen der US-Amerikaner und der Sowjets als der beiden wichtigsten Protagonisten der Anti-Hitler-Koalition diametral. So ging es den US-Amerikanern um die Errichtung des liberal-demokratischen Gesellschaftssystems nach heimischem Muster, während die Sowjets den Kapitalismus als eigentliche Ursache des nationalsozialistischen Terrorregimes ansahen und ihrerseits unter Demokratisierung eine langsame Transformation hin zum eigenen sozialistischen Staatsmodell verstanden. Dementsprechend unterschieden sich die geplanten Maßnahmen zur Restrukturierung des deutschen Pressewesens. Stand hierbei bei den US-Verantwortlichen der Aufbau einer bewusst parteiunabhängigen, pluralistisch organisierten Presse im Vordergrund, galt den sowjetischen Politabteilungen die Presse als ein bewusst parteiisches Mittel zum sozialistischen Zweck.

Diesen ideologisch bedingten *strukturell* unterschiedlichen Vorstellungen über den Neuaufbau der deutschen Presse stand die gemeinsame Funktion der Presse entgegen, die Deutschen *inhaltlich* jeweils in ihrem Sinne umzuerziehen. Diese rein instrumentelle Funktion der Presse verstärkte sich weiter, als die Alliierten nach dem Krieg in ihren jeweiligen Besatzungszonen begannen, Demokratisierungsmaßnahmen einzuleiten.

In Berlin setzte dieser kommunikationspolitische Wettbewerb unmittelbar nach Kriegsende ein, da hier die Besatzungsmächte und mit ihr die unterschiedlichen Ideologien in einer Stadt direkt aufeinandertrafen. Dort manifestierten sich zuerst die weltanschaulich bedingten Machtkämpfe zwischen den US-Amerikanern und den Sowjets, die auch wesentlich in „ihren" Zeitungen ausgetragen wurden. Berlin nahm damit eine Entwicklung vorweg, die in Gesamtdeutschland erst viel später zutage trat.

B. Entwicklung der Berliner Presselandschaft 1945-1953

I. Ende und Anfang 1945: Sowjetische Grundlagen

Berlin hatte in den alliierten Planungen für die Nachkriegszeit von Anfang an eine besondere Stellung. Berlin war der örtliche Inbegriff nazistischer Verbrechen und Grössenwahn, weswegen die Eroberung Berlins für alle Alliierten hohen Symbolwert hatte. So wurde bereits in den „Londoner Protokolle(n)" vom 14. November 1944 beschlossen, Berlin gemeinsam zu besetzen und zu regieren. Eine einheitliche Verwaltung sollte auch das Gleichgewicht der Siegermächte festschreiben. Berlin war „die Trophäe des Zweiten Weltkrieges".[123]

Das erwähnte Protokoll sah die Teilung Berlins in ein US-amerikanisches, englisches und sowjetisches Besatzungsgebiet vor. Gemäß der gesamtdeutschen Zonenaufteilung sollte der Sowjetunion der östliche Teil der Stadt zufallen, während den Briten die Kontrolle über den nördlichen Teil, den US-Amerikanern diejenige über den südlichen Teil der Stadt übertragen wurde. Frankreich bekam nach der endgültigen Einigung auf die Sektorengrenzen am 30. Juli 1945 Teile des britischen Einflussgebietes zugesprochen. Die gemeinsame und einheitliche Verwaltung sollte die Alliierte Kommandantur, eine gemeinsame Behörde der von den jeweiligen Oberbefehlshabern ernannten vier Stadtkommandanten, gewährleisten. Als „kollektiver Oberkommandierender" hatte die Alliierte Kommandantur die oberste Gewalt über die „Gesamtberliner Belange" inne, alle

---

[123] Zitiert nach: Schivelbusch, 21.

Entscheidungen hatten einstimmig zu erfolgen.[124] Die Berlin-Regelung der Alliierten war in ihrer Machtverteilung ein Abbild Gesamtdeutschlands. Da der Alliierte Kontrollrat als das höchste gesamtdeutsche Machtorgan der Alliierten ebenfalls seinen Sitz in Berlin hatte, konnte man von Berlin als der „alliierten Hauptstadt"[125] sprechen.

Dass die Vereinbarungen über den besonderen Status Berlins so früh und unabhängig vom konkreten Kriegsverlauf festgelegt wurden, machte den gemeinsamen Willen aller Alliierten deutlich, Berlin als ein Ganzes gemeinsam zu regieren. Dies wurde auch dann nicht in Frage gestellt, als sich die US-amerikanische Militäradministration aus militärischen Erwägungen entschloss, die unmittelbare Eroberung Berlins den sowjetischen Streitkräften zu überlassen.[126] Diese umstrittene Entscheidung hatte für die politische, kulturelle und gesellschaftliche Entwicklung Berlins – und damit auch für die Entwicklung des Berliner Pressewesens – schwerwiegende Konsequenzen. Die sowjetische Militäradministration erhielt so zwei Monate lang die alleinige Verfügungsgewalt über die Stadt und konnte wesentliche Fundamente für die Durchsetzung ihrer Vorstellungen gerade auch im publizistischen Bereich legen. Die westlichen Alliierten sollten schließlich erst am 5. Juli 1945 planmäßig in die Stadt einziehen.

---

[124] Zu den alliierten Berlin-Planungen vgl. Udo Wetzlaugk, Die Alliierten in Berlin, Berlin 1988, 21-38. Dort auch die beiden Zitate: 24f. Insgesamt zu diesem Komplex vgl. auch: Jürgen Wetzel, Das OMGUS-Projekt – Die Verfilmung von Akten der US-Militärregierung, in: Hans Reichardt (Hg.), Berlin in Geschichte und Gegenwart, Jahrbuch 1982 des Landesarchiv Berlin, Berlin/Wien 1982, 121-130. Hier: 124; Georg Kotowski u. a., Hauptstadt im Nachkriegsdeutschland und Land Berlin 1945-1948, hg. von der „Arbeitsgruppe Berliner Demokratie" am FB Geschichtswissenschaft der FU Berlin, Berlin 1987, 6ff.

[125] Zitiert nach: Schivelbusch, 45.

[126] Vgl. u. a.: Ebda, 22f.

Als sich die US-amerikanische Militäradministration unter General Eisenhower im März 1945 entschied, Berlin allein von der Roten Armee erobern zu lassen, war der Krieg für das nationalsozialistische Deutschland schon lange verloren. Doch obwohl in den westlichen Gebieten Deutschlands bereits die Waffen schwiegen und die US-amerikanische und britische Armee mit den ersten Reorganisationsmaßnahmen begannen, blieb Berlin bis zum bitteren Ende heftig umkämpft. Der fast zwei Wochen dauernde Kampf um Berlin zählte zu den verlustreichsten des gesamten Zweiten Weltkriegs. Allein in diesem dreizehntägigen Inferno aus Straßen- und Häuserkämpfen und ununterbrochenen Bombeneinschlägen verloren bis zu 200.000 Rotarmisten und ca. 50.000 Deutsche ihr Leben.[127] Am 9. Mai 0.16 Uhr kapitulierte die deutsche Wehrmacht, vertreten durch den Oberfeldmarshall Keitel, im sowjetischen Militärstützpunkt in Berlin-Karlshorst bedingungslos.

Als am 2. Mai 1945 in Berlin endlich die Waffen ruhten, war Berlin im historischen Stadtzentrum nur noch ein Trümmerfeld. Es gab keinen Strom, kein Gas, keine Elektrizität. Die gesamte städtische Infrastruktur war zusammengebrochen. Fast jedes Gebäude war zumindest halb zerstört. Die Trümmerberge – die gesamte Schuttmenge wurde bis auf 100 Mio. Kubikmeter geschätzt[128] – gaben der zerstörten Stadt das Bild einer „Mondlandschaft"[129]. Die Memoiren, Tagebücher und Reportagen, in denen die Eindrücke dieser Tage in

---

[127] Zu den Zahlenangaben: Vgl. Rürup, 25. Zu den Einzelheiten der „Schlacht um Berlin" und ihrer militärgeschichtlichen Aspekten vgl. u. a. Gerhard Keiderling, Berlin 1945-1986 – Geschichte der Hauptstadt der DDR, Berlin 1987, 7-37; Kuby, 55-198. Eine Quellendokumentation mit einer kommentierten Einführung bietet: Klaus Scheel (Hg.), Die Befreiung Berlins 1945, Berlin 1985.

[128] Vgl. Schivelbusch, 11.

[129] Zitiert nach: Brewster S. Chamberlain, Kultur auf Trümmern – Berliner Berichte der amerikanischen Information Control Section Juli-Dezember 1945, Stuttgart 1979, 10.

Berlin beschrieben werden[130], prägen noch heute weitgehend unser Bild von der „Stunde Null" – einer Metapher, die in ihrer Widersinnigkeit für die surrealistisch-unwirkliche Atmosphäre jener Zeit steht. Hunger, Obdachlosigkeit, Orientierungslosigkeit und Ohnmacht prägten den Alltag der Menschen. In der ganzen Stadt war aber auch das Gefühl zu spüren, noch einmal eine neue Chance erhalten zu haben und diese auch nutzen zu wollen. So schrieb Margret Boveri am 15. Mai 1945 in ihr Tagebuch:

> „Es ist erstaunlich, wie schnell alles in Gang kommt. Das Abtragen der Schutthaufen von den Straßen, von den Bürgern selbst besorgt (...); die Versorgungsbetriebe von den Angestellten und Arbeitern in Angriff genommen, die ja bei den Luftangriffen Übung im Reparieren bekamen. In Friedenau gibt es in manchen Straßen schon wieder Wasser und Licht." [131]

Bereits am 28. April hatte Generaloberst Bersarin als erster sowjetischer Stadtkommandant „die volle administrative und politische Macht"[132] in Berlin übernommen. Durch sein großes persönliches Engagement, der Hungers- und Wohnungsnot Herr zu werden und die elementaren Versorgungseinrichtungen wie Strom, Gas und Wasser wieder instandzusetzen, erwarb er sich unter den Berlinern einen legendären Ruf.[133]

---

[130] Neben der bereits genannten Anthologie von Schäfer gibt es zahlreiche romanähnliche Berichte und Tagebücher, die einen subjektiven Eindruck dieser Tage vermitteln. Als Beispiele seien hier zwei genannt: Margret Boveri, Tage des Überlebens, München 1968. Karla Höcker, Beschreibung eines Jahres. Berliner Notizen 1945, Berlin 1984. Eine kulturphilosophische Zusammenschau der Memoirenliteratur in: Schivelbusch, 34-39.

[131] Zitiert nach: Rürup, 135.

[132] So in dem Befehl Nr. 1 des Chefs der Besatzung der Stadt Berlin, Generaloberst Bersarin, vom 28.4.1945, in: Berlin. Quellen und Dokumente 1945-1951, hg. im Auftrage des Senats von Berlin, Berlin 1964, 208ff. Zitat: 208.

[133] Bersarin sprach öfters von „seinen" Berlinern. Nachdem er im 16. Juni 1945 bei einem Motorradunfall in Friedrichsfelde tödlich verunglückte, begleiteten ihn fast 10.000 Berliner auf seinem letzten Weg. Vgl. Kuby, 380f. Bersarin ist seit 2003 wieder Ehrenbürger der Stadt Berlin.

Parallel zu diesen Maßnahmen zur Normalisierung des Alltags arbeiteten die sowjetischen Politabteilungen zielstrebig an dem Aufbau politischer und verwaltungstechnischer Strukturen in der Stadt im Sinne der „antifaschistisch-demokratischen Umwälzung". Zu diesem Zweck trafen bereits am 2. Mai zehn ausgewählte kommunistische Emigranten unter der Leitung von Walter Ulbricht in Berlin ein.[134] Diese „Gruppe Ulbricht" hatte am Tag davor von General Galadshijew, dem Chef der Politischen Hauptverwaltung der Armee Shukows, den Auftrag erhalten, eine neue Berliner Stadtverwaltung einzusetzen und hierbei alle legitimen politischen Kräfte zu berücksichtigen.[135] Die Politemigranten um Ulbricht waren für diese Aufgabe konzeptionell bestens gerüstet.[136] Bereits am 21. Mai nahm der Magistrat in der Städtischen Feuersozietät in der Patrichoalstraße seine Arbeit auf. Gemäß dem politischen Ziel, den Wiederaufbau des öffentlichen Lebens auf breite antifaschistische Grundlage zu stellen, war der erste Magistrat weltanschaulich heterogen besetzt. Die Kommunisten waren numerisch klar in der Minderheit, aber im Besitz strategisch wichtiger Schlüsselpositionen. Die faktische Hegemonie der Kommunisten im ersten Nachkriegsmagistrat resultierte in erster Linie aus ihren engen Beziehungen zur sowjetischen Besatzungsmacht. Am 6. Juni konstituierte sich die Sowjetische Militär-

---

[134] Zur „Gruppe Ulbricht" zählten u. a. Otto Winzer, Hans Mahle, Karl Maron, Fritz Erpenbeck und Wolfgang Leonhard. Letzterer sagte sich 1950 vom Kommunismus los und übersiedelte von Jugoslawien aus in die Bundesrepublik. Eine Charakterisierung der Mitglieder der „Gruppe Ulbricht"bei: Leonhard, 380-385.

[135] Vgl. Ebda, 390-395. Vgl. auch die Darstellung von Richard Gyptner in: Berlin-Quellen, 210-213.

[136] "Wir waren bestens vorbereitet, einschließlich der Organisierung der Verwaltungen bis hin zu Fragen der Organisierung des kulturellen Lebens. Wir hatten auch eine Liste von Hitlergegnern, von denen wir annahmen, dass sie sich in Berlin aufhielten. Es waren Namen von kommunistischen und sozialdemokratischen Reichstagabgeordneten sowie anderen Hitlergegnern aus bürgerlichen Lagern." So Ulbricht rückblickend am 12.5.1960. Zitiert nach: Gruppe Ulbricht, 337f; ausführlich zur Etablierung des Magistrats: Ebda, 57-68;

administration (SMAD) in Berlin-Karlshorst. Alle Ressorts des Magistrats unterstanden zunächst der völligen Verfügungsgewalt der jeweiligen Behörden der SMAD und später derjenigen der Alliierten Kommandantur.[137] Der erste Magistrat hatte ein formal pluralistisches Gesicht, war aber in erster Linie ein deutsches Ausführungsorgan für die Befehle und Anordnungen der SMAD.[138]

Wenige Wochen später begann der politische Neuaufbau einer „antifaschistisch-demokratischen" Ordnung konkrete Konturen anzunehmen. So erlaubte der oberste Chef der SMAD Marshall Shukow bereits am 10. Juni 1945 die Bildung von Parteien,

> „die sich die endgültige Ausrottung der Überreste des Faschismus und die Festigung der Grundlagen der Demokratie und der bürgerlichen Freiheiten in Deutschland und die Entwicklung der Initiative und Selbstbetätigung der breiten Massen der Bevölkerung in dieser Richtung zum Ziel setzen."[139]

Über diesen Befehl bereits vorab informiert, wandte sich die KPD bereits einen Tag später mit einem in Moskau vorformulierten Gründungsaufruf an die Bevölkerung.[140] Ihr folgte am 15. Juni die SPD und die CDU am 26. Juni sowie die Liberaldemokratische Partei Deutschlands (LDPD) am 5. Juli 1945. Die Parteien verpflichteten sich eine Woche später in einer „antifaschistisch-demokratischen

---

[137] So mussten alle grundsätzlichen Entscheidungen von der sowjetischen Besatzungsmacht bzw. der Alliierten Kommandantur genehmigt werden. Die alliierten Behörden konnten jederzeit Mitglieder des Magistrats entlassen oder neu ernennen. Vgl. Die Sitzungsprotokolle des Magistrats der Stadt Berlin 1945/6, hg. von Jürgen Wetzel, bearbeitet und eingeleitet von Dieter Hanauske, Berlin 1995, 60.

[138] So bezeichnete Oberbürgermeister Dr.Werner die Berliner Verwaltungsorgane als „Lehensträger der Siegerstaaten", die als "Beauftragte und Helfer der Besatzungsmächte" tätig seien. Zitiert nach: *Berliner Zeitung* vom 9.6.1945.

[139] So in dem Befehl Nr. 2 des Obersten Chef der Sowjetischen Militäradministration in Deutschland über die Zulassung antifaschistischer Parteien und Organisationen, in: Um ein antifaschistisch-demokratisches Deutschland – Dokumente 1945-1949, Berlin 1968, 54f. Hier: 54.

[140] Vgl. hierzu: Leonhard, 442f.

Einheitsfront" auf der Grundlage des KPD-Aufrufs zusammenzuarbeiten, ohne dabei ihre Eigenständigkeit aufgeben zu müssen.[141]

Der politische Umbau nach dem Muster der Kriegsplanungen der KPD war in seinen Grundzügen bereits unmittelbar nach der Ankunft der Westalliierten in Berlin vollzogen. Er ging einher mit dem Aufbau eines Pressewesens, das die Menschen im Sinne dieser „antifaschistisch-demokratischen Umwälzung" umerziehen sollte. Damit sollte versucht werden, sich vor der Ankunft der Westalliierten auch auf dem Gebiet der ideologischen Massenbeeinflussung eine starke Machtposition zu sichern. Die folgende Analyse der sowjetischen Presseorgane geht nun der Frage nach, mit welchen Mitteln diese Ziele erreicht werden sollten und worin sich hierbei die einzelnen Zeitungen unterschieden. Im Mittelpunkt stehen die *Tägliche Rundschau* und die *Berliner Zeitung* als die beiden für Berlin wichtigsten Publikationsorgane.

II. Strategischer Aufbau einer „antifaschistischen Presse": Die *Tägliche Rundschau* und die *Berliner Zeitung*

Alleinverantwortlich für die ersten Berliner Publikationsorgane waren zunächst die politischen Abteilungen der 1. Belorussischen Front und später die jeweiligen Behörden der SMAD, einer „komplexe(n), militärischen Großbehörde".[142] Die Kontrolle der Presseorgane oblag nach August 1945 der „Verwaltung für Propaganda" innerhalb der SMAD. Um Zeitungen kontrolliert zentrale Informationen liefern zu können, bauten die SMAD nach ihrer Ankunft in Berlin das „Sowje-

---

[141] Die Erklärung der KPD, CDU, LDP und SPD zur Bildung einer „antifaschistischen Einheitsfront" vom 14.7.1945 ist abgedruckt, in: Berlin-Quellen, 768ff.

[142] Zitiert nach: Jan Foitzik, Sowjetische Militäradministration in Deutschland (SMAD), in: Martin Broszat/Hermann Weber (Hg.), SBZ-Handbuch, München 1993, 9-69. Hier: 9.

tische Nachrichtenbüro[143]" auf. Die Propagandaabteilung der SMAD wurde bis 1949 von Sergej Tjulpanow geleitet, einem gebildeten, Deutsch sprechenden sowjetischen Intellektuellen, dessen „messerscharfe Intelligenz"[144] und starke Affinität zur deutschen Kultur oft betont worden sind.[145] Aufgrund seiner engen Kontakte zur sowjetischen Parteispitze baute er den Tätigkeitsbereich der Propagandaabteilung sehr schnell aus und wurde so „zum eigentlichen Vollstrecker sowjetischer Politik in der SBZ".[146] Tjulpanow betrachtete es als seine Aufgabe, „auf ideologischem Gebiet das Programm der umfassenden antifaschistischen Demokratisierung zu verwirklichen"[147]. Neben einer Zensurabteilung wurde auch eine Presseabteilung eingerichtet, die für die Lizenzierung der Zeitungen und die Papierzuteilung zuständig war[148]. Tjulpanows Propagandaverwaltung konnte so Inhalt und Ausstattung der sowjetisch lizenzierten Zeitungen jederzeit in die gewünschte Richtung lenken.

---

[143] Vgl.: Frei, Presse, 383f.
[144] Zitiert nach: Creuzberger, 37.
[145] Der 1901 geborene Sergej Tjulpanow war Soldat und Wissenschaftler in einer Person. Er war diplomierter Wirtschaftswissenschaftler und lehrte von 1937-1940 an der Politischen Militärakademie in Moskau Politische Ökonomie. Als überzeugter Marxist-Leninist gehörte er bald zur Nomenklatur der KP. Im Zweiten Weltkrieg diente er als Leiter der 7. Abteilung der politischen Abteilungen an zahlreichen Frontabschnitten. Wahrscheinlich im Juni 1945 wurde er in den Stab des Politischen Beraters nach Berlin versetzt. Nach seiner Absetzung 1949 als Chef der Propagandaverwaltung kehrte er nach Moskau zurück und leitete von 1950-1959 den Lehrstuhl für Politische Ökonomie in Leningrad. Er starb 1984. Zu den biografischen Daten vgl. Creuzberger, 37f; Norman M. Naimark, Die Sowjetische Militäradministration in Deutschland, in: Bonwetsch (Hg.), XXXII; Foitzik, 480f.
[146] Zitiert nach: Naimark, in Bonwetsch, XXXIII.
[147] Zitiert nach: Sergej Tjulpanow, Zeit des Neubeginns, in: Neue deutsche Literatur 9 (1979), 41-62. Hier: 48.
[148] Zur Machtfülle Tjulpanows und den innersowjetischen Machtkampf vgl. Naimark, in Bonwetsch, XXXIII-XXXIX.

Die *Tägliche Rundschau*

Trotz der widrigen Bedingungen für die Produktion einer Zeitung erschien bereits am 15. Mai 1945 die *Tägliche Rundschau* (*TR*) als erste Nachkriegszeitung in Berlin. Sie wurde zunächst kostenlos an die informationshungrigen Berliner verteilt. Diese „Frontzeitung für die deutsche Bevölkerung" – so der erste Untertitel der *TR* – wurde zunächst in einer kleinen Druckerei in der Kreuzberger Urbanstraße gedruckt, während die Redaktion im Gemeindehaus in der Göhrener Straße in dem vom Krieg relativ wenig zerstörten Arbeiterbezirk Prenzlauer Berg ihr Quartier bezog. Schnell wurde aus der Frontzeitung eine „Tageszeitung für die deutsche Bevölkerung" und am 6. Juni 1945 erklärte die SMAD die *TR* zu ihrem offiziellen Publikationsorgan. Erst 1955 wurde die *TR* als Sprachrohr der sowjetischen Besatzungsmacht eingestellt.[149]

Die in der Regel vierseitige *TR* glich von Anfang an sowohl in ihrer redaktionellen Zusammensetzung als auch in ihrer inhaltlichen Konzeption einer „sowjetischen Zeitung für die deutsche Bevölkerung".[150] Die redaktionelle Leitung des Blatts hatten die sowjetischen Kulturoffiziere der späteren Propagandaabteilung Tjulpanows inne. So fungierte unter direkter Aufsicht Tjulpanows bis 1949 Oberst Alexander Kirsanow als Chefredakteur, der Journalist und Schriftsteller Grijori L. Weisspapier war dessen Stellvertreter.[151] Die sowjetische Besatzungsmacht benutzte die *TR* von Anfang an auch „ganz

---

[149] Vgl.: Strunk, Pressekontrolle, 92-95.
[150] Zitiert nach: Günter Raue, Die „Tägliche Rundschau" – Geburtshelfer des DDR-Journalismus, in: Beiträge zur Geschichte der Arbeiterbewegung 27 (1985), 174-181. Hier: 181.
[151] Vgl. hierzu: Mendelssohn, Zeitungsstadt, 510; Rudolf Reinhardt, Zeitungen und Zeiten, Köln 1988, 33; Oschilewski, 226: eine Charakterisierung und Biografie von Kirsanow und Weisspapier bietet: Strunk, Pressekontrolle, 97-100.

bewusst als eine neue sozialistische Kaderschmiede"[152]. Nach der Aussage eines ehemaligen sowjetischen Redakteurs war es ein wesentliches Ziel der Zeitung, deutsche antifaschistisch eingestellte Journalisten in die redaktionelle Arbeit einzubinden.[153] Man bediente sich hierbei auch ehemaliger Mitglieder des NKFD sowie Genossen der Exil-KPD und der sowjetischen Politabteilungen[154]. Doch stand das Bemühen im Vordergrund, neue Mitarbeiter für die Zeitung zu gewinnen und nach sowjetsozialistischen Prinzipien journalistisch zu schulen. Durch forcierte Werbung der *TR* in der deutschen Öffentlichkeit vergrößerte sich kontinuierlich der Anteil deutscher Mitarbeiter.[155] Für zahlreiche deutsche Mitarbeiter wurde die *TR* auch zu einem Sprungbrett für eine spätere Karriere in der DDR.[156]

Inhaltlich machten die Verantwortlichen der *TR* von Anfang an keinen Hehl daraus, zuvorderst ein Erziehungsblatt im sowjetischen Sinne zu sein. Im ersten programmatischen Leitartikel hieß es:

> „Die Aufgabe unserer Zeitung besteht darin, dem deutschen Volk die Wahrheit über die Rote Armee und die Sowjetunion nahezubringen, den Deutschen

---

[152] Zitiert nach: Raue, Geburtshelfer, 181.
[153] Zitiert nach: Werner Goldstein, „Tägliche Rundschau" – erste deutsche Nachkriegszeitung, in: Neue deutsche Presse 14 (1970), 13f. Hier: 13.
[154] Werner Mussler und Fritz Sigl arbeiteten als langjährige KPD-Genossen in der Abteilung „Propaganda für die Sowjetunion" mit. Stefan Doernberg, als Leutnant der Roten Armee von den Politabteilungen zur *TR* gewechselt, arbeitete im außenpolitischen Ressort. Vgl. Strunk, Presekontrolle, 107.
[155] So fand am 28.5.1945 auf Initiative der *TR* eine Zusammenkunft Berliner Schriftsteller und Journalisten in den Räumen der Stadtverwaltung von Wilmersdorf statt. Hier warb man für die Mitarbeit in der *TR* und späterer antifaschistischer Zeitungen. Vgl. *TR* vom 29.5.1945. Nach Leithäuser wurde bei der Aussprache mit den Schriftstellern betont, dass die neuen Zeitungen nicht uniform sein sollen. Vgl. Johannes Leithäuser, Journalisten zwischen zwei Welten – Die Nachkriegszeit der Berliner Presse, Berlin 1960, 15.
[156] Zu nennen sind etwa der spätere populäre Rundfunkkommentator in der DDR, Theodor Schulze-Walden, und Hans-Werner Aust, der spätere Chefredakteur der Zeitschrift "Deutsche Außenpolitik".

zu helfen, in der gegenwärtigen politischen Lage die richtige Orientierung zu finden, mit den Überbleibseln der Hitlerischen Barbarei aufzuräumen (...)."[157]

Dieses Selbstverständnis der *TR*, in erster Linie Aufklärung über die Sowjetunion in der Berliner Bevölkerung leisten zu wollen, zeigte sich vor allem in den Ausgaben der ersten Monate mehr als deutlich. Rein informelle Nachrichten und offizielle Verlautbarungen wurden auf der ersten Seite abgehandelt. Berichte über sowjetische Städte oder Betriebe und verherrlichende Darstellungen des sowjetischen Gesellschaftssystems nahmen dagegen eine oder teilweise sogar zwei Seiten ein.[158] Auch die rein informative Berichterstattung stellte Nachrichten aus der Sowjetunion in den Vordergrund. Zu besonderen Anlässen wie den Moskauer Feierlichkeiten zur Oktoberrevolution wurde der Umfang einzelner Ausgaben auf bis zu 16 Seiten erhöht. Wichtige Ereignisse nahmen manchmal komplette Ausgaben in Anspruch.[159] Fast täglich wurde in ermüdender Art und Weise die „internationalistische Befreiungsmission" der Roten Armee beschworen. Später vermied man die offensichtlichsten propagandistischen Überzeichnungen der ersten Wochen. Die Popularisierung des sowjetischen Gesellschaftssystems blieb aber das prägende Element der Zeitung. Dagegen waren originär Berliner Themen deutlich unterrepräsentiert. Dieser fehlende lokale Bezug und der insgesamt aufdringliche, teilweise plumpe Propagandastil führten dazu, dass die politische Berichterstattung der *TR* von der großen Mehrheit der Berliner Bevölkerung nie angenommen wurde. „Die erste [Zeitung] war die ‚Tägliche Rundschau', hg. von der Roten Armee und so

---

[157] Zitiert nach: *TR* vom 15.5.1945
[158] Exemplarisch: Volksgesundheit in der SU, in: *TR* vom 18.5.1945; Wie geht es dem Arbeiter in der Sowjetunion?, in: *TR* vom 31.5.1945.
[159] Die *TR* vom 7.11.1945 befasste sich auf 15 von 16 Seiten mit der Oktoberrevolution. Der Inhalt der Ausgabe vom 5.12.1946 wurde von den Feierlichkeiten zum Verfassungstag der UdSSR bestimmt.

schlecht, dass man kein Wort darüber verlieren mag", ätzte Margret Boveri.[160]

Der Fokus auf sowjetische Themen war aber nur ein Element des sowjetischen Ziels, den Deutschen die richtige Orientierung zu geben. Einen mindestens ebenso hohen Stellenwert hatte das Bestreben, die Deutschen durch die Wiederentdeckung ihrer eigenen Kultur auch geistig zu erneuern. Wie die gesamte sowjetische Kulturpolitik in Berlin in ihren Anfängen[161] war auch das Feuilleton der *TR* durchaus von Weltoffenheit und Qualität gekennzeichnet. Schicksale und Werke von den Nationalsozialisten verfolgter Schriftsteller und Künstler wurden vorgestellt, die keineswegs alle den Kommunisten nahestanden, Romane und Gedichte veröffentlicht.[162] Das allgemein hohe Niveau der Kulturberichterstattung erfüllte gleichzeitig auch den Zweck, das von den Nationalsozialisten geprägte Bild der „kulturlosen Barbaren" zu widerlegen und damit auch das traditionell

---

[160] Zitiert nach: Margret Boveri, Berliner Sommer 1945 – Die ersten Zeitungen, in: Neue deutsche Hefte 15 (1968), H.2, 4-14. Hier: 4. In seinen autobiografischen Erinnerungen lässt Hans Borgelt einen Zeitungsverkäufer über die TR Folgendes sagen: "Von die Ostblätter bleibt jede Menge übrig. (...) Von der 'Täglichen Rundschau' werden Hunderttausende gedruckt. Aber wenn man die liest, schläft man dabei ein." Zitiert nach: Hans Borgelt, Das war der Frühling von Berlin – Eine Berlin-Chronik, München 1980, 21.

[161] Nach Schivelbusch lag der sowjetischen Kulturpolitik die Strategie des „opening up instead of restricting" zugrunde. So war die sowjetische Besatzungsmacht in Berlin von Anfang sehr aktiv am Neuaufbau eines kulturellen Lebens in Berlin beteiligt. Vgl. u. a.: Schivelbusch, 63-168 (Zitat: 55); Hermann Glaser/Lutz von Putendorf/Michael Schöneich (Hg.), So viel Anfang war nie – Deutsche Städte 1945-1949, Berlin 1989, 39ff. Allgemein zur Kulturpolitik: Gerd Dietrich, Politik und Kultur in der SBZ 1945-1949, Bern 1993; Michael Jäger, Kultur und Politik in der DDR, München 1995.

[162] Exemplarisch die Portraits von Erich Mühsam, Kurt Tucholsky, Stefan Zweig und Ernst Toller in der TR vom 8.7.1945; der Bericht über Thomas Mann in der TR vom 25.8.1945. Vgl. auch: Alexander Dyschmitz, Ein unvergesslicher Frühling – Literarische Portraits und Erinnerungen, Berlin 1970. Hier v.a.: 289ff bzw. 316ff.

eher antikommunistische Bildungsbürgertum für sich zu gewinnen.[163]

Die *Berliner Zeitung*

Der spätere Chefredakteur der *TR*, Kirsanow, war zusammen mit fünf sowjetischen Leutnants für den organistorischen Aufbau der ersten deutschen Zeitung zuständig. Er übernahm in den ersten Wochen formell die Chefredaktion[164], doch für die „eigentliche Zeitungsarbeit"[165] war von Anfang an Rudolf Herrnstadt zuständig. Zusammen mit dem sowjetischen Oberleutnant Feldmann baute er die erste Redaktion auf. Die Redaktion, zunächst notdürftig in einer Feuerwache der Kreuzberger Lindenstraße untergebracht, bezog im Juli 1945 in der Jägerstraße im sowjetisch besetzten Sektor ihren endgültigen Sitz.[166] Am 21. Mai 1945 wurde die erste Ausgabe der *Berliner Zeitung (BZ)* gedruckt.

Dass ausdrücklich auch Bürgerliche als Redakteure gesucht wurden, war mehr als nur ein notwendiges Zugeständnis an die allgemeinen chaotischen Zustände in Berlin.[167] Es war bereits integraler Bestandteil der Grundkonzeption, die die sowjetischen Besatzer mit der *BZ* verfolgten. Danach sollte die *BZ* als überparteiliche, genuin deutsche Zeitung in der Öffentlichkeit auftreten und bewusst auf die speziel-

---

[163] Vgl. ausführlich: Marx, Reeducation, 68ff.
[164] Vgl. Strunk, Zensoren, 85f. Kiranow kümmerte sich hauptsächlich um die Instandsetzung der Druckerei und die notwendige Papierbeschaffung. Vgl.: Gerhard Kegel, In den Stürmen unseres Jahrhunderts, Berlin 1985, 490.
[165] Zitiert nach: Ebda.
[166] Vgl. Leithäuser, 17f; Der erste Monat. Berlin im Mai 1945, aus der Materialsammlung für Geschichte der Stadt Berlin unter der Viermächtebesatzung im Auftrag des Senators für Volksbildung und des Presseverbandes Berlin, hg. von der Forschungsgruppe für Berliner Nachkriegsgeschichte, Berlin o.J., 55f.
[167] Über die katastrophalen Arbeitsbedingungen der *BZ* in den ersten Wochen Fritz Erpenbeck, Ein Jahr Berliner Zeitung, in: *BZ* vom 21.5.1946. Vgl. auch: Küngelgen, 1945, 272ff.

len Bedürfnisse der Berliner Bevölkerung zugeschnitten sein. Um diesen Anspruch auch äußerlich deutlich werden zu lassen, entschlossen sich die sowjetischen Verantwortlichen Anfang Juni die Leitung der Zeitung offiziell in die Hände des Magistrats zu übergeben. So erklärte Otto Winzer, Leiter des Amtes für Volksbildung des Magistrats, am 17. Juni die *BZ* zum „offiziellen Publikationsorgan der Stadt Berlin". Damit komme „die Einheit aller antifaschistischen Kräfte", die die Zusammensetzung des Magistrats repräsentiere, auch publizistisch „zum Ausdruck"[168]. Das amtliche Signum unterstrich den vermeintlich deutschen Charakter der Zeitung. Damit glaubte die *BZ* in ihrer scheinbaren demokratischen Offenheit mehr Vertrauen und Glaubwürdigkeit und damit auch emotionalen Zugang zu Bevölkerungsschichten zu gewinnen, die dem Kommunismus gegenüber kritisch eingestellt waren. Bezogen auf die gesamte Berliner Bevölkerung hatte dieses Konzept zunächst bemerkenswerten Erfolg. Glaubt man einer amerikanischen Umfrage vom Frühjahr 1946, hielten nur 3% die *BZ* für sowjetisch kontrolliert.[169]

Da die *BZ* wie die *FD* den Anspruch erhob, ein Blatt im kommunistischen Sinne für eine eher nichtkommunistische Leserklientel zu sein, verwundert es nicht, dass die personelle Besetzung der *BZ* anfangs der der *FD* stark ähnelte.[170] So kamen Bernt v. Küngelgen und Günther Kertzscher am 8. Mai direkt von dem NKFD nach Berlin. Sie bildeten zusammen mit Herrnstadt und weiteren KPD-Genossen den Kern der Redaktion. Unter ihnen arbeiteten zahlreiche bürgerliche Journalisten.[171] Trotz der beabsichtigten weltanschaulichen Hete-

---

[168] Zitiert nach: LAB (STA), B Rep.101/202, Bl.4
[169] Vgl. Hurwitz, Eintracht, 98.
[170] Die *BZ* sah sich auch bewusst in der Tradition des *FD*. Nach Bernt v.Küngelgen wurde das *FD* „zur Quelle der Erfahrungen für das Erscheinen der 'Berliner Zeitung'". Zitiert nach: Küngelgen, Bündnispolitik, Bl. 4.
[171] Bernt v. Küngelgens Bericht über die innerredaktionellen Zustände in den ersten Monaten nennt weitere Namen. Vgl. Küngelgen, Bündnispolitik, Bl.9. In der Kul-

rogenität war die *BZ* intern auch als sozialistische Kaderschulung konzipiert. Neue Mitarbeiter hatten in der Regel einen Schulungskurs zu absolvieren, der sie mit den Grundbegriffen des Sozialismus vertraut machen sollte. Spätere hohe SED–Funktionäre wie Joachim Hermann eigneten sich hier ihr ideologisches Rüstzeug an.[172] Diese Maßnahmen und die strengen zensorischen Einschränkungen führten fast zwangsläufig zu internen Spannungen. Bürgerliche Mitarbeiter wie Bahr, Kindler und Grindel verließen schnell die *BZ*. Darauf wird im Kapitel über Herrnstadt noch genauer eingegangen werden.

Bereits die erste vierseitige Ausgabe der *BZ* unterschied sich wesentlich von der *TR* und unterstrich den Anspruch, ein parteiisches Blatt im Sinne der „antifaschistisch-demokratischen" Bündnispolitik und gleichzeitig ein explizit Berliner Blatt zu sein. So wurde auf der ersten Seite die Gründung des ersten Nachkriegsmagistrats durch den Stadtkommandanten Bersarin emphatisch mit dem Titel „Berlin lebt auf" verkündet.[173] Die ersten Monate der *BZ* prägten nicht sowjetische Nachrichten, sondern die großen, aber eben auch kleinen lokalen Probleme und Ereignisse standen im Mittelpunkt der Berichterstattung. Bereits in der ersten Ausgabe konnte man die ersten Berliner Gewerbeanzeigen lesen, ebenso wurden eine tägliche „Berlin-Chronik" und ein regelmäßiger regionaler Sportteil eingeführt.[174] Mit Abdruck auch kritischer Leserbriefe, der Einführung der Rubrik „Sie fragen – Wir antworten" und mit zahlreichen Erklärungen von An-

---

turredaktion unter der Leitung Paul Rillas waren u. a. die beiden späteren Berliner Schriftsteller Hans Borgelt und Georg Holmsten langjährig tätig. Vgl. Hans Borgelt; Georg Holmsten, Als keiner wusste, ob er überlebt – Zwischen den Sommern 1944/5, Düsseldorf 1995, 171-183.

[172] Vgl. Küngelgen, 1945, 272. Über die von Günter Kertzscher gehaltenen Schulungskurse vgl. Borgelt, 96-101.
[173] Vgl. dazu: *BZ* vom 21.5.1945.
[174] Am 13.8.1945 nahmen die Anzeigen bereits fast die gesamte letzte Seite der *BZ* ein. Die "Berliner-Chronik" meldete in erster Linie die kleinen, alltäglichen Geschehnisse. Exemplarisch: Unser Berliner Zoo eröffnet, in: *BZ* vom 4.7.1945.

gehörigen des Magistrats versuchte man, den Kontakt mit der Bevölkerung zu vertiefen.[175] Satirische Cartoons mit „Berliner Schnauze" und viele meistens unpolitische Fotos aus dem Berliner Alltag signalisierten Volksverbundenheit.[176] Besonders das Letztgenannte bewirkte, dass die *BZ* wesentlich „frischer, lockerer und vertrauter"[177] auf die Berliner wirkte als die *TR*.

Wie in der *TR* kamen in der *BZ* auch viele renommierte Schriftsteller zu Wort. Damit sollte das Ansehen der *BZ* besonders bei „gehobenen Leserschichten"[178] erhöht werden. In den allgemein-politischen Artikeln suchte man den Begriff „Sozialismus" vergeblich. Man sprach lieber blumig und möglichst unpräzise vom Ziel „einer Zukunft in Frieden, Menschlichkeit, Liebe, Vertrauen und Achtung, in gemeinsamer fruchtbarer Arbeit und freier würdiger Gemeinschaft", wie in einem Artikel vom 27. November 1945 in der *BZ* zu lesen war. Die Artikel, die über sozialistisches Gedankengut aufklären sollten, waren nie zu einseitig und wurden gerade von bürgerlichen Mitarbeitern geschrieben.[179] Eine zu direkte politische Agitation wurde zunächst absichtsvoll vermieden. Dies änderte sich durch die Konkurrenz der westalliierten Presse.

---

[175] Die am 24.5.1945 eingeführte Rubrik „Sie fragen – Wir antworten" beantwortete sowohl alltägliche als auch konkret politische Fragen. Vgl. *BZ* vom 24.5.1945 bzw. 3.6.1945.

[176] So konnte man am 25.5 in der *BZ* ein Foto freudig lächelnder Berliner Wurstverkäuferinnen bewundern. Ab 4.6.1945 wurden regelmäßig Cartoons von Host von Moellendorff unter dem Titel „Berlin ohne Worte" abgedruckt.

[177] Zitiert nach: Mendelssohn, 512.

[178] Zitiert nach: Küngelgen, 1945, 282. Als Beispiele seien genannt: Heinrich Heine, von Heinrich Mann; Ein Wort an die geistig Schaffenden Deutschlands, von Theodor Plievier. Vgl. *BZ* vom 28.8. bzw. 26.8.1945.

[179] So würdigte der Christdemokrat Joseph Hom in einem Artikel der *BZ* vom 6.8.1945 unter dem Titel „Wie ich Friedrich Engels sehe" das Werk Lenins in einer eher sachlichen, nicht unkritischen und damit glaubwürdigen Art und Weise.

Die sowjetische Besatzungsmacht verfolgte bei ihrem Ziel, sich gegenüber den Westalliierten auf dem Gebiet der Presse eine gute Ausgangsposition zu verschaffen, eine Doppelstrategie. So gab sich die *TR* bei aller kulturellen Liberalität offen als Erziehungsblatt im sowjetischen Sinne. Entsprechend der dargestellten Kriegsplanung sollte die von bewährten Parteigenossen geleitete *BZ* dagegen die anfänglich scheinliberale politische Linie publizistisch unterstützen.

Als am 5. Juni offiziell der Vier-Mächte-Status Berlins bekanntgemacht und damit ein Ende des sowjetischen Machtmonopols in Berlin absehbar war, verschärfte sich das Tempo im „Wettlauf mit dem Westen"[180]. Die SMAD versuchte in der verbliebenen Zeit noch hastig, ihren Pressevorsprung auszubauen. Die sowjetischen Behörden ließen noch möglichst viele Druckerpressen oder Rotationsmaschinen abmontieren und in den sowjetischen Sektor schaffen. Dazu erlaubte die SMAD mit der Zulassung von politischen Parteien am 10. Juni 1945 die Herausgabe von entsprechenden Parteiorganen. Nur drei Tage später erschien die kommunistische *Deutsche Volkszeitung* unter der Leitung von Paul Wandel als erste Parteizeitung.[181] Das von Otto Meier redigierte SPD-Blatt *Das Volk* konnte erstmals am 7. Juli gelesen werden, während die bürgerlichen Blätter – das CDU-Blatt *Neue Zeit* und das LDPD-Blatt *Der Morgen* – erst ab 22. Juli bzw. 3. August am Zeitungskiosk kaufen waren.[182] Die Lizenzierung auch einer potentiell feindlichen bürgerlichen Parteipresse lag im konkreten Machtinteresse der SMAD. Die Zeitungen waren für

---

[180] Zitiert nach: Mendelssohn, 516.
[181] Die Parteizeitung war seit längerem geplant. Die Mitarbeiter, zu denen auch Fritz Erpenbeck gehörte, wurden bereits am 4.6.1945 auf einer Besprechung in Moskau in Anwesenheit Stalins ausgewählt. Vgl. Beratung am 4.6.1945 um 6 Uhr bei Stalin, Molotow, Shdanow, in: Rolf Badstübner/Wilfried Loth (Hg.), Wilhelm Pieck – Aufzeichnungen zur Deutschlandpolitik 1945-1953, Berlin 1994, 50-53. Hier: 51.

sie vor allem ein ideales Mittel, bürgerliche Leserschichten zu kontrollieren und zu beeinflussen. Da die Westalliierten in dem ersten von der Alliierten Kommandatur gemeinsam formulierten Befehl vom 11. Juli zusicherten, dass alle bisherige Verordnungen und Befehle ihre Gültigkeit behalten sollten[183], konnten es sich die Kontrollabteilungen der SMAD auch erlauben, den Erscheinungstermin der bürgerlichen Zeitungen hinauszuzögern, solange es möglich war.

Innerhalb ihrer dreimonatigen Alleinherrschaft in Berlin hatte die SMAD also nicht nur wichtige Weichenstellungen im politischen Bereich vorgenommen, sondern sich auch im publizistischen Bereich eine breite kommunistische Meinungsführerschaft gesichert. Im August lag die Gesamtauflage der sechs sowjetisch lizenzierten Zeitungen bereits bei fast 1 Million Exemplaren – allein die *TR* vertrieb 400.000 Exemplare. [184] Eine strenge Vorzensur aller sechs Zeitungen durch die SMAD[185] sorgte dafür, dass trotz ihres jeweils individuellen Zuschnitts auf verschiedene gesellschaftliche Zielgruppen die gewünschte sozialistische Stossrichtung bewahrt wurde.

---

[182] Die *Neue Zeit* leitete der bekannte Berliner Zeitungswissenschaftler Emil Dovifat, *Der Morgen* der LDPD-Vorsitzende Wilhelm Külz. Zu den Einzelheiten der CDU- und LDPD-Parteipresse vgl. Strunk, Zensoren, 75-85.

[183] Vgl. Befehl Nr.1 der Interalliierten Militärkommandatur der Stadt Berlin vom 11. Juli 1945, in: Berlin-Quellen, 132.

[184] Die Auflage der *BZ* und der *Deutschen Volkszeitung* betrug 150.000, während den drei anderen Parteiorganen jeweils 100.000 Exemplare bewilligt wurden. Zu den Zahlenangaben vgl. Strunk, Pressekontrolle, 159. Die von Schivelbusch genannte Gesamtauflagenhöhe von 400.000 scheint zu niedrig angelegt zu sein. Vgl. Schivelbusch, 243.

[185] Ein Bericht der sowjetischen Propagandaabteilung vom 31.10.1945 beschreibt ausführlich die strenge, überbürokratisierte Zensurpraxis. Zitiert nach: Bericht über die Arbeit des Sektors für Propaganda und Zensur der Politischen Abteilung der SMAD vom 15. Juli bis 15. Oktober 1945, in: Bonwetsch (Hg.), 14-19. Hier: 17.

Es lag auf der Hand, dass diese für die US-Amerikaner höchst ungünstige Ausgangslage wesentlich deren Pressepolitik bestimmte.

III. Strategie und Konzeption der US-amerikanischen Besatzungsmacht

Bis zuletzt versuchte die SMAD unter allerlei Vorwänden die Ankunft der Westalliierten in Berlin zu verzögern. Erst am 29. Juni – die ersten Einheiten der US-Amerikaner und Briten standen schon seit sechs Tagen in Babelsberg – einigte man sich für den Einzug auf den Zeitraum zwischen 1. und 4. Juli. Angesichts der vielfachen Behinderung durch die Sowjets sprach ein Kommandeur des amerikanischen Vorhutkommandos von der „undoubtedly history's most unimpressive entry into the capital of a defeated nation by a conquering power".[186] Unmittelbar nach ihrer Ankunft in Berlin richteten die Westalliierten in den ihnen vertraglich zugewiesenen Sektoren im westlichen Teil Berlins eine eigene Abteilung ein, deren Aufgabe es war, den Aufbau eines deutschen demokratischen Informationssystems zu organisieren. In diesem Sinne nahm die US-amerikanische Informationskontrollabteilung, die „Information Service Control Section" (Berliner Informationskontrolle), am 6. Juli in ihrem Zehlendorfer Quartier in der Milinowskistraße unter der Leitung von Oberstleutnant Leonhard die Arbeit auf. Sie unterlag hierbei den Direktiven der „Information Control Division"(US-Amerikanische Informationskontrolle), der zentralen Lenkungsbehörde für die US-amerikanisch besetzten Gebiete mit Sitz in Bad Homburg, die von dem ehemaligen Chef der aufgelösten PWD, General McClure, ge-

---

[186] Zitiert nach: Hurwitz, Einheit, 24; zu den Einzelheiten vgl. Jürgen Wetzel, Office of Military Government for Berlin Sector, in: Christoph Weisz (Hg.), OMGUS-Handbuch – Die amerikanische Militärregierung in Deutschland 1945-1949, München 1994, 673-738: Hier. 674-680.

führt wurde.[187] Peter de Mendelssohn war in den ersten Monaten der US-amerikanischen Besetzung Berlins als Presseoffizier zuständig für die Herausgabe einer Zeitung im US-amerikanischen Sektor. Der 33-jährige gebürtige Münchner mit englischer Staatsbürgerschaft besaß als früherer langjähriger Publizist in Berlin für diese Aufgabe die besten Voraussetzungen.[188] Am 3. August kamen die US-amerikanischen, britischen und sowjetischen Vertreter der jeweiligen Informationskontrollabteilungen zusammen, um über eine gemeinsame Zeitung als Stimme der Alliierten Kommandantur zu beraten. Da die Sowjets aber nicht auf den Vertrieb der *TR* in Berlin verzichten und auch die *BZ* nicht unter gemeinsame alliierte Kontrolle stellen wollten, scheiterte dieser Plan schnell.[189] Nicht nur von den Sowjets, die damit vor allem westlich orientierte Zeitungen verhindern wollten, sondern auch von den US-Amerikanern sind diese Überlegungen wohl nie ernsthaft, sondern vor allem aus taktischen Erwägungen verfolgt worden. Denn bereits kurze Zeit nach der Konstituierung der Berliner Informationskontrolle begannen die Vorbereitungen zur Herausgabe bewusst westlich orientierter Zeitungen, um

---

[187] Vgl. zu den genauen Organisationsstrukturen und Verantwortlichkeiten: Chamberlain, 12f. Zu dem genauen detaillierten Aufbau der OMGBS: Wetzel, OMGUS, 699-738.

[188] Peter de Mendelssohn kam 1926 als 18-jähriger Volontär in die Redaktion des *Berliner Tageblatt*, wo er bis 1933 arbeitete. Nach zahlreichen Tätigkeiten bei Zeitungen und Presseagenturen in Europa wurde er bei Kriegsbeginn Mitarbeiter des britischen MOI und 1941 britischer Staatsbürger. Ab 1944 in der PWD tätig, erlebte er das Kriegsende in seiner Heimatstadt München. Obwohl er im Herbst 1945 von seinem Sonderauftrag, der ihn am 7. Juli nach Berlin führte, entbunden wurde, blieb er journalistisch Berlin verbunden. 1946-1948 Herausgeber der Berliner Ausgabe der britisch lizenzierten *Die Welt*, setzte er 1959 in einem Werk der „Zeitungsstadt Berlin" ein Denkmal. 1982 starb er in München. Zu den biografischen Daten vgl. International Biographical Dictionary of Central European Emigrees 1933-1945, Volume II, The Arts, Sciences, and Literature, Part 2: L-Z, München u.a. 1983, 802f; Mendelssohn, 9f.

[189] Vgl. Ebda, 87f. Auch die US-Amerikaner waren nicht bereit, zugunsten einer interalliierten Zeitung auf eigene Publikationsorgane zu verzichten. Vgl. Jans, 48.

gegenüber den von den Sowjets kontrollierten Informationsorganen schnell ein ideologisches Gegengewicht zu schaffen.

So unternahm Mendelssohn unmittelbar nach seiner Ankunft in Berlin am 7. Juli eine Informationsfahrt durch das zerstörte Berlin „zwecks direkter Erkundung, Bestandsaufnahme und Lagebericht"[190]. Zielstrebig ließ er sich die einzige noch reparable Druckerei des ehemaligen nationalsozialistischen *Deutschen Verlag[s]* in Tempelhof zeigen. Sie hatte vor dem Krieg dem traditionsreichen Berliner *Ullstein-Verlag* gehört und wurde nun von Ernst Strunk in US-amerikanischem Auftrag treuhänderisch verwaltet. Er ließ sich versichern, dass eine Zeitungsherstellung in Kürze technisch machbar war. Diese Eile schien de Mendelssohn umso wichtiger, als er zuvor bereits die Redaktionen der meisten bislang erschienenen Zeitungen und das „Sowjetische Nachrichtenbüro" besucht hatte, und sich so einen Überblick über die bislang verfolgte sowjetische Pressepolitik verschaffen konnte.[191] Die hierbei gewonnene Erkenntnis der kommunistischen Dominanz durch die sowjetisch kontrollierten Presseerzeugnisse prägte wesentlich sein am 17. Juli formuliertes Memorandum an Leonhard, in dem er ein radikales Umdenken in der angestrebtenInformationspolitik forderte. Entgegen den Intentionen des geplanten Drei-Stufen-Modells plädierte hierin Mendelssohn für die sofortige Lizenzierung originär deutscher Zeitungen, die US-amerikanischen Vorstellungen sowohl entsprechen als auch solche vermitteln sollten. Als Grund für seine Überlegungen führte er explizit die besondere Berliner Pressesituation an, wobei er wörtlich u. a. schrieb:

---

[190] Zitiert nach: De Mendelssohn, 527.
[191] Nach dem wöchentlichen Rechenschaftsbericht der Berliner Informationskontrolle vom 11. bzw. 14.7.1945 besuchte er hierbei die Redaktionen der SPD-Zeitung *Das Volk*, der KPD-Zeitung *Deutsche Volkszeitung* und die Presseabteilung des Magistrats, die „von ihrem Charakter her ein reines Public Relations Büro war." Vgl. hierzu: Jans, 42ff. Zitat: 43.

„Die Planung von Presseunternehmungen im US–Sektor Berlin muss, wenn sie realistisch sein soll, die bereits bestehende Pressesituation in Rechnung stellen. (...) Berlin steht bereits mitten in Phase drei. Es existieren in Berlin bereits vier täglich erscheinende Zeitungen unter sowjetischer Lizenz, und zwei weitere sollen in Kürze erscheinen. (...) Die bestehenden Zeitungen sind jedoch nicht nur an Quantität, sondern auch nach Qualität unzureichend. Sie alle sind, wenn auch in unterschiedlichem Maß, politisch und kulturell nach der Sowjetunion orientiert. Das Bild, welches sie von der Welt als Ganzes bieten, ist daher notwendig einseitig und unvollständig. (...) Sie würden darüber hinaus den alliierten Zielen einer politischen Neuorientierung der deutschen öffentlichen Meinung dienen, wenn es ihnen durch eine andere, stärker nach Westen orientierte Haltung gelänge, das Vertrauen einer zutiefst desillusionierten und misstrauischen Öffentlichkeit zu erwerben. (...) Sie [die alliierten Behörden – CM] müssen versuchen, soweit die unsichere Situation Berlins dies erlaubt, von Anfang an auf ‚Nummer Sicher' zu gehen. Im Unterschied zu ihren Zonen stehen sie in Berlin in scharfem Wettbewerb. Es wäre unter den gegebenen Umständen unverzeihlich, mit Not- und Zwischenlösungen zu experimentieren, die nicht den grösstmöglichen Erfolg verbürgen. (...) Wenn im US-Sektor eine Zeitung ins Leben gerufen werden soll, dann muss sie eine deutsche, von einem deutschen Verleger und einer deutschen Redaktion herausgegebene Tageszeitung sein, (...). Nur eine solche Gruppe von Menschen kann wirkungsvoll arbeiten und zugleich der Sache der westlichen Demokratien einen echten Dienst erweisen."[192]

Mendelssohn glaubte, dass nur „eine Tageszeitung von höchstem Anspruch und höchstmöglichem Niveau"[193] die skizzierte Aufgabe, die amerikanische Weltsicht einer breiten deutschen Öffentlichkeit nahezubringen, erfüllen könne. Ein solch qualitativ hohes Profil bedürfe einer großen Sorgfalt bei der Auswahl der für die Zeitung verantwortlichen Lizenzträger. So sollten diese nicht nur parteipolitisch unabhängig sein und gleichzeitig alle „legitimen und konstruktiven politischen Weltanschauungen"[194] repräsentieren, sondern auch den Deutschen bekannte Persönlichkeiten mit „weite[m], umfassende[m], weltbürgerliche[m] Blickfeld"[195] sein, die in der deutschen

---

[192] Zitiert nach: Mendelssohn, 531ff.
[193] Zitiert nach: Ebda, 533.
[194] Zitiert nach: Ebda, 544.
[195] Zitiert nach: Ebda, 533. Ebenso die beiden folgenden Zitate.

Leserschaft „Achtung und Autorität" genießen. Um sich glaubwürdig von der sowjetisch lizenzierten Presse abzusetzen und die Glaubwürdigkeit des demokratischen Anspruchs der Zeitung bei der Berliner Bevölkerung zu erhöhen, sei die Kontrolle einer solchen Zeitung auf ein „absolute[s] Mindestma[ß]" zu reduzieren.

Mendelssohns leidenschaftliches Plädoyer für eine deutsche, intellektuelle Zeitung verfehlte die beabsichtigte Wirkung nicht. Bereits einen Tag später trafen sich McClure und andere hohe US-amerikanische Kontrolloffiziere aus der Bad Homburger Zentrale der amerikanischen Informationskontrolle in Berlin, um das weitere Vorgehen zu beraten.[196] Hierbei stand nun allein die Frage im Vordergrund, *wie* der kommunistischen Meinungsführerschaft in der Presse am wirksamsten beizukommen sei. Die Mehrheit der Anwesenden stand den Gedankengängen Mendelssohns skeptisch gegenüber und favorisierte eher eine populär aufgemachte Zeitung, da dadurch eine „größtmögliche Massenwirkung"[197] erzielt werden könnte. McClure gab trotzdem der Konzeption Mendelssohns den Vorzug. Vermutlich sollte mit einer anspruchsvollen deutschen Lizenzzeitung auch eine Vorbildzeitung für die gesamte US-amerikanische Zone aufgebaut werden.[198] Doch dürften auch lokale Gründe für die strategische Ausrichtung eine Rolle gespielt haben. So war Mendelssohn, nach eigener Aussage selbst von der kulturellen Aufbruchstimmung der Stadt beeindruckt[199], bei seinen Erkundungen die durchaus kommunismusfreundliche Grundhaltung vieler Intellektueller und Künstler wohl nicht entgangen. Dadurch konnte die sowjetische Besatzungsmacht „über einen Kreis hochqua-

---

[196] Vgl. Jans, 46f.
[197] Zitiert nach: Mendelssohn, 533.
[198] Vgl. Jans, 47.
[199] "Berlin ist nicht tot. In mancher Hinsicht ist es sogar lebendiger als Paris." Zitiert nach: Schievelbusch, 40.

lifizierter ‚Kollaborateure' wie keine der anderen Besatzungsmächte"[200] verfügen. Da also in den Augen der US-Amerikaner der sowjetische Versuch, mit ihrem auch in der Presse verfolgten Prinzip der kulturellen Liberalität die Intelligenz im weitesten Sinne für sich zu gewinnen, beunruhigend gute Erfolgsaussichten hatte, war es nur folgerichtig, zuvorderst das Bildungsbürgertum, das als traditionelle gesellschaftliche Elite stark meinungsbildend auf andere gesellschaftliche Schichten wirkt, mit einer im US-amerikanischen Sinne demokratischen deutschen Lizenzzeitung anzusprechen. Durch eine intellektuelle Zeitung hoffte man, besser ein Abgleiten des Bildungsbürgertums in kommunistisches Fahrwasser verhindern zu können.

In der genannten Sitzung beschloss man ebenfalls, so schnell wie möglich eine offizielle Zeitung der US-amerikanischen Militärregierung als Interimslösung erscheinen zu lassen. Diese Armeezeitung sollte dann von der deutschen Lizenzzeitung abgelöst werden.[201] Aus dem Drei-Stufen- war also ein Zwei-Stufen-Modell geworden. Während Mendelssohn fieberhaft nach geeigneten Lizenzträgern suchte, wurde Hans Wallenberg, ein Mitarbeiter des US-amerikanischen Presseteams um Hans Habe, am 22. Juli nach Berlin beordert, um die US-amerikanische Militärzeitung vorzubereiten, deren erste Ausgabe unter dem Titel *Allgemeine Zeitung* (*AZ*) am 8. August erschien.

---

[200] Zitiert nach: Ebda, 56. Mendelssohn besuchte neben den Zeitungsredaktionen auch Paul Wegener von der „Kammer der Kunstschaffenden", um sich einen „breiten Hintergrund über Ansichten und Probleme der deutschen Intelligenz zu verschaffen." Zitiert nach: Jans, 43.
[201] Vgl. Mendelssohn, 533.

IV. Liberale Gegenpresse: *Allgemeine Zeitung* und *Tagesspiegel*

Allgemeine Zeitung

Die *AZ* sollte mehr als ein amtliches Mitteilungs- und Informationsblatt sein.[202] Von Anfang wurde die *AZ* als Vorbild für die neue deutsche Lizenzzeitung konzipiert, indem sie die primäre Absicht, die Deutschen im US-amerikanischen Sinne umzuerziehen, bewusst mit dem Bestreben verband, an die deutsche liberale Tradition früherer Berliner Blätter wie der *Vossischen Zeitung* anzuknüpfen.[203] Damit konnten sowohl das Interesse der Berliner an der Zeitung gesteigert als auch der Unterschied zu der sowjetischen Presse betont werden.[204] Der amerikanische Offizier Hans Wallenberg war das personifizierte Sinnbild für diese Verbindung von deutschem liberalen Erbe und amerikanischem Erziehungsauftrag. So war er als gebürtiger Berliner und langjähriger Redakteur der Ullsteinschen *Vossischen Zeitung* bestens mit der Berliner Zeitungstradition vertraut und konnte auch viele ehemalige Berufskollegen, wie z. B. den Literaturkritiker Paul Wiegler und den Theaterkritiker Alfred Kerr, von einer Mitarbeit überzeugen.[205] Nach 14 Tagen hatte er im ehemaligen Ullsteinschen Druckhaus in Tempelhof eine Redaktion aufgebaut[206], die

---

[202] Die *AZ* war nicht die erste westlich orientierte Zeitung in Berlin. Bereits sechs Tage zuvor gab die britische Militärbehörde das vierseitige Nachrichtenblatt *Der Berliner* heraus und durchbrach damit das sowjetische Pressemonopol. Vgl. Oschilewski, 241f; Mendelssohn, 536f.

[203] "The 'Allgemeine Zeitung' took an influential pre-Nazi Berlin newpaper (sic!) of conservative format and liberal anti-Nazi reputation as its model, the 'Vossische Zeitung'." So Harald Hurwitz als späteres OMGUS-Mitglied (seit 1946) 1954. Zitiert nach: Frohner, 51.

[204] Vgl. Ebda.

[205] Vgl. zu den biographischen Daten von Wallenberg: Metz, 73f; Oschilewski, 242; Zitat: Mendelssohn, 534. Zu den genannten Mitarbeitern: Frohner, 53; Jans, 51.

[206] Zu den technischen und organisatorischen Details vgl. Mendelssohn, 534f; Riess, 390ff.

in ihrer Mehrzahl aus jungen deutschen Mitarbeitern bestand. Unter diesen Redakteuren und Mitarbeitern befanden sich u. a. Egon Bahr, der spätere *Bild*-Chefredakteur und bundesrepublikanische Regierungssprecher Peter Boenisch und der Theaterkritiker Friedrich Luft.[207] Bis Oktober unterlag die *AZ* der Vorzensur durch die Berliner Informationskontrolle.[208] Aufgrund des akuten Papiermangels erschien die *AZ* nur dreimal wöchentlich. Die hohe Auflage der *AZ* zeigt den hohen Stellenwert, den diese Publikation in der Umerziehungspolitik der US-Amerikaner genoss. So wurde die Anfangsauflage der *AZ* von 200.000 schnell auf 350.000 Exemplare erhöht. Die *AZ* war kurzzeitig die Zeitung mit der höchsten Auflage in Berlin.[209]

Die *AZ* versuchte möglichst alle Aspekte des damaligen Welt- und Lokalgeschehens abzudecken. So beschrieb Gisela Frohner, die 1966 die *AZ* detailliert untersuchte, diese zusammenfassend

> „als eine Berliner Zeitung, die die internationale Berichterstattung in den Vordergrund stellte, in großem Umfang lokale Nachrichten und Reportagen brachte sowie regelmäßige kulturelle Ankündigungen und einen Sportteil druckte."[210]

Die politisch-moralische Neuorientierung war das wichtigste Anliegen der Redaktion. Diese Zielvorstellung war der vordergründigen Funktion der *AZ*, der Berliner Bevölkerung die offiziellen Anordnungen der US-amerikanischen Besatzungsmacht anzuzeigen und

---

[207] Als freie Mitarbeiter schrieben zahlreiche deutsche Wissenschaftler, darunter der bekannte Historiker Friedrich Meinecke, vgl. Frohner, 53ff. Bahr, Boenisch und Luft wurden als Volontäre bei der *AZ* ausgebildet. Vgl. das Gespräch von Jochen Vorfelder mit Egon Bahr, in: Jochen Vorfelder, Der Neuaufbau der Berliner Tagespresse zwischen April und Dezember 1945 durch die Alliierten Siegermächte, unveröffentlichte Magisterarbeit am FB Kommunikationswissenschaften der FU Berlin 1985, 81.

[208] Zur Vorzensur vgl. die Aussage Wallenbergs zu Frohner, in: Frohner, 55.

[209] Zu den Auflagenzahlen vgl. Frohner, 43.

[210] Zitiert nach: Ebda, 65.

sie ausführlich über lokale, kulturelle und globale Ereignisse zu informieren, als Leitlinie übergeordnet.[211] In formaler Hinsicht bedeutete dies vor allem die klare Trennung von objektiver Information und subjektiver Meinung.[212] Wie bereits dieses zentrale Strukturelement aller liberalen Zeitungen auf die Erziehung der Deutschen zu mündigen Bürgern zielte, prägte auch inhaltlich ein pädagogisches Sendungsbewusstsein alle inhaltlichen Beiträge der *AZ*.[213] In komplementärem Zusammenhang mit dieser angestrebten Re-education der Deutschen durch Aufklärung stand die teils direkte, teils indirekte Propagierung des westlichen Demokratiesystems als Modell für die Zukunft Deutschlands.[214]

Die *AZ* erfreute sich in der Berliner Bevölkerung aufgrund ihrer sachlichen und informativen Berichterstattung größten Zuspruchs. Sie galt nach einer US-amerikanischen Umfrage als die mit Abstand meistgelesene Zeitung in Berlin.[215] Trotz ihrer Beliebtheit wurde die *AZ* nach 42 Ausgaben am 11. November 1945 planmäßig eingestellt, vierzehn Tage, nachdem mit *Der Tagesspiegel* (*TS*) die erste deutsche von den US-Amerikanern lizenzisierte Zeitung erschienen war.

---

[211] Vgl. Ebda, 76.

[212] Besonders deutlich wird dieses Leitmotiv in der ersten Ausgabe vom 8. August 1945, die den ersten Atombombeneinsatz der USA in Hiroshima zum Titelthema hatte. Dieses historische Ereignis wurde auf der ersten Seite betont sachlich und rein faktenorientiert aufgemacht, während der Kommentar zu dem Ereignis – der deutsche Physiker Westphal sprach von der Atombombe als der neuen Hoffnung für den Weltfrieden – separat auf der zweiten Seite erschien.

[213] Dem zentralen Bestreben der Redaktion, „deutsche Verhaltensweisen vor und während der nationalsozialistischen Zeit" zu analysieren und damit einen politischen Umdenkungsprozess der Deutschen einzuleiten, dienten die zahlreichen aufklärenden Aufsätze zu Geschichtslegenden der Weimarer Zeit, aber auch erste Beiträge über deutsche Widerstandsgruppen wie *Die Weiße Rose* und eine sehr ausführliche Berichterstattung über Vorbereitung und Entwicklung der Nürnberger Kriegsverbrecherprozesse. Zitat aus: Frohner, 93. Vgl. auch: Marx. Reeducation, 88f.

[214] Vgl. die zahlreichen Beispiele, in: Frohner, 123-129.

[215] Vgl. Hurwitz, Stunde Null, 89.

Der *Tagesspiegel*

Die Suche Mendelssohns nach geeigneten Verantwortlichen für die erste deutsche Lizenzzeitung schien problemlos zu verlaufen. Aus den zahlreichen Kandidaten, die sich in der Zentrale der Berliner Informationskontrolle meldeten, kristallierte sich um Heinz Ullstein, dem einzig in Berlin verbliebenen Mitglied der traditionsreichen Presse- und Verlagsdynastie, schnell ein aussichtsreicher Bewerberkreis heraus, dem u. a. Wiegler von der *AZ*, Rudolf Kurtz und der von der *BZ* kommende Helmut Kindler angehörten.[216] Mendelssohn favorisierte zunächst den Gedanken der Reanimierung einer Ullstein-Zeitung in US-amerikanischem Gewand, auch weil er damit glaubte, angesichts der Erfahrungen der Ullstein-Familie in den zurückliegenden zwölf Jahren „ein(en) Akt der Wiedergutmachung und der selbstverständlichen moralischen Gerechtigkeit"[217] leisten zu können. Dieses Vorhaben scheiterte aber schnell, als Mendelssohn die fehlende journalistische Seriosität der Bewerber bemerkte und in mehreren Beratungen deutlich wurde, dass die Ullstein-Gruppe entgegen seiner erklärten Absicht ein populäres Boulevardblatt plante.[218]

Das Scheitern der Verhandlungen mit der Ullstein-Gruppe wog allerdings nicht so schwer. Denn inzwischen war Mendelssohn ein

---

[216] Vgl. Mendelssohn, 541f; Kindler, Abschiedsfest, 323. Die von Heinz Ullstein heftig umworbene frühere Journalistin des *BT*, Margret Boveri, lehnte eine Mitarbeit bei der geplanten Zeitung ab. Vgl. Boveri, Zeitungen, 293 bzw. 296f.

[217] Zitiert nach: Mendelssohn, 542. Das Ullsteinsche Verlagsimperium wurde von den Nationalsozialisten enteignet; die jüdischen Familienmitglieder mussten fliehen.

[218] Viele führende US-amerikanische Presseoffiziere zweifelten von Anfang an daran, dass die ehemaligen Mitarbeiter der Ullstein-Presse zu einem wirklichen Neuanfang im deutschen Pressewesen fähig seien. Auch Mendelssohn sprach nun von der deutschen Pressetradition Ullsteinscher Prägung als "a jouralistic tradition (...) dated, outmoded, and even discredited." Vgl.: Jans, 58-61; Riess, 397. Mendelssohns Zitat nach: Schievelbusch, 247.

Bewerbungsschreiben in Form eines Memorandums übergeben worden, das durch seine „kompromisslose Gedankenarbeit" auf ihn „einen starken Eindruck machte. [D]ie Zeitung, die in dieser Denkschrift gefordert wurde, entsprach genau dem Bild, welches Mendelssohn vorschwebte."[219] Der Autor dieses Memorandums war der spätere Hauptherausgeber des *TS*, Erik Reger. In Erik Reger fand Mendelssohn einen idealen Kopf für sein Konzept einer liberalen, von profilierten deutschen Persönlichkeiten herausgegebenen freien Presse mit weltbürgerlichem Niveau. Der wichtigste deutsche Journalist des westlichen Lagers im Nachkriegsberlin wird im nächsten Kapitel in Gegenüberstellung zu Rudolf Herrnstadt in das Zentrum rücken. Im Folgenden soll es zunächst um die publizistischen Mittel gehen, die die US-Presseoffiziere mit dem *Tagesspiegel* einsetzten. Regers unbedingtes Eintreten für das westliche, liberale Demokratiemodell und seine lebenslange Abneigung gegen den Kommunismus entsprachen dem Idealbild Mendelssohns und vieler US-amerikanischer Presseplaner. Nicht zu unterschätzen war in dieser Hinsicht für die US-Amerikaner Regers relative Bekanntheit in der Weimarer Republik als unangepasster, eigenständig denkender Publizist. Dies konnte die Glaubwürdigkeit des *TS* in der misstrauischen deutschen Öffentlichkeit erhöhen, eine unabhängige deutsche Zeitung zu sein. Solche politisch schwerwiegenden Argumente dürften wohl der Grund gewesen sein, warum die Mitgliedschaft Regers in der Goebbelschen Reichskulturkammer – entgegen der intendierten Entnazifizierungspraxis – für die US-Amerikaner bei der Lizenzvergabe keine Rolle spielte. [220]

---

[219] Alle drei Zitate nach: Mendelssohn, 542.
[220] Vgl. Peter Köpf, Schreiben nach jeder Richtung – Goebbels' Propagandisten in der westdeutschen Nachkriegspresse, Berlin 1995, 41f. Allgemein zur US-amerikanischen Entnazifizierung: Klessmann, 86ff.

Als formal gleichberechtigte Lizenzträger für den *TS* wurden Reger von Mendelssohn der frühere Herausgeber der *Weltbühne*, des publizistischen Flaggschiffs der Linksintellektuellen in der Weimarer Kulturszene, Walther Karsch[221], der hochgebildete Kunsthistoriker und ehemalige Reichskulturwart Edwin Redslob[222] und der für die wirtschaftliche Belange zuständige Geschäftsmann Heinrich von Schweinichen zur Seite gestellt. Walther Karsch war 1945 kurzzeitig Mitglied der KPD und dokumentierte damit die demokratische Offenheit der Amerikaner gegenüber der radikalen Linken. Redslob als Wissenschaftler klassischer Prägung und passionierter Goetheliebhaber sollte dagegen „die Brücke zur älteren Generation schlagen"[223], wie sich Mendelssohn vieldeutig ausdrückte. Dass dies von den US-Amerikanern vielleicht nicht nur im kulturellen, sondern auch bewusst im politischen Sinne verstanden wurde, legt die Tatsache nahe, dass Redslobs Vergangenheit deutlich braune Flecken aufwies.[224]

---

[221] Der 1906 in Dresden geborene Karsch arbeitete seit seinem Studienbeginn (Germanistik, Geschichte, Philosophie) als politisch links stehender Journalist in zahlreichen intellektuellen Publikationsorganen, bis er nach Carl von Ossietzkys Verhaftung 1932 für ein knappes Jahr die *Weltbühne* übernahm. Im Dritten Reich war er einer der ganz wenigen Schriftsteller, die keine einzige Zeile veröffentlichten. Stattdessen verdiente er ab 1937 als Handelsvertreter seinen Lebensunterhalt. Er blieb als Theaterkritiker dem *TS* Jahrzehnte lang treu. Er starb 1975. Vgl. zu den biografischen Angaben: Jans, Anfänge, 73; Die Ausnahmeerscheinung eines positiven Kritikers, in: *TS* vom 11.10.1991.

[222] Der 1884 in Weimar geborene Redslob war mit 61 der mit Abstand älteste Lizenzträger des *TS* und bereits ein hochangesehener Kunst- und Kulturwissenschaftler. Von 1920 bis 1933 war er beim Innenministerium als Reichskulturwart tätig. Zwischen 1933 und 1945 arbeitete er als freier Schriftsteller. 1948 übernahm er an der von ihm mitgegründeten "Freie(n) Universität" den Lehrstuhl für Kunst- und Kulturgeschichte. Er starb 1973 in Berlin. Zu den Ausführungen vgl. Jans, 74; Killy, 329f.

[223] Zitiert nach: Mendelssohn, 544.

[224] So sind in dem nationalsozialistischen Blatt *Das Reich* mindestens zwei Artikel Redslobs nachweisbar, in dem er Goethe zu einem Ahnherrn des völkischen Denkens machte. Jans zitiert in seiner Studie auch ausführlich Textpassagen aus seinem 1943 erschienenen Buch "Des Reiches Strasse", in dem er die Expansions-

Die Heterogenität bei der Besetzung des Herausgebergremiums entsprach dem skizzierten US-amerikanischen „panel"-Prinzip. Gleichzeitig konnte damit aber auch gegenüber dem sowjetischen Alliierten die vordergründige weltanschauliche Neutralität des Blattes dokumentiert werden. Unter den Lizenzträgern war Erik Reger der unumstrittene politische Kopf. Walther Karschs journalistisches Interesse lag im Bereich der Kultur. Redslob war in der Diktion Schivelbuschs „von Anfang an nur als Honarationen-Schmuck dabei"[225]. Neben seinen wenigen Artikeln im TS arbeitete er hauptsächlich an bildungspolitischen Projekten.[226]

Wie sehr dem TS die USA als prinzipielles Muster für die neu zu errichtende deutsche Demokratie vorschwebte, ging aus einem internen Bericht Regers vom 3. Februar 1946 an die Berliner Informationskontrolle hervor. In diesem fasste er die politische Zielsetzung der redaktionellen Arbeit des TS in sieben Punkten zusammen.[227] Danach verfolgt der TS das Ziel der Umerziehung zu „historischer Erkenntnis" und das Ziel des Weltfriedens und der Entnazifizierung. Vor allem sieht er sich als Vertreter der „Freiheit des Individuums bis zur Grenze, die von der Verantwortung und den elementaren Staatsnotwendigkeiten gezogen sind." Weiter „wünscht" der TS

> „der weiteren Vermassung Einhalt zu gebieten, indem er darauf hin arbeitet, dass sich möglichst grosse Gruppen von zur Urteilsfähigkeit und selbständigem Denken erzogener Menschen bilden können. Er versucht den Blick des Menschen (...) auf das Einzelne und den Einzelnen hinzulenken."

---

politik Hitlers und den Gewinn 'deutschen Lebensraums' im Osten begrüßte. Vgl. hierzu: Köpf, 43; Jans, 76f.

[225] Zitiert nach: Schivelbusch, 254.

[226] Vgl. Oschilewski, 246.

[227] Vgl. Stellungnahme des Tagesspiegels vom 3.2.1946, unsigniert, als Anlage zu dem Memorandum M.A. Greenoughs an den Leiter der Berliner Informationskontrolle Leonhard vom 20.1.1946, in: OMGBS 4/17-1/8. Daraus alle folgenden Zitate.

Konkret hieß dies für ihn das bewusste Eintreten für einen konsequenten Föderalismus analog zur amerikanischen Staatsstruktur. Noch deutlicher wirkte das Vorbild des US-amerikanischen Parteiensystems, wenn er als letzten Punkt schrieb:

> „Der Tagesspiegel wünscht das Seine zu tun, um das politische Leben langsam, systematisch, aber wenn nötig auf taktischen Umwegen in die Bahnen des Zweiparteiensystems zu lenken. Er sieht und begünstigt die Ansätze dazu in den Strömungen des marxistischen und christlichen Sozialismus, wie er sich in der SPD Richtung Schumacher und der CDU manifestiert."

Für den Mendelssohn Ende 1945 nachfolgenden Kontrolloffizier, den österreichischen Emigranten Bernt Fielden war der *TS* „the most like an American newspaper"[228]. Die Berliner Informationskontrolle verzichtete schnell auf eine Vorzensur.[229]

Am 27. September 1945 erschien die erste Ausgabe des *TS*.[230] Die Auflage des zunächst nur alle drei Tage herausgegebenen *TS* betrug zunächst 200.000 Exemplare. Eine richtige Tageszeitung wurde aus dem *TS* erst, als die US-amerikanische Militäradministration die *AZ* am 11. November 1945 einstellte. Ihre Auflage wurde gleichzeitig auf 300.000 erhöht.[231] Ab September 1945 versorgte die „Deutsche Allgemeine Nachrichten-Agentur" aus Bad Nauheim die US-amerikanisch lizenzierten Zeitungen mit Informationen.[232] Die Redaktion, deren genaue Zusammensetzung schwierig zu rekonstruie-

---

[228] Bernt Fielden am 26.12.1946 in einem Bericht an die amerikanische Informationskontrolle. Zitiert nach: OMGBS 4/17-1/8.
[229] Reger in einem Vortrag 1948 über die „Neue deutsche Presse". Vgl. Jans, 95. Mendelssohn bestätigte dies in seinen Erinnerungen. Vgl. Mendelssohn, 544.
[230] Zu dem Erscheinungsdatum vgl. Pressemitteilung des „Public Relation Services" der amerikanischen Militärregierung vom 25.9.1945, in: OMGBS 4/1-1/1. Zu den Einzelheiten des Lizenzierungsprozesses vgl. Mendelssohn, 543f; Jans, 78-81.
[231] Zu den Zahlen vgl. Hurwitz, Eintracht, 97.
[232] Vgl. Frei, Presse, 383f.

ren ist[233], hatte ihren Sitz in dem von den US-Amerikanern verwalteten Druckhaus Tempelhof.[234] Durch US-amerikanische Kredite vorfinanziert[235], wurde die Zeitung in Form einer GmbH auf privatkapitalistischer Basis geführt. Bereits Mitte 1946 soll der Wert des Verlages bei mehreren Millionen Mark gelegen haben.[236]

Von Anfang an entsprach die Aufmachung der Zeitung der genannten Absicht des TS, eine qualitativ hochwertige Zeitung zu sein und damit in erster Linie die gebildeten Bevölkerungsschichten anzusprechen. So war die erste von den gewöhnlich vier Seiten ausschließlich den aktuellen Nachrichten gewidmet. Die Überschriften waren oftmals einer offiziellen Bekanntmachung der US-amerikanischen Militärregierung vorbehalten. Die Nachrichten, deren überregionale Ausrichtung unübersehbar war, folgten hierbei keiner erkennbaren Ordnung. Sie waren auf den reinen Informationsgehalt konzentriert und daher in der Regel knapp und sachlich gehalten.

---

[233] Helmut Kindler hat nach eigener Auskunft kurze Zeit als Chef vom Dienst beim TS gearbeitet. Auch der ehemalige BZ-Redakteur Gerhard Grindel war anfangs Redakteur beim TS. Jans nennt Dr. Walther Kluge als Leiter der Feuilleton-, Dr. Robert Arzet als Leiter der Wirtschaftsabteilung. Außerdem war der bekannte Theaterkritiker Herbert Pfeiffer beim TS ab 1946 tätig. Die in den OMGBS-Dokumenten vorhandenen Entnazifizierungsdokumente über die Mitarbeiter des TS (z.B. Dr. Rudolf Bauer, Walter Wollenschläger), die die prinzipielle Strenge der US-Amerikaner in Fragen der Entnazifizierung verdeutlichen, ermöglichen zwar Rückschlüsse auf den Mitarbeiterstamm des TS, geben aber keine Auskunft über ihre jeweilige hierarchische Stellung im TS. Allgemein charakteristisch war jedoch das hohe akademische Niveau aller Redakteure des TS. Vgl.: Kindler, 324-331; Borgelt, 82ff; Jans, 110ff. Die Entnazifizierungsdokumente, in: OMGBS 4/17-1/10.

[234] Nach einem Abkommen vom 27.11.1945 war der von den US-Amerikanerntreuhänderisch verwaltete Deutsche Verlag für die Papierversorgung, die Herstellung des Satzes, den Druck und den Vertrieb der Zeitung zuständig. Vgl. hierzu: Schreiben des Tagesspiegel an die amerikanische Militärregierung, in: OMGBS 4/11-2/1.

[235] Der TS musste den zu erwartenden Gewinn mit seinen Schulden verrechnen. Vgl. Mendelssohn, 545.

[236] So die Aussage Heinrich von Schweinichens vom 8.10.1946. Vgl. Jans, 97.

Das eigentliche Charakteristikum des *TS* waren seine breitangelegten, intellektuell anspruchsvollen Artikel auf den übrigen Seiten, die oft das Niveau akademischer Abhandlungen besaßen. In diesen wurden bevorzugt geschichtliche und kulturelle Fragen zu vielen Bereichen des gesellschaftlichen Lebens thematisiert. Die verschiedenen Themenbereiche waren nicht durch Sparten voneinander getrennt. Versteckt zwischen den Meldungen und akademischen Abhandlungen ordnete Erik Reger in einer Art programmatischen Leitartikel scharfzüngig das tägliche Geschehen ein.

Der insgesamt feuilletonistische Charakter des *TS* war mehr als nur eine bildungsbürgerliche Attitüde, vielmehr war dieser politisch motiviert. So galt in den Augen der Lizenzträger des *TS* die Rückbesinnung auf die humanistischen Werte deutscher Kulturgeschichte als elementarer Bestandteil für die intendierte innere Selbstreinigung der Deutschen. Durch geistesgeschichtliche Reflexionen sollten die demokratischen Wurzeln deutscher Tradition bewusst gemacht werden. Das hohe Bildungspathos war damit kein schöngeistiger Selbstzweck, sondern wurde in erster Linie als die unabdingbare Voraussetzung für die angestrebte Demokratisierung der politischen Kultur angesehen. Das angesprochene Bildungsbürgertum sollte insbesondere durch moralische Predigten in einer Art intellektueller Katharsis zu einem westlichen Demokratieverständnis erzogen werden. In diesem Sinne gab es im *TS* praktisch keinen unpolitischen Artikel. *Jeder* Artikel war – nach den Worten eines Redakteurs – „in Worte gegossene politische Überzeugung", die „den Leser erziehen, umerziehen"[237] wollte. So gab es im *TS* zunächst auch keinen Sportteil oder sonstige ausschließlich unterhaltsame Rubriken. „Ich bitte Sie, sehen Sie sich unsere Zeitung an. Das ist Politik von der ersten

---

[237] Zitat nach: Borgelt, 83. Borgelts primär auf Unterhaltung angelegte Artikel wurden vom *TS* abgelehnt. So zitierte Borgelt die Begründung Grindels aus seiner Erinnerung.

bis zur letzten Zeile, auch da, wo es zunächst nicht so aussieht", soll der *TS*-Redakteur Grindel Hans Borgelt vorgehalten haben, als dieser ihm unterhaltende Beiträge anbot. Diese primär moralisch-pädagogische Ausrichtung aller Artikel wurde ergänzt durch im engeren Sinne politische Artikel, die unzweideutig das prinzipielle Vorbild der amerikanischen Staats- und Gesellschaftsordnung für den Neuaufbau eines demokratischen Deutschlands hervorhoben. In anderen Artikeln wurde das US-amerikanische Pressewesen erläutert und ihr freiheitlicher Charakter hervorgehoben.[238] In ökonomischen Fragen orientierte man sich eindeutig an einer „Marktordnung, die nach kapitalistischen Prinzipien aufgebaut sein sollte."[239]

Der elitäre *TS* gewann überraschend schnell die Gunst großer Teile der Bevölkerung. Nach einer Umfrage der US-amerikanischen Militäradministration war der *TS* im Juli 1946 die meistgelesene Zeitung in ganz Berlin.[240] Die formale und inhaltliche Ähnlichkeit mit dem traditionsreichen, großbürgerlich-liberalen *BT* mag hierbei auch eine wichtige Rolle gespielt haben.[241] Die wichtigste Lesergruppe des *TS* wohnte im Südwesten Berlins, wo traditionell das besser gestellte Bürgertum lebte. Dort hatte der *TS* die mit Abstand meisten Vertriebsgeschäftsstellen. Ende 1946 hatte der *TS* berlinweit 186.000 eingeschriebene Abonnenten, von denen nur 34.000 im Ostteil wohnten. Wie die Offiziere der US-Verwaltung residierten auch die Lizenzträger des *TS* in Berlin-Zehlendorf.

---

[238] So z.B. Freiheit des Nachrichtenwesens, von Charles Mitchell, in: *TS* vom 16.10.1945 ; New Yorker Weltbetrachtungen – Themen der amerikanischen Presse, unsigniert, in: *TS* vom 2.10.1945; Über die Pressefreiheit – Betrachtungen, Grundsätze, Tatsachen, unsigniert, in: *TS* vom 23.2.1945.
[239] Zitiert nach: Jans, 128. Dort auch beispielhafte Artikel aus dem *TS*.
[240] Vgl. Hurwitz, Stunde Null, 358.
[241] Schivelbusch vermutet in dem Titel *Tagesspiegel* eine bewusste Anleihe an das *BT*. Vgl. Schivelbusch, 254.

V. Das „Zeitungsparadies Berlin" 1946-1948

Die SMAD beobachtete die Gründung der westlich orientierten Zeitungen nach Ankunft der Westalliierten in Berlin mit großem Argwohn. Ebenso wie auf der lokalen politischen Ebene die Divergenzen der Alliierten früh deutlich wurden[242], betrachtete die sowjetische Propagandaabteilung die Presseorgane der westlichen Sektoren sehr früh primär als Produkte einer reaktionären Gesinnung, die sich in erster Linie gegen die Sowjetunion richtete. So wurden in einem Bericht des Informationsbüros der SMAD vom 3. November 1945 der *Berliner*, die *AZ* und der *TS* folgendermaßen charakterisiert:

"Sie sind Sprachrohre der anglo-amerikanischen Propaganda, drucken tendenziöse Berichte und erlauben sich nicht selten Ausfälle an die Adresse der Sowjetunion, der Roten Armee und der sowjetischen Besatzungsbehörden."[243]

Besonders misstrauisch waren die Sowjets gegenüber dem *TS*. Dies lag vor allem an dem „unabhängigen" Status der Zeitung. Die Tatsache, dass die US-amerikanische Lizenz an einzelne Personen und nicht an eine irgendwie geartete Organisation vergeben wurde, widersprach dem sowjetischen Presseverständnis elementar und bewies dadurch nur deren reaktionären, weil kapitalistischen Charakterzug. So hieß es weiter in dem genannten Bericht:

„Die sogenannte private Zeitung ‚Der Tagesspiegel' hebt die amerikanische Demokratie und alles Amerikanische in den Himmel und versucht mit Schmeichelei bis zur Peinlichkeit, die Amerikaner für sich einzunehmen. Es ist leicht zu erraten, dass die Zeitung mit Hilfe amerikanischen Geldes herausgegeben wird. Manche Artikel ähneln einer Quittung, ausgestellt von einer Redaktion, die auf ihren Seiten davon Zeugnis ablegt, dass sie ihr Gehalt völlig von den Amerikanern erhalten hat."[244]

---

[242] Vgl. hierzu: Hurwitz, Eintracht, 188ff. (Zitate: 189).
[243] Zitiert nach: Über die politische Lage in Deutschland – Bericht des Informationsbüros der SMAD vom 3.11.1945, in: Bonwetsch (Hg.), 20-33. Hier: 26
[244] Zitiert nach: Ebda, 26f.

Die sowjetische Propagandaabteilung reagierte auf diese neue Situation mit verschärften Zensurmaßnahmen gegenüber den nichtkommunistischen Parteizeitungen, die vorsorglich vor Ankunft der Westalliierten in den sowjetischen Sektor verlegt worden waren.[245] Dies betraf insbesondere das CDU-Parteiorgan *Neue Zeit*, dessen bis dahin bemerkenswert liberale Grundausrichtung den sowjetischen Zensoren immer mehr ein Dorn im Auge war.[246] So äußerte sich Alfred Gerigk, Redaktionsmitglied der *Neuen Zeit*, schon Anfang August nach Darstellung der Berliner Informationskontrolle folgendermaßen:

> „Er legte dar, dass die sowjetische Zensur sich in den letzten Tagen beträchtlich verschärft hätte. Material, dass den Westmächten freundlich gesonnen sei, würde von den Zensoren für viele Tage zurückgehalten und in manchen Fällen überhaupt nicht die Zensur passieren. Eine prosowjetische Ausrichtung würde den nichtkommunistischen Parteizeitungen immer mehr aufgezwungen."[247]

So wurden die Redaktionen der drei nichtkommunistischen Parteizeitungen zum Abdruck von Berichten verpflichtet, die sich kritisch mit den Verhältnissen in den US-amerikanisch besetzten Gebieten auseinandersetzten.[248] Im Weiteren verschärfte sich auch der politische Druck der SMAD auf die CDU.[249] Gleichzeitig versuchte die

---

[245] Vgl. Hurwitz, Stunde Null, 306.
[246] Mendelssohn sprach in einem Memorandum vom 14.9.1945 von der *Neue(n) Zeit* als dem "by far most lively, attractive and best-written paper in Berlin". Zitiert nach: Hurwitz, Eintracht, 93.
[247] Halbwöchentlicher Rechenschaftsbericht Nr. 10 der Berliner Informationskontrolle vom 11.8.1945. Zitiert nach: Jans, 84.
[248] Vgl. Hurwitz, Eintracht, 94. Dort auch weitere Beispiele.
[249] Emil Dovifat wurde im Oktober 1945 wegen seiner akademischen Tätigkeit im Dritten Reich entlassen. Außerdem wurden Andreas Hermes und sein Stellvertreter Walther Schreiber im Dezember 1945 als CDU-Vorsitzende abgesetzt, als sie Kritik an der Durchführung der Bodenreform in der SBZ übten. Vgl. Wolfgang Ribbe, Berlin zwischen Ost und West, in: ders. (Hg.), Geschichte Berlins (II),

SMAD die Reichweite der genuin kommunistischen Zeitungen durch die rapide Aufstockung ihrer Auflagenzahlen zu erhöhen. So wurde nach dem Erscheinen der *AZ* die Auflage der *TR* bis Ende 1946 kontinuierlich auf bis zu 850.000 gesteigert. Ebenso wurde die Auflage der *BZ* und der *Deutschen Volkszeitung* mehr als verdoppelt.[250] Die Lizenzierung zweier neuer organisationsgebundener Pressepublikationen ergänzte diese quantitative Ausweitung der bereits bestehenden Zeitungen. Knapp zwei Wochen nach dem erstmaligen Erscheinen des *TS* erschien am 9. Oktober 1945 *Die freie Gewerkschaft* als das Verlautbarungsorgan des kurz davor gegründeten, kommunistisch beherrschten „Freie[n] Deutsche[n] Gewerkschaftsbund[es]" (FDGB). Um die Durchsetzung der bereits in Angriff genommenen Bodenreform propagandistisch zu unterstützen, wurde am 1. November 1945 zusätzlich die Wochenzeitung *Der freie Bauer* aufgelegt.[251]

Folgten diese Neugründungen noch dem bekannten parteilichen Presseverständnis der Sowjets, reagierte die sowjetische Propagandaabteilung mit dem am 7. Dezember 1945 erschienenen *Nachtexpress* (*NE*) erstmals erkennbar auf den Erfolg der westlich orientierten Blätter in der Berliner Bevölkerung und wich von ihren traditio-

---

München 1988, 1028-1084. Hier: 1040f.; vgl. insgesamt ausführlich: Strunk, Zensoren, 127-137.

[250] Die Auflage der *BZ* blieb bis Ende 1946 fast unverändert, während die der *Deutsche[n] Volkszeitung* bzw. später des *Neue[n] Deutschland* kontinuierlich auf 450.000 erhöht wurde. Vgl. insgesamt zu den Zahlen: Strunk, Pressekontrolle, 159f.

[251] Die *Freie Gewerkschaft* wurde am 5.1.1947 in *Tribüne* umbenannt. *Der freie Bauer* wurde zunächst offiziell von der Deutschen Verwaltung für Land- und Forstwirtschaft herausgegeben, ab 18.7.1948 fungierte sie unter dem neuen Namen *Bauern-Echo* als Zentralorgan der Demokratischen Bauern Partei (DBD). Die Auflage des *freie(n) Bauer[s]* lag für Berlin und Brandenburg bei ungefähr 240.000 Exemplaren. Für die *Freie Gewerkschaft* konnten für das erste Jahr keine Zahlen ermittelt werden; nach Frei wurden im Sommer 1947 von der *Tribüne* 200.000 Exemplare aufgelegt. Vgl. hierzu: Oschilewski, 235f; Frei, Presse, 380.

nellen Zeitungsmustern ab. Unmittelbarer Anlass war der Erfolg der am 12. November 1945 von den Franzosen lizenzierten, als Boulevardblatt konzipierten Zeitung *Der Kurier*. Sie war nicht nur das erste Abendblatt in der neuen Presselandschaft Berlins, sondern auch wegen seiner sachlichen Berichterstattung, seinem anspruchsvollen Feuilleton und seinem großen Sportteil bei Berlinern aller sozialer Schichten sehr beliebt.[252] Der *NE* erschien auch als Abendblatt – das eigentlich Neue war allerdings das von den Sowjets verfolgte Zeitungskonzept, das sich inhaltlich, stilistisch und personell diametral von der bisher verfolgten Praxis unterschied.[253] So war der *NE* auf den ersten Blick ein mit großen Schlagzeilen marktschreierisch aufgemachtes Boulevardblatt, das mit viel Sport und Unterhaltung an die Massenpresse der 1920er-Jahre erinnerte. In der politischen Berichterstattung verzichtete man anfangs weitgehend auf parteipolitisch orientierte Kommentare. Stattdessen durften auch Meldungen aus den westlichen Nachrichtenagenturen abgedruckt werden. Ein „Pressespiegel" auf der ersten Seite publizierte kommentarlos auch westliche Meinungsäußerungen vom *TS* bis zur *New York Times* ab. Auch nach außen hin erschien das Blatt unabhängig. So wurde die Lizenz für den *NE* von der SMAD einer einzelnen Person erteilt. Als Chefredakteur wurde Rudolf Kurtz genannt, der ehemalige Ullstein-Filmjournalist, der von Mendelssohn als Lizenzträger abgelehnt worden war. Der ebenfalls zum damaligen Bewer-

---

[252] Mendelssohn nannte den *Kurier* eine „ausgesprochen elegante Zeitung". Vgl. insgesamt: Mendelsohn, 547ff. (Zitat: 548). Reinhardt nannte den *Kurier* ein „pfiffiges Blatt", das „den Händlern förmlich aus der Hand gerissen wurde". Zitiert nach: Reinhardt, 44. Vgl. auch: Hurwitz, Eintracht, 98, Schivelbusch, 260.

[253] Vgl. insgesamt zu den nachfolgenden Ausführungen zum *NE*, der am 30.4.1953 eingestellt wurde, wenn nicht anders vermerkt: Strunk, Zensoren, 88f; Schivelbusch, 258-265; Barbara Baerns, Deutsch-deutsche Gedächtnislücken: Zur Medienforschung der Besatzungszeit, in: Rolf Geserick/Arnulf Kutsch (Hg.), Publizistik und Journalismus in der DDR, München u. a. 1988, 61-114. Dort auch der Abdruck zweier Titelseiten des *NE* (100f.)

berkreis gehörende, ehemalige Literaturkritiker der *AZ* Paul Wiegler leitete das Feuilleton. Dieses Konzept einer „privaten Zeitung", die auch inhaltlich zunächst überparteilich ausgerichtet war und keiner strengen Vorzensur unterlag, war für die Sowjets ein Tribut an die spezifische Konkurrenzsituation in Berlin. Dies bestätigte auch der leitende Kulturredakteur der *TR*, Alexander Dymschitz, der das Ziel der Zeitung auf die Formel brachte: „Es ist uns sehr wichtig, dass möglichst die Mehrheit der Berliner den ‚Nacht–Express' für eine amerikanische Zeitung hält."[254]

Tatsächlich bestimmte nicht der an Politik völlig uninteressierte Rudolf Kurtz, sondern der bereits die Gründung der *BZ* vorbereitende, inzwischen zum Major beförderte sowjetische Kulturoffizier Feldmann die politische Ausrichtung des Blattes. Im Laufe der sich ab 1946 verschärfenden politisch-ideologischen Spannungen wurde die sowjetische Herkunft des Blattes offensichtlicher, doch Feldmann verstand es „sehr geschickt, die für eine Leserschaft formulierte Nachricht mit der eigenen politischen Tendenz zu verbinden".[255] Tatsächlich hielten im Sommer 1946 77% der Berliner den *NE* für ein politisch neutrales Blatt, das sich gegen keine Besatzungsmacht richtete.[256] Auch die Berliner Informationskontrolle hatte die Gründung des *NE* zunächst irritiert verfolgt; in einem Bericht war sogar von einem Wechsel („change") der russischen Informationspolitik die Rede.[257]. Im September 1946 war dann allerdings von *NE* als einer

---

[254] Zitiert nach: Schivelbusch, 263.
[255] Zitiert nach: Alfred Gerick, Zwei Jahre nachher. Ein pressegeschichtlicher Versuch, in: Neue deutsche Presse, (1947), Jg.1, H.1, 3-8. Hier: 4.
[256] Vgl. Ebda, 98f.
[257] So in einem Bericht der US-amerikanischen Presseoffiziere vom 21.12.1945, vgl. Janz, 86. Die Berliner Informationskontrolle hielt den *NE* in einem Bericht vom 14.12.1945 zunächst für „wholly non political". Zitiert nach: Baerns, 67.

„flashier version of *Neues Deutschland*" und „the most anti-American afternoon paper"[258] die Rede.

Die SMAD unternahm mit dem NE erkennbar den Versuch, durch Übernahme westlicher Praktiken auch den Erfolg der westlich orientierten Zeitungen zu kopieren. Die unmittelbar nach der Ankunft der Westalliierten entstandene Agitations- und Propagandaabteilung der KPD war kontinuierlich ausgebaut worden. Spätestens 1947 beschäftigte sich die Unterabteilung „Presselenkung" (Leitung: Heinz Wieland) allein mit der Beobachtung und Auswertung der feindlichen Presse.[259] Im frühen Herbst 1945 begann die KPD-Führung mit Hilfe der sowjetischen Besatzungsmacht den Ausbau der technischen Kapazitäten, um damit den „Aufbau eines Zeitungsimperiums"[260] zu begründen. Im Eilverfahren wurde unter redaktioneller und kaufmännischer Leitung von Rudolf Herrstadt mit dem *Berliner Verlag* ein „Pressekonzern"[261] etabliert, an dem neben dem Magistrat der KPD-Verlag Neuer Weg und die KPD-nahe Gesellschaft für zeitgenössische Dokumente mehrheitliche Teilhaber waren.[262]

Der mit leistungsfähigen Druckereien ausgestattete *Berliner Verlag*[263] wurde später zu einem der größten Presseunternehmen der DDR.

---

[258] Beide Zitate nach: Hurwitz, Eintracht, 98.
[259] Es galt die „systematische Beobachtung der gesamten Presse, der kritischen Bearbeitung der SED- und KPD-Presse (... und) d(ie) Herausgabe von kurzen Informationen über den Inhalt der parteipolitisch nicht gebundenen und gegnerischen Presse für einen internen Kreis von Genossen" zu organisieren. Das Referat „Allgemeine Information" hatte sich nur um die „systematische Beobachtung der Agitation der gegnerischen Organisationen unserer Partei (Versammlungen, Werbematerial, Informationsblätter und Presse)" zu kümmern. Vgl. hierzu insgesamt: SAPMO-BArch, DY 30/IV2/9.02/2, Bl. 1-45. Zitate: Bl. 41c bzw. 15.
[260] Zitiert nach: Kubina, in: Wilke (Hg.), 92.
[261] So eine Notiz von Wilhelm Pieck über sein Gespräch mit Rudolf Herrnstadt vom 4.9.1945. Zitiert nach: SAPMO-BArch, NY 4036/672, Bl.1.
[262] Ausführlich zu Entstehungsgeschichte des *Berliner Verlag*s: Marx, Reeducation, 115-118.
[263] Vgl. zu den Einzelheiten: Kegel, 520-529.

Hier wurden ab Herbst 1945 neben der *BZ* auch mehrere Zeitschriften produziert, die den programmatischen Zielen der „antifaschistisch-demokratischen Umwälzung" verpflichtet waren. So gab der parteieigene Verlag *Neuer Weg*, der später in dem *Dietz-Verlag* der SED aufging[264], neben den Klassikern des Marxismus-Leninismus auch zahlreiche aktuelle Propaganda-Broschüren und Bücher heraus.[265] Im Oktober 1945 war die erste Ausgabe der *Neue[n] Berliner Illustrierte[n]* erschienen. Sie versuchte mit Reportagen aus dem Arbeiteralltag und zahlreichen emotionalisierenden Bildern die Leser von der Richtigkeit der politischen Maßnahmen, anfangs vor allem der Bodenreform, zu überzeugen.[266] Nach Aussage Kegels wollte die *Neue Berliner Illustrierte* damit inhaltlich an die Tradition der *Arbeiter-Illustrierten-Zeitung*, gleichzeitig aber auch bewusst in Titel und Aufmachung an den Erfolg der Ullsteinschen *Berliner Illustrierte(n)* in der Weimarer Zeit anknüpfen.[267] Im Laufe der Jahre 1946 und 1947 brachte der *Berliner Verlag* zahlreiche weitere auf bestimmte Zielgruppen ausgerichtete Zeitschriften heraus, z. B. die Frauenzeitschriften *Frau von heute* und *Für Sie* oder die Jugendzeitschrift *START*.[268]

Die Presseorgane waren auf die Popularisierung der KPD- bzw. SED-Politik respektive der Maßnahmen der SMAD ausgerichtet. Exemplarisch soll hierfür ein Artikel der *BZ* vom 8. Juni 1946 über die erste Ausgabe der Jugendzeitschrift *START* zitiert werden, weil

---

[264] Vgl. hierzu: SAPMO-BArch, DY 30/IV2./9.13, Bl. 3, 5, 19, 31.
[265] Vgl. SAPMO-BArch, NY 4036/672, Bl.9-40; hier:, Bl. 16f. Auch: Kubina, in: Wilke (Hg.), 92, Anm. 254.
[266] Die *Neue Berliner Illustrierte* erschien zunächst im *Allgemeinen Verlag*, einem Subverlag des *Berliner Verlag[s]*. Chefredakteure bis 1950 waren Bernt von Küngelgen und Lily Becher. Rudolf Reinhardt leitete von 1957-1958 die *Neue Berliner Illustrierte*. Vgl. hierzu: SAPMO-BArch, DY 63/2018, Bl.110. Vgl. insgesamt auch: Raue, Journalismus, 95f.
[267] Vgl. Kegel, 523.
[268] Vgl. LAB (STA), B Rep. 120/ Nr. 795/ Bl. 11; SAPMO-BArch, DY 63/ 2018.

in ihm nicht nur das politische Credo der Zeitschrift, sondern auch mit seiner Anspielung auf den *TS* die damit implizierte prinzipielle Gegnerschaft zu den westlichen Presseerzeugnissen deutlich zum Ausdruck kommt. So hieß es darin:

> „Gestern erschien erstmalig eine zwölfseitige reich bebilderte Zeitung der jungen Generation bei den Berliner Zeitungshändlern: der ‚Start' war gestartet. Es soll der Start in eine bessere Zukunft sein, heisst es im Leitartikel der ersten Nummer, in eine Zukunft, um die die Jugend kämpfen muss, die ihr nicht geschenkt wird. So richtet der ‚Start' von Anfang an seinen Blick vorwärts. (...) ‚Demokratisiert die Demokratie!' fordert der ‚Start', der überhaupt mit Forderungen und Kritik nicht hinterm Berg hält, und wir lesen Berichte von missverstandener und wahrer Demokratie. Hier das Maul halten nach alter deutscher Überlieferung, dort die vollendete Meinungsfreiheit in der Diskussion, die einem Jugendlichen und einem Heimkehrer zum Erlebnis wird. Wie treffend dazu das satirische Bild der Weltkugel, die sich –Leukoplast über den Augen– die Ohren zuhält und die Unterschrift: ‚So nicht!'. Ja, wir müssen alle noch viel lernen, nicht nur die Jugend. (...) Wie der ‚Start' mitteilt, will er das Sprachrohr der Kritik der jungen Generation sein, was darauf schliessen lässt, dass wir noch manches Interessantes von ihm erwarten können, das uns weiterhilft auf dem Weg zu einer deutschen Demokratie."[269]

Die amerikanische Informationskontrolle war durch Klagen von Mitarbeitern der sowjetisch lizensierten Presse über die sowjetische Pressepolitik informiert und reagierte auf diese allerdings zunächst defensiv. So antwortete man auf die Beschwerde Gerigks über die sowjetische Zensur im August 1945 schroff, dass man weder willens noch in der Lage sei, auf die sowjetischen Zensurmaßnahmen Einfluss zu nehmen.[270]

Der *TS* sollte zunächst als publizistischer Antipol zur sowjetischen Presse genügen und man versuchte, eine offene Konfrontation mit

---

[269] Zitiert nach: START – Illustriertes Blatt der jungen Generation, in: *BZ* vom 8.6.1945. Eine von dem Spruchband „Rerum cognoscere causas" eingerahmte Weltkugel schmückte den Titelkopf des *TS*.
[270] So: Halbwöchentlicher Rechenschaftsbericht Nr.10 der Berliner Informationskontrolle vom 11.8.1945. Vgl. Jans, 85.

den sowjetischen Verbündeten zu vermeiden. Diese abwartende Haltung wich angesichts der expansiven Steigerung an Anzahl und Auflagenzahl der sowjetisch kontrollierten Presse[271] zunehmender Skepsis und schärferer interner Kritik gegenüber der sowjetischen Pressepolitik. So wurden in einem Memorandum der amerikanischen Informationskontrolle vom 1. Januar 1946 die inhaltliche Einseitigkeit der sowjetisch kontrollierten Presse und der aggressive Charakter der sowjetischen Pressepolitik deutlich verurteilt. Dabei wurden zum erstenmal Vergleiche zu nationalsozialistischen Propagandamethoden gezogen. So konnte man dort u. a. lesen:

„Angesichts der deutschen Furcht vor dem Kommunismus, die durch russische Medienkontrolle, Zensur und politischen Druck bestärkt wird, schätzen die Deutschen hier in Berlin zunehmend die Möglichkeit zu freier Rede und unbehinderter Diskussion. Uns wurde immer wieder erzählt, das russsische Informationsgebaren folge der altbekannten Methode Goebbels's (sic!). Viele Deutsche haben genug von fabrizierter Information. Viele von ihnen kennen ihre Kennzeichen und wissen, dass sie zuviel Informationskontrolle zu fürchten haben. Sie begrüssen das amerikanische Vorgehen, da es als einziges den Deutschen erlaubt, unter vernünftigen Sicherungen und Kontrollen ihren eigenen Standpunkt zu entwickeln. (...) Alle Indizien deuten darauf hin, dass die amerikanischen und britischen Zeitungen bei der Berliner Bevölkerung die populärsten sind. Doch der Markt wird vom Angebot reguliert. (...) Es handelt sich um eine ‚Bauchredner-Presse'. Alle sowjetisch gesponserten Blätter, die Zeitungen der politischen Parteien eingeschlossen, dienen den kontrollierenden sowjetischen Autoritäten als Sprachrohre."[272]

Die Verantwortlichen in der amerikanischen Berliner Informationskontrolle irritierte zunächst weniger die prinzipielle Gegnerschaft zu den Sowjets. Vielmehr beunruhigte die Tatsache, dass sich die

---

[271] Nach Hurwitz standen bis Ende 1945 den insgesamt 650.000 Exemplaren aller drei westlich orientierten Zeitungen fast zwei Millionen Exemplare der mehr oder weniger kommunistisch ausgerichteten Presse gegenüberstanden. Vgl.: Hurwitz, Eintracht, 95.

[272] Zitiert nach: Memorandum on Information Media Berlin with particular reference to press and radio, Amerikanische Informationskontrolle vom 1.1.1946. Zitiert nach: Frei, Medienpolitik, 37f.

SMAD mit ihrer Presse bewusst in Konkurrenz zu den westlichen Zeitungen stellte und diese damit verdrängen wollte.[273]

Angesichts des extremen Papiermangels im US-amerikanischen Sektor und dem vor allem auf der hohen diplomatischen Ebene immer noch gültigen Gebot der Eintracht der Siegermächte gegenüber den Deutschen war die publizistische Gegenoffensive der amerikanischen Informationskontrolle zunächst recht bescheiden. Sie beschränkte sich im Wesentlichen auf den Zeitschriftensektor. Neben dem Vertrieb der überregionalen amerikanischen „overt periodicals", der eher unterhaltsamen *Heute* und der anspruchsvolleren *Amerikanischen Rundschau* können in diesem Zusammenhang besonders die im Dezember 1945 erstmals erschienene Frauenzeitschrift *Sie* und die im Januar 1946 aufgelegte Jugendzeitschrift *Horizont* genannt werden. Das Druckhaus Tempelhof wurde ab Frühjahr 1946 zum Zentrum der publizistischen Aktivitäten der drei Westmächte, als dort zeitweise neben der *Sie* und dem *TS* mehrere Zeitschriften und auch der *Berliner* und der *Kurier* gedruckt wurden.

Die *Sie* war viel mehr als „nur" eine Frauenzeitschrift.[274] Die *TS*-Redakteure Kindler und Grindel machten die wöchentliche Zeitschrift unter der offiziellen Regie von Heinz Ullstein zu einem emi-

---

[273] So bemerkte ein wöchentlicher Bericht der Berliner Informationskontrolle vom 28. Dezember 1945 in Hinblick auf die Einführung des *NE*: "It is interesting to note that the Russians apparently do not intend to leave any field of information exclusively in the hands of Western Allies. The first evidence to that effect was supplied by the appeareance of the evening paper *Nacht Express* in competition with the French-licensed *Der Kurier*". Zitiert nach: Hurwitz, Eintracht, 267, Anm. 4.

[274] Insgesamt zu den Ausführungen zur *Sie* vgl. Riess, 398-402. Der Grund für die auffallend vielen Frauenzeitschriften, die von allen Alliierten herausgegeben wurden – die Amerikaner lizenzierten später auch noch die *Revue* und die *Frauenhilfe* – war der extrem hohe Frauenanteil in der Berliner Bevölkerung nach dem Zweiten Weltkrieg (fast 2/3).

nent politischen, d.h. „ausgesprochen antikommunistische[n]"[275] Blatt. Diese „populäre Schwester" des *TS*, wie man die *Sie* aufgrund ihrer engen personellen und organisatorischen Verzahnung mit dem *TS* durchaus nennen kann[276], bezog bereits im Februar 1946 gegen die Kulturpolitik in den Ostsektoren eindeutig Stellung. Bei der Berliner Leserschaft sehr beliebt, galt sie auch in US-amerikanischen Augen bis zu ihrer Einstellung 1950 als wirksames Korrektiv im Zeitschriftenbereich.[277]

Die Auflage des *TS* wurde zunächst nur geringfügig erhöht.[278] Die Tatsache, dass die *Neue Zeitung*, das überregionale Zentralorgan der US-amerikanischen Militärregierung aus München, seit November 1945 zweimal die Woche nach Berlin transportiert wurde, zeigte aber deutlich, dass die planmäßige Einstellung der sehr populären *AZ*, gegen die sich auch der Leiter der Berliner Informationskontrolle, Leonhard, ausgesprochen hatte[279], inzwischen als Fehler erkannt worden war. Aber nicht nur ihre geringe Auflagenzahl und ihre fehlende Aktualität, sondern auch ihr fehlender Bezug zur besonderen Berliner Situation führten dazu, dass die Zeitung von den Berli-

---

[275] Wöchentlicher Bericht der OMGBS vom 28.12.1945. Zitiert nach: Huriwtz, Eintracht, 267, Anm.4. Aus persönlicher Perspektive: Kindler, Fest, S.342-353.
[276] In der *Sie* arbeiteten mit Grindel und Kindler nicht nur leitende Redakteure des *TS*; die Redaktion konnte sich auch auf die aktuelle Nachrichtenzusammenstellung des *TS* stützen. Vgl.: Jans, 105f.
[277] Riess glaubt zu wissen, dass die *Sie* einen „größeren politischen Einfluss hatte als irgendeine Tageszeitung im Westen Berlins." Zitiert nach: Riess, 401. Diese Einschätzung wird durch einen Bericht der Berliner Informationskontrolle über die Zeitschriftenlandschaft in Berlin Anfang 1947 bestätigt. So hieß es dort über die *Sie*: „*SIE* is one of the leading women's magazine and it played an important role in the city elections campaigns last year." Zitiert nach: OMGBS 4/17-1/8.
[278] Die Auflage des *TS* wurde ab 1.1.1946 lediglich von 300.000 auf 335.000 Exemplare erhöht. Vgl. Jans, 107.
[279] Vgl. hierzu: Ebda, 87f.

nern wenig beachtet wurde und kaum Wirkung auf die politische Meinungsbildung ausüben konnte.[280]

Dagegen sorgten in erster Linie die Engländer mit ihrer Lizenzierung von drei weiteren Zeitungen bis Herbst 1946 dafür, dass die Breite des politischen Meinungsspektrums auf dem Berliner Zeitungsmarkt gewahrt wurde. Der sowjetische Druck bei den Fusionsbestrebungen von KPD und SPD in der Ostzone im Frühjahr 1946 hatte auf höchster diplomatischer Ebene ein Umdenken hin zu einer verstärkten Abwehr gegenüber dem kommunistischen Expansionsdrang eingeleitet.[281] Auch auf lokaler Ebene in Berlin versuchte man jetzt verstärkt, den antikommunistischen Kreisen der Sozialdemokratie öffentliches Gehör zu verschaffen. In diesem Sinne wurde am 5. März 1946 das von dem Sozialdemokraten Erich Lezinsky geleitete *Spandauer Volksblatt* lizenziert.[282] Wichtiger für die öffentliche Meinungsbildung war die Gründung des *Telegraf* durch die Engländer am 22. März. Der Sozialdemokrat Arno Scholz hatte die Verantwortung für die Gestaltung erhalten. Nach Mendelssohn war der *Telegraf*

> „ein volkstümliches Blatt von sozialdemokratischer Grundhaltung, das unabhängig von der Parteipresse war und jene weiten Kreise des Bürgertums ansprach, welche der ‚Tagesspiegel' nicht erfasste und die folglich notgedrungen die sowjetisch kontrollierte Parteipresse las."[283]

---

[280] So gab in einer Umfrage der amerikanischen Militärregierung über die beliebteste Zeitung im Juni 1946 nur 1% der Berliner die *Neue Zeitung* an. Vgl. Hurwitz, Eintracht, 125.

[281] Vgl. hierzu: Andreas Hillgruber, Europa in der Weltpolitik der Nachkriegszeit 1945-1963, München 1993. Zu der sich seit Februar 1946 andeutenden Richtungsänderung in der allgemeinen britischen Deutschlandpolitik vgl. Falk Pingel, Die Russen am Rhein? – Zur Wende der britischen Besatzungspolitik im Frühjahr 1946, in: VfZG 30 (1982), H.1, 98-116 (Zitat: 108).

[282] Zu den redaktionellen Details des *Spandauer Volksblatt[s]* vgl. Oschilewski, 250-253.

[283] Zitiert nach: Mendelssohn, 551.

Er umschrieb damit elegant die strikt antikommunistische Parteilinie des mit großen Schlagzeilen und Bildern arbeitenden Boulevardblatts. Die enorme Beliebtheit des *Telegraf* bei der Berliner Bevölkerung[284], dem von der Gegenseite wahlweise „politische Brunnenvergiftung"[285] oder „übelste tendenziöse Entstellungen, aufreizende Verleumdungen und Hetzereien"[286] vorgeworfen wurde, führte dazu, dass der *Berliner* als offizielles Presseorgan der britischen Militäradministration am 30. April 1946 eingestellt und die Startauflage von 150.000 bis Ende 1946 kontinuierlich auf über eine halbe Million gesteigert wurde.[287]

Die am 21. April 1946 in den Berliner Ostsektoren vollzogene Verschmelzung der SPD und KPD zur SED brachte weitere pressepolitische Anpassungen mit sich. Nach der Gründung der SED hatte die in Berlin weiter als eigenständige Partei agierende (Rest-)SPD keine publizistische Plattform mehr. Die Zeitung *Vorwärts* wurde nach der Vereinigung das offizielle Publikationsorgan der Berliner Landesleitung der SED und diente damit als ein weiteres öffentliches Forum der Einheitspartei.[288] Am 3. Juni 1946 lizenzierten die Engländer den *Sozialdemokrat*, der von Gustav Klingenhöfer geleitet wurde.[289] Die Lizenzierung sollte helfen, dieses publizistische Ungleichgewicht zwischen der SPD und der SED auszugleichen und gleichzeitig die

---

[284] Der *Telegraf* war nach einer Umfrage der US-amerikanischen Militärregierung ab September 1946 die mit Abstand beliebteste Zeitung in allen Sektoren Berlins. Vgl. Hurwitz, Eintracht, 125.
[285] Resolution des SED-Stadtbezirks Friedrichshagen vom 14.8.1946. Zitiert nach: LAB, C Rep. 901/ Nr. 323.
[286] So Wolfgang Harich an Otto Meier über die "Notwendigkeit einer sofortigen Intensivierung unserer Presse- und Propagandaarbeit in den Westzonen" vom 8.7.1947. Zitiert nach: SAPMO-BArch DY 30/IV2/9.02/64, Bl. 22.
[287] Zu den Zahlen vgl. Hurwitz, Eintracht, 127.
[288] Der *Vorwärts* wurde später zur Morgenausgabe des *Neuen Deutschland*. Vgl. Ebda, 72; Oschilewski, 235.
[289] Zu den redaktionellen Details des *Sozialdemokrat* vgl. Oschilewski, 266-270.

Chancen für die antikommunistische SPD bei den Wahlen am 20. Oktober 1946 zum Berliner Magistrat erhöhen.[290]

Der Wahlkampf zum Berliner Magistrat 1946 stand schon ganz im Zeichen des Kalten Kriegs. Die SMAD-Propagandaabteilung setzte eine drastische Auflagensteigerung aller sowjetisch kontrollierten Zeitungen durch, dazu versuchte man, missliebige Politiker als ehemalige Nazis zu „entlarven" oder die gegnerischen Parteien zu unterwandern und so zu schwächen.[291] Die USA entschlossen sich, die Gegner der SED durch eine weitere Zeitung zu unterstützen. So wurde am 10. Oktober 1945 das Boulevardblatt *Der Abend* „with terrific strain and terrific speed", wie Fielden im Nachhinein konstatierte[292], ins Leben gerufen, um die Möglichkeiten „für einen freien Meinungsaustausch aller politischen Parteien in Berlin vor den Wahlen"[293] zu verbessern. Die Leitung des zunächst mit 100.000 Exemplaren vertriebenen Abendblatts wurde den konservativen Christdemokraten Müller-Jabusch und Hans Sonnenfeld übertragen. Ihnen war dabei ausdrücklich erlaubt worden, „to reflect conservative or rightist political views".[294] Obwohl kein Parteiorgan, sollte *Der Abend* den bürgerlichen Kräften als Forum dienen, die in dem streng zensierten offiziellen CDU-Organ *Neue Zeit* nicht zu Wort kamen.

Die Auseinandersetzungen im Berliner Wahlkampf 1946 brachten die Divergenzen zwischen Alliierten offen zum Ausdruck. Am 12.

---

[290] Vgl. Hurwitz, Eintracht, 128f. Die Auflage des *Sozialdemokrat* lag bei 50.000 Exemplare. Vgl. Ebda, 129.
[291] Die offizielle SED-Presse *Neues Deutschland* und *Vorwärts* kam auf 400.000 bzw. 300.000 Exemplare. Vgl. hierzu: Creuzberger, 84-92. Besonders: 89f.; zu den Auflagen der SED-Presse: Strunk, Zensoren, 72f.
[292] Bernt Fielden in einem Bericht an den Leiter der Berliner Informationskontrolle, Oberstleutnant Leonhard vom 26.5.1947, in: OMGBS 4/17-1/8.
[293] Zitiert nach: Hurwitz, Stunde Null, 347.
[294] So in der Lizenzgenehmigung der amerikanischen Informationskontrolle für den *Abend* vom 1.10.1946. Zitiert nach: Hurwitz, Eintracht, 128.

Oktober 1946 hatte der Alliierte Kontrollrat noch gemeinsam die „Richtlinien für die deutsche Politiker und die deutsche Presse"[295] verabschiedet, die grundsätzlich die Prinzipien für die Arbeit der deutschen Presse und die ihr zustehenden Freiheiten benannten. Alles war verboten, was „Misstrauen oder Feindschaft gegen eine der Besatzungsmächte hervorrufen" könnte. Diese alliierte Verpflichtung der deutschen Presse, die interalliierte Solidarität zu respektieren, war zu diesem Zeitpunkt nicht viel mehr als der alliierte Versuch der Autosuggestion. Aus der anfänglichen Machtrivalität war spätestens nach der Wahl 1946, aus der die SPD als strahlender Sieger und die SED als klarer Verlierer hervorgingen, ein erbitterter interalliierter Kampf geworden, der auch auf der Ebene der Presse geführt wurde und bei dem sich die weltanschaulichen Lager immer deutlicher herauskristallisierten.

Öffentlich wurde der seit langem geführte Kalte Krieg in Berlin im August 1947 gemacht, als gemäß der im März verkündeten „Truman-Doktrin" und als Reaktion auf die im September auf der Kominform verkündeten „Zwei-Lager-Theorie" der US-amerikanische Militärgouverneur Clay die sogenannte „Operation Talk back" ankündigte und damit eine breit angelegte antikommunistische Propagandakampagne einleitete.[296] Die USA und Grossbritannien erkannten erneut die Notwendigkeit weiterer direkter publizistischer Einflussnahme auf die Bevölkerung der größten Stadt Deutschlands. Sie kamen überein, ihre offiziellen Zonenzeitungen – die US-amerikanische *Neue Zeitung* aus München und die britische *Welt* aus Hamburg – nun auch mit offiziellen Berliner Ausgaben herauszu-

---

[295] Richtlinien für die deutschen Politiker und die deutsche Presse, Direktive 40 der Alliierten Kontrollbehörde, Kontrollrat vom 12.10.1946, in: LAB (STA), B Rep. 120/Nr.29, Bl. 80. Daraus auch die folgenden Zitate.

[296] Zur „Operation talk back", vgl. Hurwitz, Stunde Null, 333-339; Barbara Mettler, Demokratisierung und Kalter Krieg – Zur amerikanischen Informations- und Rundfunkpolitik 1945-1949, Berlin 1975, 54-82. Hier besonders: 61-66.

bringen. Die erstere erschien am 15. März 1947, die letztere erst am 26. August 1947 erstmals. Für die US-Amerikaner zeigte sich Hans Wallenberg dafür verantwortlich, nun auch zu aktuellen lokalen Problemen vor Ort offiziell öffentlichkeitswirksam Stellung beziehen zu können.[297]

Im Jahr 1948 kam es auf beiden Seiten jeweils nur noch zu einer neuen Gründung einer Zeitung. Beide Publikationen richteten sich jeweils auf ihre Art vor allem an eine konservative, durchaus auch nationalsozialistisch-affine Leserschaft. Am 23. Juni 1948 erschien mit US-amerikanischer Lizenz erstmals *Der Tag*, eine laut Untertitel „Unabhängige Zeitung für Deutschland", die nach Aussagen des Verlagsleiters politisch eindeutig „von den Grundauffassungen der Christlich-Demokratischen Union"[298] bestimmt war. Hintergrund war erneut die offene politische Repression der CDU in der sowjetischen Besatzungszone. Kurz zuvor hatte die sowjetische Besatzungsmacht mit der Gründung der Blockpartei „National-Demokratische Partei Deutschland" (NDPD) auch die rechtsgerichtete *National-Zeitung* zugelassen. Wie die Partei als Sammelbecken ehemaliger nationalsozialistischer Parteigänger und Symphisanten fungieren sollte, war auch die Redaktion der *National-Zeitung* von ehemaligen Journalisten der NS-Presse durchsetzt, um, wie es in der ersten Ausgabe hieß, „dem kleinen Pg die Möglichkeit" einzuräumen, „aus der politischen und staatsbürgerlichen Isolierung herauszutreten."[299]

Im Jahr 1948 war die große Zeit der Zeitungsneugründungen vorbei. Zwischen Kriegsende und Ende 1946 wurden in Berlin insgesamt 16 Tageszeitungen und zahlreiche Zeitschriften gegründet. Der Bericht

---

[297] Zur Entwicklung der *Neuen Zeitung* in Berlin. Vgl. Hurwitz, Stunde Null, 349-356.
[298] So Johann Baptist Grindl in: Oschilewski, Zeitungen, 180. Zu dem *Tag* allgemein: Ebda, 179f.
[299] So, in: Ebda, 233. Dort auch mehr über die *National-Zeitung*: Ebda, 232f.

der US-amerikanischen Informationskontrolle über die Presselandschaft in Berlin von Anfang 1947 nennt 23 Zeitschriften, die unter US-amerikanischer Lizenz erscheinen.[300] Bis Ende 1949 sollen in den Westsektoren 20 Lizenzzeitungen erhältlich gewesen sein.[301] Rudolf Reinhardt spricht in diesem Zusammenhang zu Recht von dem „Zeitungsparadies Berlin"[302]. In Berlin gab es mehr Zeitungen als in jeder anderen Stadt im gesamten Zonengebiet. „In Berlin konnten (1949) fünf Prozent der Bevölkerung Deutschlands ein Viertel des deutschen Blätterwaldes rauschen hören."[303] Bis zu vier Zeitungen am Tag sollen die Berliner durchschnittlich an einem Tag gelesen haben.

Die politischen Spannungen hatten das Berlin der Nachkriegszeit für Journalisten zum vielleicht spannendsten Ort der Welt gemacht. Politische Polemik bestimmte das publizistische Klima. Hier waren die Redakteure freier, auch freier als in den Westzonen, von Eingriffen der Alliierten, weswegen sie auch unmittelbarer auf die politischen Ereignisse der Stadt Einfluss nehmen konnten.[304] Der im deutschen Besatzungsgebiet einmalige Boom an Zeitungsneugründungen war in erster Linie der besonderen ideologischen Frontstellung in Berlin geschuldet.

„Die Geschichte der Zeitungsstadt Berlin seit dem Frühjahr 1946 ist im [W]esentlichen die politische Geschichte der Viermächtestadt. Durch sie wurden der Berliner Presse Lebensgesetze und Lebensformen aufgezwungen, die

---

[300] Eine vergleichbare Quelle über die genaue Anzahl der sowjetisch lizenzierten Zeitschriften lag dem Autor leider nicht vor. Vgl. OMGBS 4/17-1/8.
[301] Stephan Weichert, Leif Kramp, Der Berliner Pressemarkt – Historische, ökonomische und international vergleichende Marktanalyse und ihre medienpolitische Implikationen, Senatsverwaltung für Wirtschaft, Technologie und Frauen/Projekt Zukunft, Berlin 2009, 11.
[302] Vgl. Reinhardt, 32.
[303] Zitiert nach: Ebda, 52
[304] Vgl. Mendelssohn, 480.

der Natur der Zeitung weder entsprangen noch entsprachen und die sie von sich aus nicht entwickelt hätte."[305]

Wie dargestellt, versuchten zunächst die Sowjets, ihren in den ersten drei Monaten erarbeiteten kommunikationspolitischen Vorsprung durch Auflagensteigerungen, „westliche" Zeitungskonzepte und den Aufbau parteieigener Verlage weiter auszubauen. Die Westalliierten, allen voran die Engländer, begannen dem publizistischen Übergewicht der Sowjets bewusst entgegenzusteuern, indem sie die Erlaubnis zur Herausgabe von Zeitungen mit akzentuiert antikommunistischer Grundhaltung erteilten. Zumindest in den ersten beiden Jahren, in denen Berlin zwar weltanschaulich, aber noch nicht faktisch gespalten war, waren die Zeitungen jeder politischer Coleur in der Regel an den Kiosken in allen Sektoren der Stadt noch frei käuflich. Alle Berliner Blätter hatten sich am 3. September 1946 zu einer „Arbeitsgemeinschaft Berliner Zeitungsverleger" zusammengeschlossen, um den Vertrieb aller Publikationen gemeinsam zu organisieren.[306] Noch am 25.6.1947 wurde in einem Beschluss des Alliierten Kontrollrats der freie Austausch von Zeitungen in allen Zonen und Sektoren vereinbart. Dieses Gebot hatte in Berlin zu dieser Zeit allerdings bereits nur noch sehr wenig mit der Wirklichkeit zu tun.[307] Die Sowjets beschlagnahmten bereits Ende 1945/Anfang 1946 einzelne Ausgaben des TS und auch der Vertrieb von westlich lizenzierten Presseerzeugnissen wurde bereits ab 1946 immer häufiger behindert, worauf auch die Westalliierten teilweise die Einfuhr östlicher Zeitungen und Zeitschriften einschränkten.[308] Aber erst 1948 wurden die Auseinandersetzungen auf allen Ebenen offen geführt.

---

[305] Zitiert aus: Ebda, 476.
[306] Vgl. Ebda, 478.
[307] Vgl. hierzu: Baerns, 46ff.
[308] Vgl. hierzu: Hurwitz, Eintracht, 102; Balfour, 330.

VI. Berlin-Blockade und die Folgen

Das Jahr 1948 war das Jahr der Teilung Berlins; das Jahr, in dem der Kalte Krieg eskalierte, das Jahr, in dem sich auch das Zeitungsgewerbe in Berlin grundlegend und langfristig veränderte. Dabei war Berlin weniger die Ursache als der Hauptleidtragende der politischen Eskalation. Seit Ende 1947 setzten die Westmächte immer deutlicher auf die Etablierung eines eigenständigen westdeutschen Staatswesens. Die US-amerikanische und britische Zone hatten sich am 1. Januar 1947 aus wirtschaftspolitischen Gründen zur „Bizone" zusammengeschlossen, die im März 1948 um die französische Besatzungsszone erweitert wurde. Es stand die „Trizone", die das Staatsgebiet der späteren Bundesrepublik absteckte. Als am 20. März 1948 der sowjetische Vertreter den Alliierten Kontrollrat verließ, brach Deutschlands oberste Regierungsbehörde zusammen und die Auseinandersetzung verschärfte sich. Am 21. Juni 1948 wurde mit der Währungsreform in den Westzonen die währungspolitische Grundlage eines späteren Zusammenschlusses gelegt. Als die SMAD mit einer eigenen Währungsreform in ihrer Zone reagierte und dabei am 24. Juni die neue Währung über die Ostsektoren hinaus in ganz Berlin einführen wollte, empfanden dies die westlichen Kommandanten als offenen Affront. Sie kündigten am gleichen Tag die Einführung der (West)Deutschen Mark auch in den Westsektoren als neues Zahlungsmittel an. Die Sowjets reagierten umgehend mit der Sperrung der Zufahrtswege in die Westsektoren zu Lande und zu Wasser. Die Blockade Berlins begann. Monatelang wurde die Stadt über eine „Luftbrücke" von der US-Luftwaffe mit allen lebensnotwendigen Gütern versorgt, was entgegen aller Erwartung vor allem dank des Durchhaltewillens der West-Berliner Bevölkerung tatsächlich gelang.

In Hochzeiten landete alle zwei bis drei Minuten ein Flugzeug auf einem der drei West-Berliner Flughafen.[309]

Die Währungsturbulenzen im Frühsommer 1948 und die monatelange Abriegelung von der Außenwelt trafen das Pressewesen auf mehreren Ebenen heftig und stellten die Existenz vieler Zeitungen in Frage. Zunächst war die Zeit der Freizügigkeit im Pressevertrieb endgültig vorbei. Mit dem Beginn der Berlin-Blockade wurde der Postvertrieb von westlich lizenzierten Zeitugnen und Zeitschriften in der Sowjetzone verboten. Auch in den Berliner Westsektoren wurde zum Boykott der sowjetisch lizenzierten Presse aufgerufen. Unter der Überschrift „Boykott gegen den Terror" hieß es am 5. Oktober 1948 im *Telegraf*: „Wer eine Ostberliner Zeitung liest, schliesst sich aus der Gemeinschaft der Berliner aus".[310] Auf beiden Seiten begann ein offener Vertriebskrieg. Der *TS* konnte nur noch im Westteil der Stadt bezogen werden.[311] Verkaufsstellen von westlichen Zeitungen wurden im Ostteil von Schlägertruppen zerstört bzw. in Brand gesetzt.[312] Ost-Polizisten fahndeten in S-Bahn-Zügen sogar nach Fahrgästen, die westliche Zeitungen lasen.[313] Auch auf Westseite wurde der Vertrieb von Ost-Zeitungen teils mit Gewalt verhindert. Es kam

---

[309] Zu Währungsreform und Berlin-Blockade allgemein u.a.: Eckart D. Stratenschulte, Kleine Geschichte Berlins, München 2001, 78-85. Zu den neueren Forschungsergebnissen u. a.: Helmut Trotnow, Bernt von Kosta, Die Berliner Luftbrücke – Erlebnis und Erinnerung, Symposium des Alliierten-Museums Berlin 23./24.4.2009, Berlin 2009; Uwe Förster (Hg.), Auftrag Luftbrücke: der Himmel über Berlin 1948-1949, Berlin 1998.
[310] Zitiert nach: Susanne Grebner, Der Telegraf: Entstehung einer SPD-nahen Lizenzzeitung in Berlin 1946 bis 1950, Münster 2002, 292.
[311] Vgl.: Berliner Pressemarkt, 11.
[312] Vgl.: Oschilewski, 278.
[313] Vgl.: Mendelssohn, 484.

zu Überfällen auf Zeitungskioske und Zeitungsboten; bis 1949 fanden öffentliche Zeitungsverbrennungen statt.[314]

Aber nicht nur der verschärfte politische Kampf setzte den Zeitungen zu. Auch die Existenz von verschiedenen Währungen in West- und Ost-Berlin im Zuge der Währungsreform im Frühsommer 1948 führte zusätzlich zu finanziellem Chaos im Zeitungsvertrieb in Berlin, worunter besonders die Westzeitungen litten. Da die Westmark binnen kürzester Zeit den mehrfachen Wert der Ostmark erreichte, war dieselbe Zeitung im Westen nun um ein Vielfaches teurer als nur wenige Straßen weiter im Osten. In der Folge überschwemmten die „billigen" Ost-Zeitungen die ganze Stadt, während die Westblätter auch aus diesen Gründen an Umsatz verloren.[315] Finanziell desaströs für die Presseprodukte West-Berlins wirkte sich vor allem der Verlust des natürlichen Hinterlands aus. Von heute auf morgen waren die Verleger von dem Vertrieb ihrer Produkte in die West- wie Ostzone abgeschnitten. Dazu stoppte die Blockade die Einfuhr von Rohstoffen aus Westdeutschland. Insbesondere die Papiervorräte wurden schnell knapp. Als die Vorräte aufgebracht waren, führten US-Flugzeuge während der monatelangen „Luftbrücke" auch Tonnen Papier ein, um den Zeitungen ein Überleben zu ermöglichen. Verleger und US-Presseoffiziere diskutierten über die Zusammenlegung verschiedener Zeitungen, entschieden dann aber doch, Umfang und Auflagen aller westlichen Blätter gleichmäßig zu senken. Die Rechnung ging auf. Keine Zeitung musste wegen der Blockade aufgeben.

---

[314] Vgl. Burghard Ciesla, Dirk Külow, Zwischen den Zeilen – Geschichte der Zeitung „Neues Deutschland", Berlin 2009, 55. Auch: Norbert F. Plötzl. Konzentrierte Schläge, in: Geschichte Berlin, Spiegel Geschichte 5/2012, Hamburg 2012, 106.

[315] Zu den Folgen der Währungsreformen für das Zeitungsgewerbe u. a.: Oschilewski, 277ff; Mendelsohn, 484; Reinhardt, 50ff. Aus Ost-Perspektive: Ciesla, Klow, 52f.

Als am 12. Mai 1949 Stalin die Blockade aufgeben musste, hatte der Westen politisch gesiegt. Diskutierten die Westalliierten am Anfang der Blockade die Aufgabe West-Berlins durchaus als Option, fühlten sie sich nach dem Ende der Blockade mehr denn je für die Sicherheit West-Berlins verantwortlich und in ihrer Position dauerhaft gestärkt. In der Wahrnehmung der West-Berliner Bevölkerung wurden aus Besatzungsmächten lebenswichtige Schutzmächte, denen man sich auch emotional eng verbunden glaubte. Der Preis für die Freiheit in den Westsektoren war allerdings die Spaltung der Stadt. Berlin blieb zwar auch nach 1949 ein Sonderfall, wurde aber in den jeweiligen Teilen immer stärker in das eigene Lager eingebunden, was auch die Zeitungen wesentlich prägte. Das Zeitungswesen konsolidierte sich im lokalen Bereich und verlor seine Vorreiterrolle in Gesamtdeutschland.

VII. Konsolidierung der Berliner Presse in West- und Ost-Berlin (1949-1953)

Nach der Aufhebung der Blockade wurden die Verbindungen zwischen West-Berlin und Westdeutschland wiederhergestellt. Die Spaltung der Stadt Berlin wurde allerdings faktisch vollzogen. Nach dem kommunistischen Putsch des Magistrats vom 3. November 1948 etablierten sich zwei Stadtverwaltungen. Mit jeweils eigenen Universitäten, Behörden etcpp. entwickelten sich die Westsektoren und Ostsektoren nicht nur ideologisch, sondern auch institutionell auseinander. Mit der „doppelten Staatsgründung" (Christoph Kleemann) auf deutschem Boden 1949 ging der Integrationsprozess beider Teilstaaten in ihre Politik- und Gesellschaftssysteme weiter. Ost-Berlin wurde offiziell zur „Hauptstadt der DDR" erklärt. West-Berlin, durch die Westalliierten militärisch geschützt, wurde im Gegenzug wirtschaftlich und gesetzlich möglichst eng an die Bundesrepublik Deutschland gebunden, dabei blieb der Sonderstatus der „eigenständigen politischen Einheit" immer klar. In Bonn beschlossene Gesetze mussten von den Alliierten abgenickt werden, bevor sie in West-Berlin in Kraft treten konnten. Auch wurde West-Berlin nie in den Rang eines Bundeslandes gehoben. So hatten Berliner Abgeordnete im deutschen Bundestag bis zur Wiedervereinigung 1990 kein Stimmrecht.[316]

An der misslichen Lage der West-Berliner Zeitungen änderte sich nach dem Ende der Blockade und auch der kompletten Umstellung auf Westmark in West-Berlin kaum etwas. Die Situation wurde teils sogar noch schlimmer. Der Ostsektor und der gesamte Ostteil Deutschlands waren als Absatzgebiet dauerhaft verloren und auch Westdeutschland spielte diesbezüglich keine große Rolle mehr. Zwar war die West-Berliner Presse in die Vertriebsstrukturen der gesamtdeutschen Westpresse eingebunden, aber die Zeitungen gelangten meist nicht am Erscheinungstag nach Westdeutschland, so dass sie kaum verkauft wurden.[317] Der Absatzmarkt war dauerhaft auf die gut zwei Millionen Bewohner der Halbstadt beschränkt. Und dieser konstant kleine Kuchen musste nach 1949 wieder eine wachsende Anzahl von Zeitungen ernähren. Nicht zu vernachlässigen war auch der journalistische Aderlass infolge der Isolation der Teilstadt. Viele westlich orientierte Talente verließen Berlin in Richtung Westdeutschland, wo die Wirtschaft erstarkte und auch die Reichweiten der Zeitungen wesentlich höher waren.

Passend zur erzwungenen lokalen Ausrichtung der West-Berliner Presse kam es 1949 zu einer Wiederbelebung der alten Heimat- und

---

[316] Zur allgemeinen politischen Geschichte der geteilten Stadt zwischen 1949 und 1961 u. a: Wolfgang Ribbe, Geschichte Berlins, Berlin 2002; Stratenschulte, 85-93; Bernd Stöver, Geschichte Berlins, München 2010.

[317] Vgl.: Mendelssohn, 485. Am 1. September 1949 wurde der Gesamtverband Deutscher Zeitungsverleger für die West-Zonen und West-Berlin gegründet. Vgl.: Berliner Pressemarkt, 17.

Bezirksblätter. Der *Berliner Anzeiger* mit seinen acht Bezirksausgaben (*Der Kreuzberg, Der Steglitzer* etcpp.) war politisch bedeutungslos, hatte aber auch wegen der sehr niedrigen Preise eine recht hohe Auflage.[318] Zu einer Konkurrenz für die einheimischen Blätter wurden nach 1949 vor allem die Zeitungen aus der neu gegründeten Bundesrepublik, die jetzt auch in West-Berlin Leser suchten und diese auch verstärkt fanden. Teilweise konkurrierten elf Tageszeitungen um Leser in der Halbstadt. Anspruchsvolle, lokal ansässige Zeitungen wie der *TS* überstanden zeitweise nur durch finanzielle Unterstützung der US-Administration die schweren Jahre nach der Blockade.[319] Dass die US-Administration mit der Unterstützung von lokalen West-Berliner Zeitungen auch lenkend in die inneren Parteikämpfe der SPD eingriff, ist im Jahr 2016 durch Archivfunde von Scot Krause belegt worden. Danach unterstützten die USA ab 1950 den strikten Westkurs der SPD-Gruppe um Ernst Reuter und auch Willy Brandt finanziell großzügig. Um die Spenden zu tarnen, buchte die lokale US-Administration Sonderanzeigen in dem kurzzeitigen Nachfolgeblatt des *Sozialdemokrat*, dem *Berliner Stadtblatt*, dessen Chefredakteur Brandt war.[320]

Im Jahr 1949 kam es zu einer grundlegenden pressepolitischen Weichenstellung, mit der in der Bundesrepublik Deutschland die Ära der Lizenzpresse endete und fast vollständige Pressefreiheit gewährt wurde. In dem Dekret vom 21. September 1949 wurde es jedem Deutschen, der im Zuge der Entnazifizierung als nicht schuldig eingestuft wurde, erlaubt, ohne Genehmigung Pressepublikation her-

---

[318] Oschilewski spricht von einer Auflage von 100.000 Exemplaren. Vgl.: Oschilewski, 281ff.
[319] Hurwitz, Stunde Null, 361.
[320] Klaus Wiegrede, „Ein bisschen Druck", in: DER SPIEGEL 24/2016, 50. Die Zahlungen sind demnach bis zum Ende des innerparteilichen Machtkampfs in der SPD 1957 gezahlt worden. Das *Berliner Stadtblatt* ist bereits im Herbst 1950 eingestellt worden.

auszugeben. Insbesondere alteingessene Verlegerfamilien drängten schnell wieder auf dem Markt und sorgten in der Bundesrepublik für eine Flut an Zeitungsneugründungen.[321] In West-Berlin gab es bis 1955 bei Zeitungsgründungen noch alliierte Vorbehalte, aber auch in West-Berlin trat Anfang der 1950er-Jahre eine Traditionsmarke in Konkurrenz zu den neuen Lizenzpresseorganen.

Nach langwierigen Verhandlungen wurden der Familie Ullstein am 3. Januar 1952 sowohl das Druckhaus Tempelhof, in dem fast alle Printmedien gedruckt wurden, als auch weitere Teile des alten „Zeitungsviertels" um die Kochstraße zugesprochen.[322] Noch im selben Jahr feierte die traditionsreiche *Berliner Morgenpost* eine spektakuläre Auferstehung, wobei die gesamte Redaktion des *Berliner Anzeigers* übernommen wurde. Mit liberal-demokratischer Grundhaltung etablierte sich die traditionelle Familienzeitung schnell zu einem festen Bestandteil der West-Berliner Presselandschaft. 1953 kam die *B.Z.* hinzu, eine bunte, krawallige Boulevardzeitung, die bis heute „Berlins größte Zeitung" ist.[323] Das Ullstein-Boulevardblatt war eine Reaktion auf den ungewöhnlichen Erfolg einer neuartigen Massenzeitung, die mit greller Optik und „Sex-and-Crime"-Geschichten vor allem auf die Instinkte der Menschen setzte: die *Bild*-Zeitung des Hamburger *Axel-Springer-Verlags*, die es seit 1952 auch mit einer Berliner Ausgabe gab. Der enorme Erfolg der *Bild* bildete auch den wirtschaftlichen Grundstock für den Siegeszug des *Axel-Springer-Verlags*, der nach der Übernahme des Ullstein-Verlags 1960 den

---

[321] Allgemein zum Ende der Lizenzpresse und zur Presse der Altverleger in der frühen Bundesrepublik: Heinz Pürer, Johannes Raabe, Presse in Deutschland, Konstanz 2007, 117-147. Insbesondere 117ff; Konrad Dussel, Deutsche Tagespresse im 19. und 20. Jahrhundert, Berlin 2011, 221-224.

[322] Vgl.: Oschilewski, 284f; ausführlich zu Ablauf der Verhandlungen: Mendelssohn, 487-493.

[323] Oschilewski, 286f.

West-Berliner Zeitungsmarkt lange Zeit fast monopolartig bestimmte.[324]

So sehr sich auch die West-Berliner-Presselandschaft nach Typus und Zielgruppen ausdifferenzierte, so sehr entwickelte sich in allen Zeitungen inhaltlich eine ausgeprägte antikommunistische Bunkermentalität aus. Umgeben von Feinden, sah man sich im einsamen Kampf gegen das Böse. So wie bis 1953 alle Parteien an der Regierung West-Berlins beteiligt waren, so waren alle Zeitungen in ihrem Kampf gegen das „Regime von Pankow", gegen das „Konzentrationslager" der Sowjetzone einig, egal ob diese Grundhaltung reißerisch wie in der Boulevardzeitung *B.Z.* oder mit mehr intellektuellem Anspruch wie im *TS* transportiert wurde. Dieser Frontstellung lagen sowohl die Erfahrungen der Berlin-Blockade, das Gefühl der Einkreisung und die reale Politik der SED zugrunde, die nach der Gründung der DDR unter der Ägide der sowjetischen Besatzungsmacht zur herrschenden Partei im Staat wurde.

Nach der Gründung der DDR wurden dort alle gesellschaftlichen Bereiche kontinuierlich nach dem Vorbild der Sowjetunion umgestaltet. Die SED erklärte sich zu einem „Partei neuen Typs" und entledigte sich der verbliebenen Sozialdemokraten in der Partei, indem ihnen wahlweise „Agententätigkeit" oder „Parteiverrat" vorgeworfen wurde. 1952 wurde auf der zweiten SED-Parteikonferenz der „Aufbau des Sozialismus" beschlossen, was innenpolitisch vor allem eine straffe Zentralisierung und Hierarchisierung im Sinne der SED bedeutete. Auch das Pressewesen wurde entsprechend umgeformt. Wenn auch in der DDR-Verfassung Pressefreiheit formal gewährt wurde, war die SED-Presse durch sogenannte „Argumentationshin-

---

[324] Zur Erfolgsgeschichte des *Axel-Springer-Verlags* u. a: Gudrun Kruip, Das „Welt"-„Bild" des Axel-Springer-Verlags: Journalismus zwischen westlichen Werten und deutschen Denktraditionen, München 1999, 77-108.

weise" von oben gelenkt. [325] Als politisches Leitmedium für alle Bezirksorgane fungierte das Parteiorgan *ND*, das den politischen Interpretationsrahmen lieferte. Die Parteipresse als „Presse neuen Typs"[326] sollte nach dem Wort von Lenin als „die schärfste Waffe der Partei"[327] dienen. Sie wurde hoch subventioniert und erschien in hohen Auflagen. Zusammen mit den Zeitungen der SED-freundlichen Blockparteien und der diversen Massenorganisationen war die Zeitungsdichte in der DDR immer sehr hoch, wobei die SED-Presse um das Vielfache die höchsten Auflagezahlen hatte.[328] Die Presse in der DDR war insgesamt einem rigiden Kontrollsystem der SED unterworfen. Die Pflicht zur Lizenzierung bestand bis 1990.[329] Charakteristisch war eine Pressevielfalt in staatssozialistischer Einfalt.[330]

Dabei hatte Ost-Berlin auch im Pressewesen immer eine Sonderstellung. Dies lag zum Einen an dem Status der Hauptstadt, an der Funktion als Repräsentationsort für die vermeintliche Fortschrittlichkeit und Offenheit des Sozialismus, und zum Anderen an den besonderen Verhältnissen in der Vier-Sektoren-Stadt. Denn trotz administrativer Teilung waren Kommen und Gehen in den unterschiedlichen Sektoren noch etwas Alltägliches, konnten die Menschen noch überall arbeiten, einkaufen und leben. Der ideologische Gegner war oft nur einige Gehminuten entfernt. Das prägte auch die Ost-Berliner Zeitungen. So gab es von dem *ND* eine eigene Berlin-Ausgabe. Dazu blieben die Publikationen des SED-Verlags *Berliner*

---

[325] Vgl. Dussel, 197f.
[326] Vgl. Berliner Pressemarkt, 11.
[327] Gunter Holzweissig: Die schärfste Waffe der Partei. Eine Mediengeschichte der DDR, Köln 2002.
[328] Vgl. Dussel, 201.
[329] Holzweissig, Mediengeschichte, 13.
[330] Vgl. u. a. Gunter Holzweissig, Massenmedien in der DDR, Berlin 1989, 73ff.

Verlag lange Zeit öffentlich nicht als Parteipresse kenntlich. Dies gilt besonders für die am 15. Juli 1949 ins Leben gerufene *BZ am Abend*, die einzige Boulevardzeitung der DDR und den Vorläufer des heutigen *Berliner Kuriers*.[331] Sie war anders als die üblichen DDR-Blätter: frecher in der Ansprache, lebensnaher an den Themen der Menschen und so durchaus attraktiv für breite Leserschichten. Allerdings wurde der „Wert der Sensation" immer nach dem „Gesichtspunkt ihres Nutzens für die Arbeiterklasse"[332] beurteilt. Aber erst 1953 wurden die *BZ* und die *BZ am Abend* dem Zentralkomitee der SED unterstellt.

Kritik an der SED-Politik gab es in der DDR nur in einer Zeitung zu lesen, die allerdings sehr einflussreich war und auch viel gelesen wurde: die *TR*, das offizielle Blatt der sowjetischen Besatzungsmacht. So sehr *TR* und die SED-kontrollierte Presse einträchtig die „Kriegstreiber" und „faschistoiden Elemente" des Westens verurteilten, so sehr waren doch bei der innenpolitischen Einschätzung der Lage immer wieder Unterschiede zumindest zwischen den Zeilen zu lesen. Nicht nur nach dem Aufstand des 17. Juni 1953, sondern bereits Jahre zuvor war deutliche öffentliche Kritik an dem Kurs der SED zu lesen[333], wie in anderem Zusammenhang bei der Frage nach dem Verhältnis von Rudolf Herrnstadt zur Sowjetunion deutlich werden wird. Walter Ulbricht soll sich sogar bemüht haben, die *TR* loszuwerden.[334] 1955 stellten dann die *TR* und ihr US-amerikanisches Pendant *Die Neue Zeitung* tatsächlich das Erscheinen ein. Die offiziellen Besatzungsblätter hatten ihre Schuldigkeit getan.

---

[331] Vgl.: Oschilewski, Zeitungen, 239f.
[332] Zitiert nach: Ebda, 240.
[333] Rudolf Reinhardt nennt aus eigener Erfahrung viele Beispiele für handfeste – auch öffentliche – Auseinandersetzungen zwischen der *TR* und dem *ND*. Vgl.: Reinhardt, 51ff; 98-104.
[334] Ebda, 52.

VIII. Zusammenfassung

Bereits wenige Monate nach dem völligen Zusammenbruch war in Berlin mit acht Zeitungen eine auf dem deutschen Besatzungsgebiet einmalige Pressevielfalt entstanden. Knüpfte Berlin damit auf den ersten Blick an seine Tradition als deutsche Pressehochburg an, war die Situation in jeder Beziehung eine fundamental andere. Alle im Nachkriegsberlin erschienenen Zeitungen waren Produkte der alliierten Pressepolitik, die primär die Aufgabe hatten, das übergeordnete politische Ziel der Demokratisierung Deutschlands durch das Medium Zeitung zu verwirklichen. Die unterschiedlichen inhaltlichen Vorstellungen der US-Amerikaner und Sowjets über das Wesen der Demokratie spiegelten sich in ihren jeweiligen Presseerzeugnissen wider. Die beiden offiziellen alliierten Publikationsorgane, die *TR* und die *AZ*, fungierten nicht nur als Informationsmedien, sondern auch als Schaufenster ihres Weltbildes, das die eigenen Gesellschaftsverhältnisse als vorbildliches Muster für die demokratische Zukunft Deutschlands herausstellte. Die *BZ* und der *TS* als die deutschen Zeitungen der jeweiligen Besatzungsmacht ergänzten bzw. im Fall des *TS* ersetzten die offiziösen Besatzungszeitungen. Sie blieben aber den jeweiligen politischen Zielen der Alliierten verpflichtet. Dafür sorgten auch deren Kontrollmechanismen. Durch Lizenzierungspraxis und Kontrolle über Papierversorgung und Nachrichtenagenturen blieben die deutschen Zeitungen von dem Willen ihrer jeweiligen alliierten Schutzmacht abhängig.

Die diametral entgegengesetzten politischen Zielvorstellungen im Zusammenhang mit dem spezifischen Berliner Vier-Mächte-Status führten von Anfang an zu interalliierten machtpolitischen Grabenkämpfen. In diesem Sinne konnten die Entstehung und die besondere Entwicklung der Berliner Presselandschaft als machtpolitisches Ringen der Alliierten um die ideologische Hegemonie über die Bevölkerung gedeutet werden. So nützte die sowjetische Besatzungsmacht ihr dreimonatiges Machtmonopol in Berlin zielstrebig dazu aus, ein Pressewesen aufzubauen, das sich in seiner Gesamtheit an der „antifaschistischen Bündnispolitik" ausrichtete. Deren wesentliches machtpolitisches Ziel war es, kommunismuskritische, also in der Regel bürgerliche Schichten in die angestrebte „antifaschistisch-demokratische Umwälzung" zu integrieren und dadurch den kommunistischen Einflussbereich zu vergrößern. Daneben ließ die in allen sowjetisch kontrollierten Zeitungen auffallende liberale Offenheit der Kulturberichterstattung auf das Bürgertum als umworbene Zielgruppe schließen. Der fast idealtypische Ausdruck der politischen Bündniskonzeption war in personeller und inhaltlicher Weise die nach außen überparteiliche, als Sprachrohr des Magistrats fungierende *BZ*, die darüberhinaus auch betont als Lokalblatt auftrat.

Entgegen der ursprünglichen Planung reagierten die USA auf diesen beträchtlichen kommunikationspolitischen Vorsprung der Sowjets mit der sofortigen Vorbereitung einer westlich orientierten deutschen Lizenzzeitung. Die als Vorbild einer solchen Zeitung konzipierte *AZ* löste der in Inhalt und Form bewusst die Intelligenz ansprechende *TS* ab. Das US-amerikanische Augenmerk lag auf dem Bürgertum, das mit einer ausgesprochen intellektuellen Zeitung für das westliche Demokratieverständnis gewonnen werden sollte. Der *TS* war bei der Bevölkerung zwar beliebt, aber auf Dauer nicht konkurrenzfähig. Durch Ausweitung ihres Presseangebots versuchten die Sowjets weiterhin, sich im Kampf um die öffentliche Meinung Vorteile zu verschaffen. Dabei übernahm auch die Sowjetadministration teilweise offensichtlich erfolgreiche westliche Pressekonzepte, um demokratische Offenheit zu suggerieren. Die westlichen Alliierten legten aber zahlreiche weitere betont antikommunistisch orientierte Presseprodukte auf, so dass, gemessen an der Auflagenhöhe, bis 1947 wenigstens annähernd ideologische Parität auf dem Berliner Pressemarkt erreicht war. Durch diese Wettbewerbssituation entstand als erwünschter Nebeneffekt das einzigartige Privileg für die Berliner Bevölkerung, an den Kiosken zwischen bis zu 20 Zeitungen und zahlreichen– nicht nur, aber auch politischen – Zeitschriften wählen zu können. 1948 eskalierte in Berlin auf politischer Ebene der Kampf, der durch die Presseentwicklung ideologisch längst antizipiert worden war. Durch die Berlin-Blockade und die administrative Teilung der Stadt 1948/1949 geriet die West-Berliner Presse in eine schwere Krise, von der sie sich nach Aufhebung der Abriegelung nur sehr langsam erholen konnte. Durch die Insellage verloren die Zeitungen ihr Hinterland und ihre bis dahin bestehende publizistische Vorreiterrolle in Westdeutschland. Insbesondere durch den Vertrieb von Zeitungen aus der Bundesrepublik sowie die Wiederbelebung des alten *Ullstein-Verlags* und der *Berliner Morgenpost* wurde der Konkurrenzkampf unter den West-Berliner Zeitungen im abgegrenzten Verbreitungsgebiet weiter angeheizt. Dem stand die zentral gelenkte Presse aus der „Hauptstadt der DDR" gegenüber, die dank Subventionen mit hohen Auflagenzahlen operieren konnte.

Standen bis jetzt vor allem strukturelle Entwicklungen und Besonderheiten im spezifischen Berliner Pressewettkampf im Mittelpunkt, sollen jetzt die konkreten Menschen in den Vordergrund rücken, die den dargestellten weltanschaulichen Konflikt austrugen. Genauso werden exemplarisch Themen behandelt, anhand derer sich sowohl die ideologischen Frontlinien als auch die jeweiligen Binnenverhältnisse zwischen Medienmachern und Schutzmacht gut nachzeichnen lassen. Als inhaltliche Klammern dienen dabei Publikationen, Strategien und Positionen der beiden herausragenden und wohl auch einflussreichsten Journalisten der Nachkriegszeit auf den jeweiligen Seiten: einerseits Erik Reger, bekannter Schriftsteller aus der Weimarer Zeit und bis zu seinem Tod 1954 Chefredakteur des *TS*, andererseits Rudolf Herrnstadt, Chef des Berliner Verlages, Chefredakteur der *BZ* und des *ND* und bis kurz nach dem 17. Juni 1953 Mitglied im

ZK der SED. In einer Doppelbiografie werden individuelle Eigenheiten und politische Schwerpunkte herausgearbeitet, taktische Vorgehensweisen und Argumentationsstrategien exemplarisch anhand von ihnen geführten Auseinandersetzungen analysiert und nicht zuletzt auch Unterschiede und Gemeinsamkeiten im Verhältnis zur jeweiligen Besatzungsmacht aufgezeigt.

C. Kämpfer um die Köpfe: Erik Reger und Rudolf Herrnstadt

I. Journalisten des Kalten Kriegs – eine Doppelbiografie

a) Herkunft und politische Sozialisation

Erik Reger wurde als Hermann Dannenberger 1893 im rheinischen Bensdorf geboren.[335] Die Fünftausend-Einwohner-Gemeinde in der Nähe von Koblenz, idyllisch inmitten der Rheinischen Tiefebene in unmittelbaren Nähe des Rheins gelegen, war dank des Bergbaus einer der hochindustrialisierten Orte des südlichen Rheinlands, in dem harte Arbeit und fehlende soziale Absicherung den Lebensalltag der Menschen bestimmten. Reger kannte die schwierigen sozialen Lebensverhältnisse der Arbeiterschaft aus eigener Anschauung, da fast seine gesamte Verwandtschaft „unter Tage" gearbeitet hatte. Sein Vater Johann David Dannenberg hatte sich zu einem lokalen Hüttenaufseher hochgearbeitet. Im Auftrag der allmächtigen Führung des Essener Krupp-Konzerns trug er Verantwortung für Hunderte von Bergarbeitern.

„Dieses Bewusstsein nahm der Sohn mit: zuständig zu sein für die Welt, die ihn umgab. Die Familie kam ganz aus dem Industrieproletariat und gehörte doch zum städtischen Kleinbürgertum. Sie lebte die Gewissheit, sich heraus-

---

[335] Die folgenden Ausführungen zu der politischen Biografie Erik Regers stützen sich auf folgende Sekundärquellen: Jans, 69-73; Schivelbusch 248f; Jan Berg u. a. (Hg.), Sozialgeschichte der deutschen Literatur von 1918 bis zur Gegenwart, Frankfurt 1981, 350; Erhard Schütz, „...der Wille zur Empfänglichkeit..." – Erik Reger. Leben und Werk, in: ders. (Hg.), Erik Reger – Kleine Schriften, Bd.2, Berlin 1993, 317-349; Walther Killy (Hg.), Literaturlexikon – Autoren und Werke deutscher Sprache, Bd.9, München 1982, 333f. Andreas Petersen, Nachwort: Erik Reger – Tage des Überlebens, Tagebuch April 1945 bis Juni 1945, 131-158.

zuheben. Vielleicht kamen Regers vorbehaltlose und direkte Urteile, aber auch sein Selbstbewusstsein, ins Große eingreifen zu können, eben von daher."[336]

Hoch hinaus wollte Reger schon sehr früh. Er wollte viel wissen und auch verändern. Nach einem sehr guten Abitur ging er 1912 auf die akademische Suche, studierte in Bonn, Heidelberg und München geisteswissenschaftliche Fächer: vor allem Sprachen und Literatur-, Kunst- und Politikgeschichte, und engagierte sich in seiner Freizeit für eine Demokratisierung der Universitätsstrukturen. Die Universität sollte seiner Überzeugung nach zum zentralen Ort zur Klärung der sozialen Frage werden. [337] Der Erste Weltkrieg riss aber auch Reger aus den bisherigen Lebenszusammenhängen und hinterließ traumatische Erfahrungen. An der Westfront im Einsatz, geriet er noch 1917 in englische Kriegsgefangenschaft, aus der er erst im Herbst 1919 entlassen wurde. Reger versuchte das Kriegserlebnis in einem nicht veröffentlichten Roman zu bewältigen. Insbesondere eine Konsequenz aus dem Geschehen zog sich zeitlebens durch seine politische und publizistische Tätigkeiten: sein Argwohn gegen jede Form des Militarismus, die er geografisch vor allem mit Preußen identifizierte. Zunächst war Reger nach dem Krieg gezwungen, eine Arbeit zu finden. Nolens volens nahm er 1920 ein Angebot des Krupp-Konzerns an, das dieser ihm auch aus Familientreue unterbreitet hatte. Bis 1927 arbeitete er dort unter anderem „an der systematischen Beobachtung und Auswertung der wirtschaftlichen und sozialpolitischen Vorgänge"[338] bei Krupp und verantwortete die Betriebszeitung. Reger hatte jetzt genügend Geld, um eine Familie zu gründen. 1920 heiratete er seine Jugendliebe Christine und drei Jahre später wurde sein Sohn Manfred geboren. Beruflich fühlte er sich

---

[336] Zitiert nach: Petersen, Nachwort, 134.
[337] Ebda, 135.
[338] Aus der Stellenbeschreibung. Zitiert nach: Schütz, Empfänglichkeit, 319.

aber unterfordert und er nutzte jede freie Minute, um seiner eigentlichen Leidenschaft zu frönen: zu schreiben, um als Zeitgenosse aktiv am öffentlichen Geschehen teilzunehmen. Um seine schriftstellerischen und publizistischen Nebentätigkeiten vor seinem Arbeitgeber zu verheimlichen, legte er sich ein Pseudonym zu.

> „Um mich kurz zu fassen, schnitt ich die fünf letzten Buchstaben meines Namens Dannenberger ab, machte sie selbstständig, stellte zwei um und erhielt: Reger. Vor Verwechslungen musste ein etwas ungewohnter Vorname schützen. Aus Gründen des Zusammenklangs verfiel ich auf: Erik."[339]

Er schrieb alles Mögliche: Erzählungen und vor allem kulturpolitische Abhandlungen in allen möglichen Zeitungen, darunter anfangs auch solchen mit deutsch-nationaler Ausrichtung. Vordergründiges Thema waren vor allem das Theater und seine Möglichkeiten. Im Lauf der 1920er-Jahre fand er zu seinem eigenen Stil der Klarheit und Sachlichkeit, der sich jedes Pathos und vor allem jede ideologische Voreingenommenheit verbot. Stattdessen wollte er aufklären und die Wirklichkeit konkret mit Augenmaß verbessern. Er plädierte stets für „unbedingte Zeitgenossenschaft, für die Auseinandersetzung mit den Realitäten der Industriegesellschaft, forderte dazu auf, sich mit dem Ungewohnten und Schwierigen auseinanderzusetzen."[340] Er galt inhaltlich als entschiedener Kämpfer gegen die „Phraseologie und Bewusstseinsindustrie jener Zeit"[341], der jedweden weltanschaulichen Programmen prinzipiell ablehnend gegenüberstand. Im Kulturbetrieb sah er überall Wirklichkeitsverweigerung und gedankenloses Nachplappern von inhaltsleeren Begriffen. Ende der 1920er-Jahre hatte Reger als „Karl Kraus des Reviers" mit seinen Polemiken eine solche öffentliche Reputation erreicht, dass er

---

[339] Zitiert nach: Ebda.
[340] Zitiert nach: Ebda, 320.

den Sprung in die prekäre Existenz als freischaffender Journalist und Schriftsteller wagte.

Regers radikal-aufklärerische Grundhaltung mit seiner Skepsis gegenüber jedem ideologischen Kollektivismus verdichtete sich exemplarisch in seinem 1931 erschienenen Reportageroman „Union der festen Hand", der 1932 mit dem Kleist-Preis ausgezeichnet wurde und ihn über Nacht zu einem bekannten Schriftsteller seiner Zeit machte. Bis heute gilt der fast 600-seitige Reportageroman als Schlüsselwerk der „Neuen Sachlichkeit" und zeitgleich als wichtiges zeitgeschichtliches Dokument. Er ist auch typisch für Regers lebenslanges Arbeiten im Grenzbereich von Journalismus und Literatur. So erklärt Reger dem Leser am Anfang in einer „Gebrauchsanweisung", den Roman nicht als Roman zu lesen. Es gehe nämlich um die Darstellung von Wirklichkeit, aber nicht um die Wirklichkeit von Personen und Gegebenheiten, sondern „um die Wirklichkeit einer Sache und eines geistiges Zustandes."[342] In diesem Sinn verarbeitete Reger in seiner „Union der Eisernen Hand" kaum verhüllt seine eigenen Erfahrungen als Pressereferent im Krupp-Konzern. Mit Hilfe von öffentlich zugänglichem Material zeichnete er das pessimistische Bild einer korrupten und verlogenen Klassengesellschaft im Industriezeitalter. Genau werden die verschiedenen Milieus vom Proletariat bis zur Konzernaristokratie geschildert und die engen Verbindungen zwischen Schwerindustrie und Nationalsozialismus offengelegt, die den brauen Siegeszug mit ermöglichten. Aber auch an den linken Protagonisten aus Parteien und Gewerkschaften wird nicht mit ätzender Kritik gespart. Insbesondere das kollektive Pathos der KPD

---

[341] Zitiert nach: Christian Tauschke, Vivisektion der Zeit – Studien zur Darstellung und Kritik der Zeitgeschichte in Publizistik und Romanwerk Erik Regers (1924-1932), Hamburg 1997, 14.
[342] Zitiert aus: Erik Reger, Union der festen Hand, Berlin 2007 (1931), Dem deutschen Volke – Gebrauchsanweisung Nr. 2, Einleitung.

wird lächerlich gemacht; in deren revolutionärer Energie er nur kleinbürgerliche Sehnsüchte erkannte.[343] Jedes politische Lager bzw. Milieu lebe in einer eigenen, „total geschlossene[n] Welt der Selbsttäuschung und des propagandistischen Scheins, der gefährlichen Zurückgebliebenheit und fahrlässigen Zukunftsillusion."[344] Die Reaktionen aus den politischen Lagern waren eher zurückhaltend, auf linker Seite wurde ihm vor allem die fehlende positive Perspektive vorgeworfen.

Als Anhänger des konsequenten Eigendenkens misstraute er prinzipiell Kollektiven und kämpfte gegen gesellschaftliche Großutopien, die ohne Realitätssinn eine neue Welt schaffen wollten. So stand er von Anfang an feindlich dem Kommunismus gegenüber. 1931 war er z. B. einer der wenigen Autoren, der den stramm antikommunistischen Vorstand der Schriftstellervereinigung gegen die linksliberale Majorität unterstützte.[345] Vor allem aber kämpfte Reger seit Anfang der 1930er-Jahre literarisch und vor allem journalistisch gegen den Aufstieg des Nationalsozialismus. Er schrieb einen Roman (*Das wachsame Hähnchen*), hielt öffentliche Vorträge und veröffentlichte 1931 in der *Vossischen Zeitung* eine viel beachtete Artikelserie über die „Naturgeschichte des Nationalsozialismus", in der er Punkt für Punkt die ideele Armut des Nationalsozialismus sezierte, aber seine gefährliche Dynamik hervorhob. Mit seiner typischen Politik des „Mimikry" und „des Als-Ob" gestatte sich der Nationalsozialismus „nicht die geringste Abweichung von den Qualitäten seiner Urzelle,

---

[343] Vgl. auch die besonders kritische Betrachtung des Buchs in der DDR-Literaturgeschichtsschreibung, in: Autorenkollektiv unter Leitung von Hans Kaufmann (Hg.), Geschichte der deutschen Literatur 1917-1945, Bd.10, Berlin 1973, 356f.
[344] Zitiert auch: Schütz, Empfänglichkeit, 326.
[345] Vgl. Schivelbusch, 329f., Anm. 414.

des Stammtischs."[346] Ihm sei es gelungen, dass „sich die Stammtischinstinkte unter dem Zeichen des Hakenkreuzes in Ideale verwandelten."[347] Mit seiner Revolutionsrhetorik und gleichzeitiger Programmbeliebigkeit biete der Nationalsozialismus eine attraktive Projektionsfläche für die verschiedenen Wählergruppen, die alles anders haben wollen.

> „Ich wurde am 18. März 1903 als Sohn des Rechtsanwalts Dr. Ludwig Herrnstadt in Gleiwitz im oberschlesischen Industriebezirk geboren. Mein Vater verdiente zu dieser Zeit monatlich etwa 1200 Mark, während der durchschnittliche Monatsverdienst eines oberschlesischen Industriearbeiters zwischen 80 und 150 Mark schwankte. Mein Vater gehörte zum jüdischen Sektor der gehobenen Bourgeoisie. Väterlicherseits stamme ich aus einer Familie von Handwerkern und Fuhrleuten, die sich – in der Generation meines Grossvaters – zu kleinen Kaufleuten entwickelten. Mütterlicherseits stamme ich aus einer reichen Kaufmannsfamilie, die bei der Ausbeutung des oberschlesischen Kohlenbeckens und der oberschlesischen Arbeiterschaft in den Jahren 1870 und 1900 eine führende Rolle spielte. Die Familie meiner Mutter sieht auf die meines Vaters herab. Die Familie meines Vaters verachtet die Familie meiner Mutter und beneidet sie zugleich."[348]

Es waren die Worte eines deutschen Musterkommunisten, mit denen sich 1930 Rudolf Herrnstadt seinen neuen Vorgesetzten vorstellte: den Offizieren des Nachrichtendienstes der Roten Armee. Worte, die ideologisch rechtfertigen sollten, warum er seine „Arbeit im Bürgertum"[349] beenden wollte. Denn bürgerlich war Herrnstadts Lebensweg bis dahin tatsächlich gewesen, und seine bürgerliche Herkunft sollte er, entgegen seiner Ankündigung, auch später nie ablegen können.

---

[346] Zitiert nach: Erik Reger, Naturgeschichte des Nationalsozialismus, in: Ders., Kleine Schriften, Bd.1., Berlin 1993, 195-218. Hier: 195.
[347] Ebda, 200.
[348] Aus dem Lebenslauf für den Nachrichtendienst der Roten Armee. Der Lebenslauf ist abgedruckt in dem Porträt von Irina Liebman über ihren Vater Rudolf Herrnstadt. Zitiert aus: Liebmann, 42.
[349] Zitiert nach: Ebda, 44

Herrnstadts Vater war ein angesehenes jüdisches Mitglied der Gleiwitzer Oberschicht und sah sich dabei auch immer in sozialer Verantwortung.[350] Der Rechtsanwalt war engagierter Sozialdemokrat und vertrat auch Anliegen pronouciert linker Mandanten vor Gericht. Der Sohn wuchs mit allen Privilegien seiner Schicht auf. Er besuchte das örtliche humanistische Gymnasium und trat nach Schulabschluss zunächst wunschgemäß ein Jurastudium in Heidelberg an, das er später in Berlin fortsetzte. Doch wohl auch wegen des aggressiven antisemitischen Klimas in Universitätskreisen brach er sein Studium nach zwei Jahren abrupt ab, was zu einem Bruch mit seinem Vater führte. Der Vater wollte die Literaturambitionen seines Sohnes nicht unterstützen und zwang ihn zu einer Arbeit in einer Papierfabrik. „Er soll sein Geld selbst verdienen. Er soll sehen, wie schwer das ist. Ende."[351]

Das Eintauchen in die Welt der Arbeiterschaft dürfte sein Sensorium für die sozialen Spaltungen geschärft haben, aber an seinem Wunsch, Schriftsteller zu werden, änderte sich zunächst nichts. Herrnstadt lebte das „hin und her zuckende, experimentierende, nervös-vorläufig unregelmässige Dasein des werdenden Schriftstellers"[352], veröffentlichte Gedichte, Balladen, Dramen und wurde zu einem glühenden Verehrer Thomas Manns, mit dem er in Briefwechsel stand und in dessen Tradition er sich stellen wollte. Doch der literarische Erfolg stellte sich nicht wirklich ein, und seine „Anteilnahme an der Arbeiterbewegung wuchs im gleichen Masse, in dem

---

[350] Für das Folgende neben der bereits erwähnten Biografie von Liebmann: Müller-Engbergs, Fall Herrnstadt, 7-38; Kurzbiografie in: Erler, 406. Eine detaillierte stichwortartige Kurzbiografie auch in: Das Herrnstadt-Dokument – Das Politbüro der SED und die Geschichte des 17. Juni 1953, hg., eingeleitet und bearbeitet von Nadja Stulz-Herrnstadt, Hamburg 1990, 283ff.
[351] Zitiert nach: Liebmann, 27.
[352] So Herrnstadt in einem Brief an Thomas Mann. Zitiert nach: Müller-Engbergs, Fall Herrnstadt, 15.

sich bei mir die Erkenntnis von der Hoffnungslosigkeit meiner dramatischen Versuche durchsetzte."[353] 1928 erhielt Herrnstadt eine Stelle beim angesehenen linksliberalen *BT* unter Theodor Wolff. Laut seiner Tochter habe Herrnstadt sich etwas Spezielles

> „ausgedacht, um anzukommen. Und zwar hätte er in wochenlanger Arbeit eine ganze Nummer des ‚Berliner Tageblattes' selber geschrieben, auf den Tag genau: die Sportberichte, den Wirtschaftsteil, Ausland, Feuilleton und Theaterkritiken, sogar ein Stückchen Fortsetzungsroman. Alle Beiträge, jedes Genre, die Sportberichte und den Leitartikel zuletzt, und so sei er mit einer Ausgabe des Tages in der Chefredaktion erschienen und habe nach Theodor Wolff verlangt."[354]

Der Eintritt in die Redaktion bedeutete einen wichtigen Einschnitt in Herrnstadts Leben. Er freundete sich mit Theodor Wolff an, der sein Talent erkannte und ihn förderte. Von Wolff lernte Herrnstadt das Handwerk eines guten Journalisten, worunter Wolff sorgfältige Recherche und politisches Engagement verstand. Noch im Krisenjahr 1953 konnte und wollte das SED-Politbüromitglied Herrnstadt seine journalistische Lehr- und Arbeitsjahre beim liberal-demokratischen Theodor Wolff nicht verleugnen.[355] Auch fand Herrnstadt in der Redaktion seine erste große Liebe, „das Proletariat in seiner schönsten Erscheinungsform"[356]: Ilse Stöbe, überzeugte Kommunistin und Sekretärin von Theodor Wolff. Obwohl Herrnstadt 1929 Mitglied der KPD geworden war, hatte er freie Hand beim Schreiben, solange die Qualität der Artikel stimmte. Seine politische Bewegung nach links war prinzipiell bekannt. Nach einem kritischen Artikel über die Aussperrung von Hunderttausenden von Arbeitern im Ruhrgebiet wurde er kurzzeitig vom Verlag entlassen, aber auf Bestreben von Theo-

---

[353] So Herrnstadt in dem eingangs zitierten Lebenslauf für die Rote Armee: Zitiert nach: Liebmann, 43.
[354] Zitiert nach: Ebda, 34.
[355] Nadja Stulz Herrnstadt, Zum Dokument, in: dies. (Hg.), Herrnstadt-Dokument, 18.

dor Wolff trotz inhaltlichem Dissens wieder in die Redaktion geholt.[357] Als Auslandskorrespondent berichtete Herrnstadt bis 1933 aus den wichtigsten Städten Osteuropas, aus Warschau, Danzig, Königsberg, Kronstadt, Bukarest und Bessarabien, kenntnisreich über die dortigen politischen und sozialen Verhältnisse. Er hatte Kontakte zu führenden Politikern und Botschaftern geknüpft und war so gut informiert. In seinen Artikeln stellte sich Herrnstadt immer deutlich auf die Seiten der sozial Schwachen, verfiel dabei aber nie in starren Dogmatismus; seine Sprache blieb immer klar und anregend, so dass er auch bei den Lesern Ansehen gewann und zu einer Institution wurde. Dabei lebte der bürgerliche Großjournalist Herrnstadt ab 1930 als Zuarbeiter für den Nachrichtendienst der Roten Armee auch in einer politischen Parallelwelt – in den Worten Erik Regers ausgedrückt: in einer Welt der politischen Phraseologie. Dass er sich dem Kommunismus verbunden fühlte, war in der Redaktion bekannt und wurde akzeptiert. Aber Herrnstadt glaubte mit Schreiben nicht wirklich politisch wirken zu können. „Brillante Journalisten, ja", soll er zu seiner Tochter später über die Arbeit im *Berliner Tageblatt* gesagt haben, „aber was nutzte die ganze Brillanz, wenn der Faschismus vor der Tür stand, nein, sie nutzte gar nichts."[358] In seinem Lebenslauf spricht Herrnstadt von der Lächerlichkeit von politischen Privataktionen,

> „und dass ernsthafte Arbeit nur im Rahmen der Kommunistischen Partei geleistet werden kann. Meine Überzeugung wurde noch gefestigt durch eine Reise in die Sowjetunion, die ich im Rahmen des ‚Bundes der Freunde der Sowjetunion', im Oktober 1929 unternahm."[359]

---

[356] Zitiert nach: Liebmann, 63.
[357] Hans Coppi/Sabine Kebir, Ilse Stöbe: Wieder im Amt – Eine Widerstandskämpferin in der Wilhelmstraße, Marburg 2013, 25.
[358] Zitiert nach: Ebda, 35.
[359] Zitiert nach: Ebda, 46.

„[Herrnstadt] wollte bedingungslose Konsequenz im Handeln bis hin zur Bereitschaft, das eigene Leben zur Disposition zu stellen."[360] Tatsächlich bedeutete seine Entscheidung für die freiwillige Unterordnung unter die Ideologie einer Partei mit Totalitätsanspruch den Bruch mit einer freischwebenden intellektuellen Existenz. Warum sich gerade jüdische Intellektuelle überproportional als Führungskräfte kommunistischer Organisationen in der Weimarer Republik zur Verfügung stellten, ist viel diskutiert worden.[361] Es leuchtet aber ein, dass die eigene Erfahrung, aufgrund der jüdischen Herkunft ein Außenseiter in der Gesellschaft zu sein, die Verbundenheit mit anderen sozial Deklassierten instinktiv stärken und die Sowjetunion mit ihrem kommunistischen Erlösungsanspruch zur gemeinsamen Projektionsfläche der Sehnsucht nach einer Gesellschaft ohne Klassen und Benachteiligung werden kann. „Ein Deklassierter bei anderen Deklassierten. Das ist ein Kitt, der zusammenhält."[362] Herrnstadt konnte das Spannungsfeld zwischen persönlicher Selbstbestimmung und der Einsicht in die vermeintliche historische Notwendigkeit nie richtig auflösen, aber er hatte sich entschieden: für das Dienen für die „große Sache". „Es geht nicht um mich", soll er wiederholt zur Rechtfertigung gesagt haben.[363] Denn dass Hitler einen großen, entscheidenden Krieg gegen die Sowjetunion vorbereite, war gängige Meinung unter den kommunistischen Parteien der Welt, und auch Herrnstadt hatte keine Zweifel daran. Und so habe man eindeutig Position zu beziehen und sich mit seinen individuellen Stärken der historischen richtigen Sache unterzuordnen, lautete Herrnstadts Credo.

---

[360] Zitiert nach: Müller-Engbergs, Fall Herrnstadt, 27.
[361] Grundlegend immer noch der Essay von Friedrich August von Hayek aus dem Jahr 1949 „Die Intellektuellen und der Sozialismus".
[362] Zitiert nach: Hans Helmut Knütter, Die Juden und die deutsche Linke in der Weimarer Republik 1918-1933, Düsseldorf 1971, 45.
[363] Zitiert nach: Liebmann, 55.

Rudolf Herrnstadt und Erik Reger verbanden durchaus ähnliche Sozialisationserfahrungen: Beide wuchsen in Schwerindustriezentren auf, beide entschlossen sich, ihr Schreibtalent zum Beruf zu machen und führten dabei zunächst eine Zwitterexistenz zwischen Literatur und Journalismus, wobei bei beiden eine Entwicklung zum zeitgenössischen Schreiben als Journalist kennzeichnend war. Während sich Erik Reger von Werbetätigkeiten zum freiberuflichen politischen Kulturjournalisten im Ruhrgebiet hochkämpfte, stieg Herrnstadt bereits hoch ein, wie es sich für einen Angehörigen aus dem Großbürgertum gehörte. Er durchlief eine umfassende journalistische Ausbildung bei einer der angesehensten Zeitung im Land und startete scheinbar eine glänzende Karriere im politischen Journalismus. Politisch einte beide gemeinsame Problemlagen: Beide beschäftigten sich früh mit der sozialen Frage und mussten sich mit dem Aufstieg des Nationalsozialismus auseinandersetzen. Sie zogen allerdings genau entgegengesetzte politische Schlüsse daraus. Für Reger waren der Kommunismus und der Nationalsozialismus in liberaler Lesart nur zwei Varianten desselben diktatorischen Herrschaftssystems und beide gleichrangig zu bekämpfen. Für Herrnstadt war der Aufbau eines völlig neuartigen kommunistischen Gesellschaftssystems dagegen die einzige Möglichkeit, die soziale Frage wirklich zu lösen und den Faschismus grundlegend zu besiegen, von dem der Nationalsozialismus die radikalste, aber nur eine von vielen Varianten wäre. Nicht nur räumlich trennten sie Welten, politisch standen sie schon in feindlichen Lagern.

b) Zeit des Nationalsozialismus

Nach dem Regierungsantritt Hitlers im Januar 1933 bekam Erik Reger schnell die neue Macht seiner Gegner zu spüren. Als Ausdruck einer „jüdischen Systematik des Denkens"[364] geschmäht, wurden noch im selben Jahr seine Romane auf den Index gesetzt und wichtige publizistischen Auftraggeber sprangen ab. Er floh kurzzeitig in die Schweiz, musste allerdings wegen Gefahr der „Überfremdung" 1936 wieder nach Mannheim übersiedeln. Wie andere Regimegegner, die in Deutschland bleiben mussten, stand der Familienvater Reger vor dem Spagat, seine Überzeugungen nicht verraten zu wollen und sich gleichzeitig in Deutschland arrangieren zu müssen, um Geld zu verdienen. In Mannheim konnte er kurzzeitig in einem Werbebüro arbeiten. Aber er wollte weiter schreiben, und er war Realist genug, um zu wissen, dass es fast unmöglich sei, „in einem totalitären Staat, wo alles, bis in die kleinste Lebensäußerung hinein erfasst und organisiert ist, in innerer Opposition zu leben."[365] Er beantragte die Aufnahme in die Reichskulturkammer – die Mitgliedschaft war in der NS-Zeit Voraussetzung, journalistisch und schriftstellerisch tätig zu sein.[366] Reger veröffentlichte regelmäßig, insgesamt sechs Romane von Reger erschienen in der NS-Zeit. Auch für zeitgenössische Zeitungen und Zeitschriften, insbesondere für die Berliner *Deutsche Allgemeine Zeitung*, lieferte Reger kontinuierlich mal unterhaltsame, mal lehrreiche Beiträge bzw. Erzählungen, die bewusst und zumindest oberflächlich jeden politischen Bezug vermieden. Doch so sehr er sich offener politischer Kritik enthielt, so wenig ließen sich Regers Stücke für die nationalsozialistische Propaganda gebrauchen. Reger literarisches wie publizistisches Schaffen wurden immer misstrauisch von der nationalsozialistischen Obrigkeit beobachtet. Als er in dem 1941 erschienenen Roman *Kinder des*

---

[364] Zitiert nach: Schütz, Empfänglichkeit, 328.
[365] So Reger im Tagebuch vom 26. Juni 1937. Zitiert nach: Petersen, Tagebuch, 146.
[366] Zu den Arbeitsbedingungen von Journalisten im Dritten Reich allgemein kurz: Dusel, 161-172. Ausführlich über die ausdifferenzierte Presselandschaft im Dritten Reich: Norbert Frei, Johannes Schmitz, Journalismus im Dritten Reich, Mün-

Zwielicht vorsichtig kriegskritische Passagen einband, war der Aufschrei in der regimetreuen Literaturkritik groß und die Papierzuteilung wurde gekürzt.[367]

Trotz einiger Publikationsmöglichkeiten blieb Reger in den ersten Jahren auf finanzielle Unterstützung der Verwandtschaft angewiesen. Dies änderte sich 1938, als er mit seiner Familie nach Berlin zog. Über Beziehungen hatte er eine Anstellung im *Deutschen Verlag* ergattert, wo er als Lektor in der Romanabteilung arbeitete und vor allem Unterhaltungsromane für die *Berliner Illustrierte* redigierte. Dort befreundete sich Reger mit dem damaligen Leiter der *Frohen Zeitung für Front und Heimat – Erika* an, der später eine entscheidende Rolle in den ersten Monaten des *TS* spielen und nach dem Zweiten Weltkrieg zu einem der renommiertesten Großverleger der Bundesrepublik Deutschland werden sollte: Helmut Kindler.

Helmut Kindler war ein großer Kommunikator, der schon früh einen „Riecher" für interessante Autoren bewies. Er ist der einzige bedeutende Publizist, der sowohl mit Erik Reger als auch mit Rudolf Herrnstadt intensiven Kontakt hatte und beide sehr schätzte. Jeden auf seine Weise empfand Kindler als prägend.[368] Um Kindler sammelte sich im *Deutschen Verlag* eine antinazistische Gruppe, die finanziell abgesichert und ohne zu große politische Konzessionen die Kriegsjahre überstand.[369] Kindler arbeitete auch in Warschau als Redakteur einer Soldatenzeitung und unterstützte zeitweise auch

---

chen 1989. Zwischen den Zeilen? Zeitungspresse als NS-Machtinstrument, Katalog zur Sonderausstellung der Stiftung Topografie des Terrors Berlin, Berlin 2012.

[367] Der NS-Literaturkritiker Willi Vesper sprach von Reger als „linksradikalem Hetzschreiber". Vgl. Schütz, Empfänglichkeit, 332.

[368] Helmut Kindler nennt Erik Reger in seinem Nachwort zu seiner Autobiografie als journalistisches Leitbild, Rudolf Herrnstadt einen „hervorragenden Journalisten", der „in meinem Leben eine erhebliche Rolle gespielt hat." Vgl.: Kindler, Fest, 624. Zitate: Ebda, 540, 140.

[369] Vgl. Ebda, 209-222.

mit Waffen den polnischen Widerstand. Kindler stand seit Mitte der 1930er-Jahre in enger Verbindung mit einem europaüberspannenden antinazistischen Widerstandsnetzwerk, das später „Rote Kapelle" genannt und in Warschau von einem Mann wesentlich mitgeprägt wurde: Rudolf Herrnstadt. Kindler lernte noch vor der NS-Zeit Ilse Stöbe kennen, wodurch er früh mit Rudolf Herrnstadt Kontakt kam und auch früh in seine kommunistische Agententätigkeit eingeweiht war. Dank seiner exzellenten Beziehung vor allem zur dortigen deutschen Botschaft konnte Herrnstadt noch bis 1936 für das *Berliner Tageblatt* aus Warschau berichten. Seine damalige Mitarbeiterin Margret Boveri betonte in ihren Erinnerungen, wie „scharfsinnig und ohne kommunistische Nebentöne" Herrnstadt oft aus Warschau berichtete. „Es ist vielleicht der einzige Fall im Dritten Reich, dass ein Jude, der noch dazu Kommunist war, mit eigenem Namen an prominenter Stelle so lange schreiben konnte."[370] Nach eigener Aussage wurde seine „journalistische Arbeit" bis 1939 in Warschau für mehrere Zeitungen aber „immer mehr eine Fiktion, die Aufrechterhaltung dieser Fiktion immer schwieriger."[371] Wichtig war Herrnstadt nach eigenen Angaben die Arbeit für den sowjetischen Nachrichtendienst, die der Arbeit eines Journalisten durchaus ähnlich war. Er

> „sammelt Nachrichten. Nachrichten aus Agenturmeldungen, aus Gesprächen, aus Pressekonferenzen. Er fügt sie zusammen, macht sich ein Bild, gibt es weiter, beantwortet Fragen, fragt selber und sammelt weiter – Spionage."[372]

So baute Herrnstadt in Warschau „eine der bedeutendsten Spionageresidenturen auf, mit hochkarätigen Agenten."[373] Seine Kanäle

---

[370] Zitiert nach: Margret Boveri, Wir lügen alle – Eine Hauptstadtzeitung unter Hitler, Freiburg 1965, 262.
[371] Zitiert nach: Liebemann, 48.
[372] Zitiert nach: Ebda, 95.

müssen so gut gewesen sein, dass er wohl frühzeitig über die Kriegspläne gegen die Sowjetunion voll im Bilde gewesen war. „Herrnstadt hat[te] eine Begabung zur Freundschaft", räsonierte seine Tochter, das habe enorm geholfen, „seine Freunde vergisst er nie, was er für sie tun kann, das tut er."[374] Dazu kamen seine Verschwiegenheit und Menschenkenntnis, die ihn zu einem sowjetischen „Jahrhundertagenten"[375] werden ließen. Über Details seines Lebens in den Kriegsjahren ist wenig bekannt.

Nach dem deutschen Überfall auf Polen floh Herrnstadt in die Sowjetunion, wo er sich erst einmal orientieren musste, weil seine wichtigsten Kontaktleute in der Roten Armee den Stalinschen Säuberungen zum Opfer gefallen waren. Er durchlief eine Parteischulung, arbeitete im Generalstab der Roten Armee[376] und war dort vor allem für die propagandistische Arbeit unter den deutschen Kriegsgefangenen zuständig. Als Chefredakteur der deutsch-nationalen Frontzeitung *FD* arbeitete er ab 1943 eng mit deutschen Exil-Kommunisten zusammen, die später wesentlich den publizistisch-politischen Neuaufbau in Berlin mitprägen sollten. Auch an der politischen Konzeption der „antifaschistisch-demokratischen Umwälzung" in einem Nachkriegsdeutschland war er maßgeblich beteiligt.[377] So gehörte Herrnstadt zu den ausgewählten Genossen, die kurz nach der sowjetischen Eroberung von Moskau aus nach Berlin geschleust wurden, um den politisch-ideologischen Umbau an vorderster Stelle zu leiten und zu unterstützen. Bereits am 7. Mai 1945 war Herrnstadt

---

[373] Zitiert nach: Helmut Müller-Enbergs, Rudolf Herrnstadt – Aufstieg und Fall eines Kommunisten, Berliner Zeitung vom 14.06.2003. Auch der legendäre Richard Sorge soll bei ihm zu Besuch gewesen sein. Vgl. Müller-Engsberg, Fall Herrnstadt, 35.
[374] Zitiert nach: Liebermann, 28.
[375] Zitiert nach: Müller-Enbergs, Aufstieg und Fall eines Kommunisten.
[376] Details bei: Stulz-Herrnstadt, Herrnstadt-Dokument, 284f.
[377] Vgl. Kapitel A, III.

mit dem Auftrag in Berlin unterwegs, eine eigene antifaschistische Zeitung aufzubauen, die spätere *BZ*. Auf der Suche nach Mitstreitern begegnete Herrnstadt am selben Tag zufällig Helmut Kindler, der kurz zuvor wieder nach Berlin gekommen war. Kindler war begeistert und schloss sich Herrnstadt an.[378] Als „Bürgerlicher" passte Kindler ideal zur Zielgruppe der kommunistischen Pressestrategie.

Wie Herrnstadt war auch Erik Reger zu dieser Zeit in Berlin: in einem Vorort Berlins, in Mahlow. Dort war er 1943 zusammen mit seiner Frau hingezogen und hatte sich den militärischen Zugriffen des Regimes entziehen können. Beseelt von dem Gedanken, „nach zwölf Jahren der Verdammung zur Unproduktivität"[379] durch Schreiben wieder politisch wirken zu können, erlebte er erwartungsvoll den Einmarsch der Sowjetarmee. Seine Gedanken und Alltagsbeobachtungen schrieb Reger detailliert in einem Tagebuch nieder, das kürzlich editiert worden ist.[380] Als die ersten Zeitungen den Weg nach Mahlow fanden, war er entsetzt über deren Qualität – die „Berliner Zeitung ist primitiver wie ein Dorfblatt", empörte er sich am 25. Mai 1945. An seine Haustür in Mahlow heftete er einen Schutzbrief, auf dem in Russisch und Deutsch stand: „Hier arbeitet ein demokratischer Schriftsteller. Bitte ihn nicht behelligen."[381] Unmittelbar nach dem Einmarsch wandte sich Reger an die zuständigen sowjetischen Stellen in Mahlow, um ihnen den Aufbau einer großen Verlagsgesellschaft vorzuschlagen, die auf unterschiedliche Zielgruppen abgestimmt antifaschistische Zeitungen und Bücher herausgeben sollte. Denn er war der festen Überzeugung, dass „der Aufbau eines geordneten und gesitteten Staatswesens" vor allem innerer Umkehr

---

[378] Vgl. Kindler, Fest, 296-298.
[379] Reger in seinem Tagebuch. Zitiert nach: Jans, 71.
[380] Erik Reger, Zeit des Überlebens – Tagebuch April bis Juni 1945, herausgegeben und mit einem Nachwort von Andreas Petersen, Berlin 2014.
[381] Beide Zitate: Ebda, 108.

der Deutschen bedürfe und damit in erster Linie „ein geistiges Problem sei"[382], das durch antifaschistische Publizistik pädagogisch angegangen werden müsse. Sein Vorschlag hatte keine Chance bei den Verantwortlichen, wenn dieser überhaupt weitergeleitet wurde.

In einem Memorandum vom 25. Juli 1945, das als „Grundsätzliche Gedanken zum Wiederaufbau der deutschen Presse" betitelt ist, formulierte Reger explizit das inhaltliche Programm für eine antifaschistische deutsche Zeitung aus.[383] Reger sah die deutsche Sonderentwicklung des 19. Jahrhunderts als Ursache der Katastrophe des Nationalsozialismus an. Diese zeichnete sich durch die Gleichzeitigkeit von wirtschaftlich-sozialen Umbrüchen (Industrialisierung und soziale Frage) und ausgeprägten politischen Demokratiedefiziten (monarchisches Prinzip) aus. Folge seien ein Auseinanderdriften der Entwicklung von Geist und Technik und ein „Mangel an kontinuierlichem Denken"[384] gewesen. Ziel müsse es demnach sein, die Deutschen wieder zur westlichen Kultur und damit auch zu ihrem Demokratieverständnis „zurück-zu-erziehen". „In dieser Hinsicht könnte man die Presse eine Fortsetzung der Schule mit anderen Mitteln nennen."[385] Eine solche Presse müsse strikt parteiunabhängig sein, besonders angesichts der bisher bestehenden Zeitungen, von denen wegen ihrer Parteibindung keine „repräsentativ"[386] sei. Auf welchem Weg das Memorandum in die Hände von US-Presseoffizier Mendelsohn gelangte, ob sich Mendelsohn gezielt nach Erik Reger

---

[382] Zitiert nach: Jans, 72; auch: Schütz, Empfänglichkeit, 333.
[383] Adk, NL Reger, Mappe 230.
[384] Zitiert nach: Jans, 62.
[385] Zitiert nach: Schütz, Empfänglichkeit, 334.
[386] Zitiert nach: Jans, 63.

erkundigte[387] oder ob ihm das Memorandum über Dritte angeboten wurde[388], ist nicht mehr klar nachzuvollziehen.

Auf jeden Fall war Mendelssohn sicher, einen geeigneten Mitstreiter für das gemeinsame Ziel gefunden zu haben, nämlich die Einführung bzw. Wiedereinführung einer liberalen Demokratie. Reger konnte das „Reeducation"-Programm der USA, die Abkehr vom Nazismus und Erziehung zu Demokratie, mit der notwendigen Autorität und Glaubhaftigkeit publizistisch begleiten. Letztlich verfolgte Erik Reger immer die gleichen Anliegen: Kritik an den gesellschaftlichen Zuständen, Abneigung gegen Ideologien und Phrasen, Blick auf Strukturen und Typologien, Fokus auf das Wesentliche und über allem Aufklärung, also der Glaube, dass die Menschen durch Bildung und Vernunftgebrauch das gesellschaftliche Leben Stück für Stück verbessern können.

Das unbedingte Umerziehungspathos, das sich konkret in einem hohen Moral- und Bildungsanspruch niederschlug, kam prägnant in seinem ersten Leitartikel für den *TS* zum Ausdruck. Reger deutete hierin den Nationalsozialismus geistesgeschichtlich als Ausdruck des schizophrenen deutschen Wesens. Wörtlich schrieb er u. a.:

> „Dieses Deutschland hat der Welt eine Unzahl von Talenten und einige Genies schenken können, es ist jedoch mit dem Einbruch des naturwissenschaftlichen Zeitalters mehr und mehr verlorengegangen oder unsichtbar geworden. Gewiss verlief schon seit Tagen des ersten ‚furor teutonicus' die kriegerische Linie neben der geistigen. Jetzt aber wurde der verhängnisvolle Bruch im Charakter enthüllt, nämlich der bedenkenlos materialistische Grundzug bei aller idealistischen schwärmerischen Sehnsucht. Von diesem Augenblick an war das Geistige dem Kriegerischen untergeordnet und damit das deutsche Schicksal für ein Jahrhundert entscheiden. (...) Welch ein Abstand zwar von Bismarck, dem gebildeten Realpolitiker, zu Hitler, dem eingebildeten Dummkopf – und doch welch bezeichnende Gleichheit in Nährboden, Natur und

---

[387] So Kindler in seinen Memoiren. Vgl. Kindler, Fest, 323f.
[388] Nach Mendelssohn hat ihm der US-amerikanische Großhändler Heinrich von Schweinichen das Memorandum zugespielt. Vgl. Mendelssohn, 542.

Zielsetzung! Von der Gewalttätigkeit zur Bestialität, von der diplomatischen Intrige zu unverschleiertem Lug und Trug, vom miles gloriosus zum Bramarbas ist, wenn die letzten Schranken der Sittlichkeit und der christlich-religiösen Bindung einmal gefallen sind, eben nur ein Schritt, der im Zeitmass der Geschichte gerade vierzig Jahre benötigte."[389]

Den totalen Zusammenbruch Deutschlands und die daraus resultierende Besatzungsherrschaft sah Reger als positive Chance, sich auf die besten Traditionen deutschen Geisteslebens zu besinnen und damit die Grundlage für den Aufbau einer liberalen Demokratie zu schaffen.

„Da stehen wir nun – oder richtiger: wir liegen am Boden. Nach dem ‚totalen Krieg' der totale Zusammenbruch: ein Naturgesetz. (...) Wir haben einen klaren Anfang. (...) Niemals ist, so betrachtet, die Situation für jeden einzelnen Deutschen so günstig gewesen – : er steht wie Gottvater am Anbeginn der Schöpfung, die Erde ist für ihn wüst und leer, aber sein Geist darf sich unbeschwert entfalten, um den schon von Goethe schmerzlich empfundenen Widerspruch aufzuheben, dass Deutschland nichts ist, obwohl der einzelne Deutsche viel ist. Es muss möglich sein, die achtbaren Individuen zu einer achtbaren Nation zu summieren. (...). Die Zukunft ist, mathematisch ausgedrückt, Vergangenheit plus Gegenwart plus x. Dieses X, die unbekannte Grösse, ruht nur zum Teil im Schosse des Schicksals, ausserhalb von uns selbst. Zu einem anderen Teil richtet es sich nach dem Geist, in dem wir die Tradition zu beurteilen, zu zergliedern und fruchtbar zu machen wissen. (...) Wir werden in Zukunft streng unterscheiden zwischen denen, die sich in Schönrednertum erschöpfen, und denen, die sich ihrer Aufgabe in Demut unterziehen. Demut ist ein sehr tiefes Wort unserer Sprache. Nach seiner Wurzel bedeutet es den Mut zum Dienen. Da wir ohne den Sieg der alliierten Heere wohl niemals mehr zu uns gekommen wären, haben wir sozusagen alle als Kriegsgewinnler zu gelten. (...) Deutschland ist in vieler Beziehung merkwürdig und absonderlich, aber dass es nicht genug Männer hätte, eine demokratische Republik Deutschland demokratisch zu regieren und getarnte Feinde ebenso wie unfähige Freunde zu überwinden, ist ein Irrtum. Diese Männer sind zu einem ‚geistigen' Volkssturm aufgeboten, um durch ihr Selbstvertrauen dem deutschen Volk das Mass an Vertrauen der Welt zu gewinnen, das neben vielem anderen nach den Erklärungen des Präsidenten Truman und des Generals Eisenhower auch die Dauer der Besetzung unseres Landes bestimmen wird."

---

[389] Zitiert nach: Erik Reger, Anfang und Zukunft, in: *TS* vom 27.9.1945. Dort auch das folgende Zitat.

c) An der Spitze der publizistischen Front

Dieser dozierende Ton der Unbedingtheit, der mit dem Pathos des Neuanfangs korrespondierte und die Nähe zum unmittelbar Erlebten nicht verleugnen konnte („Volkssturm"), machte Erik Reger zu einer unverwechselbaren Stimme in der Trümmerstadt Berlin. Er war in den ersten Nachkriegsjahren als Lizenzträger und Chefredakteur der unbestrittene geistige Kopf des *TS*. In der Regel jeden Dienstag las er den Berlinern in der Zeitung die Leviten und ordnete das politische Geschehen ein.

> „In genialer Mischung, hinter der man den Zettelkasten mit gesammelten Aphorismen, Nachrichten, Zitaten und Extrakten historischer Lektüre wittert, verquickt Reger in seinen wöchentlichen Leitartikeln Aktualität mit Geschichte, zieht Verbindungsstriche von Wilhelm Pieck bis, wenn es sein muss, zu den Sachsen-Kaisern. Und aus Kommentaren zu ganz unzusammenhängenden Ereignissen leitet er eine gemeinsame Schlussfolgerung her, die immer dem Föderalisten, dem Freiwirtschaftler, dem Antikommunisten, dem Busprediger Reger recht gibt."

So analysierte am 31. Januar 1948 der britisch lizenzierte Hamburger *Spiegel* die Wirkungsmacht Regers.[390] Und auch wenn viele Leser seine gelehrten Anspielungen wohl nicht in Gänze verstanden haben – gelesen haben ihn die meisten, nicht nur, aber vor allem in Berlin: Anhänger, Gegner, Bürger und auch Arbeiter. Es gehörte zum guten Ton, die mit *rg* gekennzeichneten Artikel gelesen zu haben. Einige Artikel von Reger wurden vom Rowohlt-Verlag als so zukunftsweisend befunden, dass sie 1947 mit dem Untertitel „Versuch eines konstruktiven Programms aus der zwangsläufigen Entwicklung" als Buch erschienen.[391]

Jenseits der tagesaktuellen Politik drehten sich die Beiträge von Erik Reger genauso wie die allgemein-politischen Artikel im *TS* wesent-

---

[390] Zitiert aus: Pflicht zu Schweigen, DER SPIEGEL am 31.01.1948.
[391] Erik Reger, Zwei Jahre nach Hitler: Fazit 1947, Hamburg 1947.

lich um zwei Themenkomplexe: den Aufbau eines demokratischen deutschen Staates und die Aufklärung über die NS-Zeit. Gebetsmühlenhaft wiederholte Reger in den ersten Jahren in mehreren Varianten und zu verschiedenen Anlässen sein Plädoyer für einen föderalistischen Staatsaufbau mit sich selbst verwaltenden Ländern, der in der Bundesrepublik Deutschland mit der Verabschiedung des Grundgesetzes 1949 Wirklichkeit wurde. Als negative Vergleichsfolie diente dabei stets das angeblich vom Wesen her militaristische, nationalistische Preußen. Mit Replik auf humanistisches Bildungsgut forderte Reger bereits am 16. Oktober 1945:

> „Nun, wenn der Purpur fällt, muss auch der Herzog nach, sagt Schillers Verrina, während er Fiesko ins Meer stürzt. Mit dem purpurnen Mantel, in diesem Falle dem Ausdruck ‚Reich', kann es nicht sein Bewenden haben. Der Herzog, in diesem Falle der staatsrechtliche Körper, muss nach. So, wie unser Vaterland niemals mehr ‚Deutsches Reich' heissen darf, so wie wir die klare, saubere, eine wirkliche Abrechnung und Abkehr enthaltende, einen wirklich neuen historischen Abschnitt einleitende Bezeichnung R e p u b l i k D e u t s c h l a n d fordern, so fordern wir das Gefüge eines Staatenbundes, in dem die deutschen Länder grössere Selbständigkeit und Bedeutung haben als je zuvor."[392]

Dazu berichtete der *TS* ausführlich über die alliierten Kriegsverbrecherprozesse und unternahm erste Versuche, durch Darstellung von Fakten historische Aufklärung über das NS-Regime zu leisten.[393] Wie Eva Zameter in ihrer sprachwissenschaftlich angelegten Untersuchung belegt, haben die Beiträge über die NS-Zeit zunächst fast ausschließlich dokumentarischen Charakter.[394] Erst als der ideologische

---

[392] Erik Reger, Vom zukünftigen Deutschland, *TS* vom 16.10.1945.

[393] Vgl. etwa für die Anfangszeit: Teuer bezahlt – Die Wahrheit über die Sudetenkrise 1938, in: *TS* vom 2.10.1945; Neue Enthüllungen über Dönitz, in: *TS* vom 20.10.1945; IG-Farben – Staat im Staate, in: *TS* vom 23.10.1945.

[394] Eva Zametzer, Die Anfänge des Ost-West-Konflikts in der deutschen Sprache – Argumentationsstrategien in *Tagesspiegel* und *Berliner Zeitung* von 1945 bis 1949, Frankfurt 2006, 214-265; 268-288. Am 21.11.1945 beschäftigte sich fast die gesamte Ausgabe des *TS* mit dem Beginn des Nürnberger Kriegstribunals; er zeichnete

Grundkonflikt immer deutlicher hervortrat, wurde der Umgang mit der Vergangenheit auch für den politischen Meinungskampf instrumentalisiert.

Zur geistig-moralischen Erneuerung gehörte für Erik Reger ganz wesentlich auch eine Reinigung bzw. Rehabilitierung der Sprache, d. h. jeder von den Nationalsozialisten missbrauchte Begriff wie Volk, Reich oder Macht war auf seine ursprüngliche Bedeutung zu untersuchen. Reger galt als strenger „Sprachzuchtmeister", was auch Susanne Drechsler, erste Leiterin der Lokalredaktion und Spionin im Dienste der KPD, ihren Auftraggebern übermittelte. Es gehe in der Redaktion vor allem um die

> „Erziehung der Deutschen zur Demokratie. Im Besonderen wird auf einwandfreies Deutsch Wert gelegt. Alle Ausdrücke, die an die Phrasen der vergangenen zwölf Jahre erinnern, wurden verboten."[395]

Redaktionssitzungen gerieten oft zu Geschichtsstunden, wenn Reger den Eindruck hatte, es fehle Redakteuren an der notwendigen historischen oder literarischen Bildung.

Charakterlich wurde Reger von Zeitgenossen übereinstimmend als streng und unnahbar beschrieben. Jede Form von rheinischer Fröhlichkeit fehlte ihm, kennzeichnend war eher eine preußische Selbstdisziplin. Sein Mitlizenzträger Edwin Redslob sprach von einer „schwierigen Persönlichkeit", der seine Mitarbeiter „mehr von der negativ-kritischen Seite als von der aufmunternd-positiven her" anzuregen versuchte.[396] Mitarbeiter beklagten konkret seine pedanti-

---

u. a. ausführliche Profilstudien der Angeklagten und druckte die gesamte Anklageschrift ab. Vgl. Das Weltgericht in Nürnberg, in: *TS* vom 21.11.1945.
[395] Zitiert aus: Andreas Petersen, Der Tagesspiegel und der DDR-Geheimdienst – Zeitung im Visier der Stasi, *TS* am 18.03.2015.
[396] Zitiert nach: Edwin Redslob, Von Weimar nach Europa, Jena o.J, 308.

sche Besserwisserei und „dogmatische Sturheit".[397] „Seine Worte sind genau gemessen und gewogen, seine Verbindlichkeit ist kühl. ‚Man hat bei rg. das Gefühl, auf der Stuhlkante zu sitzen', seufzen einige Untergebene"[398], schrieb der SPIEGEL am 31. Januar 1948. Walter Karsch, der dritte Lizenzträger des *TS*, beschrieb ihn als verschlossen und in sich gekehrt:

> „Sein Gefühl für das Unwägbare im Verhalten seines Gesprächspartners, einer seiner Mitarbeiter oder eines Besuchers war so empfindlich, dass er sich schnell wieder von dem anderen verschliessen konnte."[399]

Positiv hervorgehoben wurde stets ein manischer Arbeitseifer. Tag und Nacht arbeitete er bis zur Selbstaufgabe für die Zeitung. Ein Preußen-Verächter mit preußischem Arbeitsethos.

So schwierig sich auch für viele die Zusammenarbeit darstellte – Erik Reger besaß eine große Anziehungskraft auf Redakteure. Namentlich Helmut Kindler, der zeitweise als Chef vom Dienst beim *TS* arbeitete, sprach von einem freundlichen „Vater-Sohn-Verhältnis" und schwärmte von seiner „liberalen Gesinnung".[400] Im Zusammenhang mit der zeitgenössischen Kontroverse um Thomas Manns Einstellung zu Deutschland erzählte Kindler folgende Begebenheit:

> „Ich fragte Reger, ob er einverstanden sei, dass Grindel sich im ‚Tagesspiegel' dazu äussert. Wenige Tage später lieferte Grindel seinen Artikel ab, in dem er die entgegengesetzte Auffassung von Reger und mir vertrat. Ich war sprachlos. Das hatte ich nicht für möglich gehalten und erklärte Reger: ‚Den Beitrag bringen wir nicht'. Ihn amüsierte es, dass ich mich so aufregte. ‚Warum sollte er nicht erscheinen? Sie können ja eine Erwiderung schreiben.' So geschah es."[401]

---

[397] Zitiert nach: Jans, 101.
[398] Zitiert nach: Pflicht zu Schweigen, DER SPIEGEL am 31.01.1948.
[399] Zitiert nach: Andreas Petersen, Nachwort, 158.
[400] Zitiert nach: Kindler, Fest, 326.
[401] Zitiert nach: Ebda, 326f.

Dass Kulturjournalisten wie Kindler, aber auch Reporter wie etwa Egon Bahr gerne beim *TS* arbeiteten, lag auch daran, dass sie wussten, wie die sowjetisch lizenzierten Zeitungen arbeiteten. Kindler wie Egon Bahr hatten es nicht lange bei der *BZ* unter Rudolf Herrnstadt ausgehalten.

Rudolf Herrnstadt war als Bindeglied zwischen der sowjetischen Besatzungsmacht und den Spitzengenossen der KPD der starke Mann in der kommunistischen Nachkriegspublizistik Ost-Berlins. Er machte in den ersten acht Nachtkriegsjahren eine steile Karriere, die ihn 1950 in den engsten Machtzirkel der Staatspartei führte. Zunächst Leiter des nach außen unabhängigen *Berliner Verlags* mit seinen zahlreichen Publikationen, dann 1950 Chefredakteur des offiziellen Parteiblatts *ND* und Mitglied des Zentralkomitees der SED. Der Chefpropagandist des Staates war in die Politaristokratie des Regimes aufgestiegen und saß an den Tischen, an denen politische Richtungsentscheidungen gefällt wurden. Das passte zu dem bereits skizzierten, rein funktionalen Verständnis von Journalismus in DDR, wonach Parteijournalisten vor allem helfen sollten, die Ideologie zu verbreiten.

> „Das Parteiorgan wird nicht herausgegeben, um Menschen zu unterhalten oder um Geld zu verdienen. Es wird herausgegeben, um Politik zu machen, um einen politischen Kampf zu führen"[402],

war seine Überzeugung als Kommunist. Und Herrnstadt machte dann als *ND*-Chef auch Politik; Anfang der 1950er-Jahre war er unter der Überschrift „ Das ganze Volk baut seine Hauptstadt" Hauptinitiator eines „Nationalen Aufbauprogramms" und dabei vor allem maßgeblich an Planung, Konzipierung und Realisierung der Stalinallee in Ost-Berlin beteiligt, die zur ersten sozialistischen Straße

---

[402] Zitiert nach: Cornelius Pollmer, "Ich werde Journalistin, aber nicht in der DDR!", in: www.sueddeutsche.de, 19. Februar 2016.

Deutschlands gemacht werden sollte.[403] In seiner Doppelfunktion als Politiker und Publizist stand Herrnstadt nicht nur in vorderster Reihe beim Aufbau von diktatorischen Staatsstrukturen, sondern trug auch die Mitverantwortung für die verfehlte Sozial- und Wirtschaftspolitik, die Mitte Juni 1953 wesentlich den Aufstand weiter Teile der Bevölkerung mitverursachte. Dabei hatte, wie später ausführlicher dargestellt werden wird, Herrnstadt bei den großen Entscheidungen dieser Jahre vielfach intern eine Minderheitenposition vertreten, ohne dabei jemals grundsätzliche Zweifel an der DDR kundzutun.

Herrnstadt war ein Prototyp der kommunistischen Intellektuellen im Stalinismus, die sich in Widersprüchen und „in Zwängen verstrickt"[404] hatten und bei aller Erniedrigung bis zum Tod überzeugte Kommunisten blieben. Einerseits blieb Herrnstadt ein bis zur Selbstaufgabe gläubiger Sowjetmensch, wie im Kapitel über die Beziehung über die Besatzungsmacht deutlicher werden wird, andererseits ein klarsichtiger Analytiker, der die Abweichungen vom kommunistischen Ideal deutlich sah und auch ansprach. In seinen Erinnerungen schrieb er, er habe

> „vom III. Parteitag im Jahre 1950 ab, als die Folgen einer fehlerhaften Politik immer deutlicher hochwuchsen, offen, hartnäckig, und unter Inkaufnahme immer tückischerer Schläge gegen den Personenkult und Dogmatismus und für die echte Demokratisierung des Lebens in und ausserhalb der Partei gekämpft."[405]

Seine durchgehende Kritikfähigkeit gegenüber der eigenen Politik und sein, wenn man so will, bürgerliches Qualitätsbewusstsein un-

---

[403] Ciesla, Külow, 70-78.
[404] So ein Buchtitel der Studie von Kornélia Papp über „Auswege kommunistischer Schriftsteller aus der Machtideologie in den 1950er und 1960er Jahren in Ungarn und in der DDR".
[405] Zitiert nach: Nadja-Herrnstadt, Dokument, 244.

terschied ihn von den allermeisten Politfunktionären. Fast alle zeitgenössischen Quellen und Berichte betonen Herrnstadts kühle, abweisende und auch dominante Art. Schon im Krieg führte er nach den Eindrücken von Wolfgang Leonhard das *FD* im Stile eines

> „Chefredakteur(s) einer kapitalistischen Zeitung. Es war unverkennbar, dass Herrnstadt allein die Fäden in der Hand hielt. Jeder Mitarbeiter musste wie ein Schuljunge seinen Aufsatz zu ihm bringen und er hielt ihn dann ohne eine Erklärung mit Streichungen und Änderungen zurück."[406]

Auch Egon Bahr, der das Kriegsende in Berlin-Tegel erlebte, politischer Journalist werden wollte und deswegen bei der *BZ* anheuerte, „erschien [Rudolf Herrnstadt] ebenso intellektuell brillant wie kalt". Bahr störte vor allem die ideologische Wahrnehmung der Wirklichkeit durch Herrnstadt, die er zwar verstand, aber nicht teilte. Anschaulich und leicht spöttisch schreibt er über Herrnstadts sozialistischen Tunnelblick:

> „Er gab mir den Auftrag, eine Reportage über den Aufbau, die Schwierigkeiten und Mühen der Werktätigen zu schreiben und liess mir dafür drei Tage Zeit. Ich war sauer, fuhr zum Alexanderplatz und sah mir eine Baugrube an, in der Arbeiter damit beschäftigt waren, die Folgen einer Sprengung zu beseitigen. Die SS hatte so die U-Bahn überflutet. Es war nicht ratsam, da lange zuzusehen. Zu Hause schrieb ich, tief in die Harfe greifend über Lärm und Schweiss, dass es nur so dampfte und dachte dabei, welche Metamorphose die Ideologie von Blut und Boden durchmachte. Zwei Tage genoss ich die Sonne. Als ich mein Elaborat Herrnstadt vorlegte, lobte er: „Das ist echt. Das ist Leben." Hier war nicht mein Platz. […I]ch beschloss[en] zu Hause zu bleiben und damit das Kapitel ‚Berliner Zeitung' abzuschliessen."[407]

Helmut Kindler suchte wie Bahr direkt nach Kriegsende Publikationsmöglichkeiten und heuerte bei der *BZ* an. Auch er verließ bekanntlich schnell die BZ, er „sehnte sich nach Pressefreiheit". In sei-

---

[406] Zitiert nach: Leonhard, 324 bzw. 326.
[407] Zitiert nach: Egon Bahr, Als rasender Reporter im zerstörten Berlin, in: Gustav Rampe, Die Stunde Null – Erinnerungen an Kriegsende und Neuanfang, München 1989, 293-301. Hier: 298 bzw. 299.

nen Erinnerungen nahm Kindler seinen Freund Herrnstadt in Schutz – auch er hätte die sowjetischen Zensurbestimmungen „wiederholt als unsinnig oder als lachhaft empfunden". Aber auch Kindler befremdete die Realitätsferne Herrnstadts, die dieser indirekt auch selbst eingestand. So gab Kindler das Abschiedsgespräch folgendermaßen wieder:

> „,Haben Sie unter einer Zensur von mir zu leiden gehabt?' eröffnete er [Herrnstadt – CM] das Abschiedsgespräch spöttisch. ,Nein', erwiderte ich, ,aber ich habe erlebt, dass Sie vielfach nicht frei entscheiden können.' Herrnstadt schwieg. Sein Gesicht war undurchdringlich. Schliesslich sagte er: ,Erinnern Sie sich an unser Gespräch in Warschau vor Kriegsbeginn? Sie konnten sich mit der Diktatur des Proletariats nicht befreunden. Sie ist unerlässlich als vorübergehende Notmassnahme. Ziel ist eine freie kommunistische Gesellschaft.' Ich zögerte, sagte dann aber doch: ,Eine freie kommunistische Gesellschaft ist eine Utopie.' Herrnstadt erhob sich: ,Unser Ziel mag eine Utopie sein: Aber was wäre ein Leben ohne Utopie.' Das war keine Frage an mich, es war sein letzter Satz. Er gab mir die Hand. So trennten wir uns."[408]

Der gefilterte Blick auf die Wirklichkeit und der selbst eingestandene Utopiebezug Herrnstadts mögen jenseits aller politisch-ideologischen Überzeugungen auch persönliche Gründe gehabt haben. Herrnstadt war seit seiner Zeit in Moskau gesundheitlich stark angegriffen und oft nicht physisch anwesend. Auch aufgrund der schwierigen äußeren Lebensbedingungen war Herrnstadt in Berlin schwer lungenkrank geworden – ein Leiden, das ihn bis Lebensende verfolgte. Alle Mitarbeiter betonten seine selbstlose Arbeitssucht, er „redigierte täglich fünf Zeitungen"[409]. Wenn er in den ersten acht Nachkriegsjahren mal nicht arbeitete, tauchte er ab und hielt sich wochenlang zur Erholung im Sanatorium auf. Ein normales Leben und damit auch ein Blick auf ein solches hatte Herrnstadt in diesen Jahren nur selten.

---

[408] Alle drei Zitate nach: Kindler, Fest, 320 bzw. 321f.
[409] Zitiert nach: Liebmann, 240.

Es waren aber nicht nur gesundheitliche Gründe, sondern vor allem auch persönliche Erfahrungen, die ihn zu einem Außenseiter in der Partei, aber auch in der gesamten deutschen Gesellschaft machten. Herrnstadt hatte sich kurz nach seiner Ankunft in Berlin auf die Suche nach seinen Eltern und seinem Bruder gemacht. Er musste erfahren, dass diese genauso wie seine erste Frau Ilse Stöbe von den Nationalsozialisten ermordet worden waren.[410] Zeitzeugen sprachen davon, dass er nur mit Mühe seinen „Hass auf alles Deutsche" verbergen konnte.[411] Es erscheint emotional-menschlich verständlich, dass er Distanz zu einer Gesellschaft hielt, die es nicht schaffte, die mörderische Diktatur aus eigener Kraft abzuschütteln und die nur wenige Monate zuvor seinesgleichen noch getötet hätte. Herrnstadt fühlte sich der Sowjetunion näher als den deutschen Genossen, was diese immer spürten. Wie noch dargestellt werden wird, setzten führende SED-Kader im Machtkampf nach dem 17. Juni 1953 auch bewusst antisemitische Vorurteile zur Rechtfertigung seiner Degradierung ein. Herrnstadt blieb trotz seines politischen Aufstiegs immer ein Fremdkörper in der SED.

Die Rolle Rudolf Herrnstadts beim Aufbau der Berliner Presse ist erst in der letzten Zeit wieder ins Bewusstsein getreten. Herrnstadts Namen dürfte schon Zeitgenossen in Ost-Berlin nicht immer bekannt gewesen sein, zumal nach seiner Demission 1953 alles von offizieller Seite getan wurde, ihn aus dem kollektiven Gedächtnis zu streichen. In den von ihm redaktionell verantworteten Zeitungen schrieb er zumindest anfangs eher selten unter seinem Namen. Bis zu seiner Ernennung als Chefredakteur des *ND* leitete Herrnstadt die publizistischen Aktivitäten in der Nachkriegszeit vor allem aus dem Hinter-

---

[410] Karin Hartewig, Zurückgekehrt – Die Geschichte der jüdischen Kommunisten in der DDR, Köln/Weimar/Wien/Böhlau 2000, 415. Allgemein: Coppi/ Kebir.
[411] Vgl.: Horst Groschopp, „Der ganze Mensch" – die DDR und der Humanismus, Marburg 2013, 207.

grund. Er war stolz auf sein Zeitungsimperium, das ihn zu einem „roten Pressezaren" machte: den *Berliner Verlag* mit der *BZ* und anderen Presseerzeugnissen. In einem Brief vom 2. Oktober 1947 zog er leicht ironisch den Vergleich mit dem Ullstein-Konzern und verwies auf seine verlegerische Grundhaltung, nicht profitorientiert zu sein:

> „Wir haben – und sind sehr stolz darauf – einen grossen Verlag aufgebaut, der gegenwärtig 1700 Menschen beschäftigt, und neben der ‚Berliner Zeitung' und der ‚Neuen Berliner Illustrierten' eine Frauenzeitschrift ‚Die Frau von Heute', eine Jugendzeitschrift ‚Start', eine kommunalpolitische Zeitschrift ‚Demokratischer Aufbau' und im eigenen Buchverlag historische und politische Literatur herausgibt. Jedes der genannten Objekte erscheint in einer Auflage, die hoch in die Hunderttausende geht. Im ganzen sind wir, was die Auflagenhöhe angeht, mindestens so gross wie Ullstein, natürlich nicht, was die Profite anbelangt, da wir die Preise bewusst niedrig halten, und nur soviel verdienen wollen, wie zur Aufrechterhaltung und Erweiterung der Betriebe nötig ist."[412]

Vergleicht man abschließend den dargestellten Lebenslauf der beiden führenden Journalisten im Nachkriegsberlin auf, fallen charakteristische Gemeinsamkeiten auf, die auf den Erfahrungen eines Kriegs basiert haben mögen: die Härte gegen sich selbst, die politische Leidenschaft sowie der Glaube, das ideologisch Richtige zu tun. Dazu waren beide keine Berliner. Beide waren brillante Schreiber, wenn auch aus unterschiedlichen Lernschulen stammend: Während Herrnstadt das journalistische Handwerk von der Pike auf bei anerkannten Autoritäten des Fachs lernte, verlief Regers Entwicklung von einem zeitgenössischem Schriftsteller zum Journalisten mehr autodidaktisch. Bezüglich der Herkunft waren sie früh von den unterschiedlichen Geografien gekennzeichnet, die für beide nach dem Krieg jeweils auch politisch prägend wurden: der Osten für Herrnstadt, der Westen für Reger,. Reger war tief im Ruhrgebiet verwurzelt, wo er politisch-ideologisch sozialisiert wurde. Dass er zum Vorkämpfer der unbedingten Westbindung Berlins wurde, war poli-

---

[412] Zitiert nach: Liebmann, 239.

tische Überzeugung, die durch persönliche Erfahrungen emotional gestärkt wurde. Herrnstadt dagegen war schon früh östlich geprägt. Aufgewachsen in Schlesien, war er als Auslandskorrespondent des *BT* intimer Kenner Osteuropas, bis er zu Beginn des Kriegs in seine ideologische Heimat zog, die er auch in Berlin nie verließ: die Sowjetunion.

Reger und Herrnstadt waren in den ersten acht Nachkriegsjahren in Berlin die publizistischen Frontkämpfer der US-amerikanischen und der sowjetischen Besatzungsmacht. Zu einem ersten Schlagabtausch kam es im Zuge der undemokratischen Weise des Zusammenschlusses der SPD und KPD zur SED im April 1946. So hatte der massive Druck der Sowjets auf die sozialdemokratischen Fusionsgegner und ihr Versuch, diese auch öffentlich mundtot zu machen, den *TS* im Frühjahr 1946 veranlasst, die diktatorischen Methoden bei der geplanten Vereinigung der beiden Arbeiterparteien offen anzugreifen und den antikommunistischen Sozialdemokraten ein Teil des Blattes als Sprachrohr zu überlassen. Dieser erste Zeitungskrieg zwischen dem US-amerikanischen *TS* und der sowjetisch kontrollierten Presse bildete in ihren Grundzügen – hier Kampf für die liberale Demokratie, dort Kampf für Sozialismus – das Muster aus, das von da an in immer schärferer und drastischerer Form die inhaltlichen Auseinandersetzungen zwischen östlichen und westlichen Zeitungen prägte. Dieser erste offene ideologische Machtkampf um die Frage der Vereinigung von SPD und KPD wird im Folgenden an der Berichterstattung der *TR* und *BZ* einerseits und des *TS* auf der anderen Seite paradigmatisch in seinen wesentlichen Zügen dargestellt.

II. Der erste Berliner Zeitungskrieg: Die Fusion von SPD und KPD

Am Anfang der Kontroverse stand ein Beschluss. Unter der Leitung von Otto Grotewohl und Wilhelm Pieck trafen sich am 22. Dezember 1945 führende Berliner Funktionäre der SPD und KPD zu einer gemeinsamen Konferenz und entschieden, die Zusammenarbeit der beiden Parteien zu intensivieren und die Vorbereitungen für einen baldigen Zusammenschluss zu treffen. Dieser Entscheidung waren kontroverse Diskussionen in beiden Parteien seit Juni 1945 vorausgegangen.[413] Die SPD war anfangs ein entschiedener Verfechter der Einheit. Sie nahm diese Haltung nach ihren schlechten Erfahrungen mit der KPD in der „antifaschistischen Einheitsfront" allerdings zunächst zurück und beharrte auf ihrer Eigenständigkeit. Ebenso wie der Sprecher der SPD in den Westzonen, Kurt Schumacher, der die SPD nur in der Rolle des „Blutspenders" für die KPD sah, lehnte dabei auch Grotewohl zunächst eine Vereinigung ab, weil er eine Dominanz der KPD befürchtete. Der Diskussionsprozess innerhalb der KPD verlief jenem der SPD genau entgegengesetzt. Erst als sich die anfangs gehegte Hoffnung, gegenüber der SPD zur Massenpartei aufzusteigen, nicht erfüllte und die katastrophalen Wahlergebnisse der Kommunisten in Österreich und Ungarn ihre Angst vor den nächsten Wahlen steigerten, drängten die KPD und die Propagandaverwaltung der SMAD verstärkt auf den Zusammenschluss mit der SPD und versuchten hierbei, die Befürchtungen der SPD zu zerstreuen, indem man ihr scheinbar politisch entgegenkam.

---

[413] Die folgenden Ausführungen zur Vorgeschichte der politischen Auseinandersetzungen um die Vereinigung von KPD und SPD stützen sich auf: Müller-Engbergs, Fall Herrnstadt, 72-77; Jans, 150ff; Ribbe, Berlin, 1040-1043; Leonhard, 476-493; Fredericke Sattler, Bündnispolitik als politisch-organisatorisches Problem des zentralen Parteiapparats der KPD 1945/6, in: Wilke (Hg.), 167-180.

So war als programmatische Grundlage einer neuen Einheitspartei vom Chefideologen der KPD, Anton Ackermann, die sogenannte „Theorie des besonderen deutschen Weges zum Sozialismus" formuliert worden. In dieser in direkter Tradition zu den skizzierten Nachkriegsplanungen stehenden Theorie wurde das sowjetische Sozialismusmodell ausdrücklich abgelehnt und stattdessen die sozialistische Umgestaltung auf dem Boden einer parlamentarischen Republik angestrebt. Als man auf der besagten Konferenz im Dezember 1945 Grotewohl zusicherte, dass die Einheit nur von einem gesamtzonalen Parteitag der SPD beschlossen werden könnte und darüber hinaus die völlige Gleichberechtigung zwischen Sozialdemokraten und Kommunisten gewährleistet sei, stimmte auch er der Vorbereitung einer Fusion zu.

Ideologischer Hintergrund der Fusionsbefürworter war die These, dass die Spaltung der Arbeiterbewegung in der Weimarer Republik wesentlich zum Sieg des Faschismus beigetragen habe. Die Einheit der Arbeiterklasse, die der Zusammenschluss von SPD und KPD parteipolitisch symbolisiere, sei aber nicht nur die Lehre aus den Fehlern der ersten deutschen Demokratie, sondern auch eine historische Notwendigkeit, „um zu verhindern, dass wie 1918 wieder die militaristischen und imperialistischen Kräfte zu neuer Stärke gelangen".[414] Nur eine starke Arbeitermacht könnte die Demokratie und den Frieden sichern, indem sie einer Restauration der kapitalistischen Gesellschaftsstrukturen entgegenwirke, die den Faschismus hervorgebracht hätten. Dabei waren sich die Fusionsbefürworter „der Feinde der Arbeitereinheit in der Arbeiterschaft" durchaus bewusst. In erster Linie war damit Kurt Schumacher gemeint, der sozialdemokratische Sprecher in den Westzonen, der die Einheitsentscheidung des Berliner Zentralausschusses nicht anerkannte und

---

[414] Zitiert nach: Warum Einheit der Arbeiterklasse?, von Wilhelm Pieck, in: *TR* vom 1.1.1946. Hieraus auch das folgende Zitat.

aus prinzipiellem Misstrauen gegenüber der KPD einen Zusammenschluss strikt ablehnte. Für ihn war die KPD ein Feind der Demokratie und „Handlanger der sowjetischen Besatzungsmacht".[415] Dagegen war für die Fusionsbefürworter die Einheit der Arbeiterparteien die unbedingte Voraussetzung für die Schaffung einer wirklich demokratischen Staatsmacht, also einer Staatsform, die nicht wie die untergegangene Weimarer Demokratie nur „formal vollkommen" sei, sondern in welcher „auch die wirtschaftlichen und andere gesellschaftspolitischen Bereiche wie Justiz in den Händen des Volkes seien".[416]

Diese Vorstellung brachte Theodor Schulze am Schluss eines Artikels in der TR vom 11. Januar 1946 auf die knappe Formel:

> „Das deutsche Volk kann sich eine neue Existenz nur auf dem Boden der Demokratie aufbauen: diese Demokratie aber ist ohne eine politische geeinte Arbeiterschaft nicht möglich".[417]

Eine solche Gleichsetzung von Demokratie und Einheitspartei machte nach dieser Logik jeden Gegner der Vereinigung nicht nur zu einem Reaktionär, sondern auch zu einem Feind der Demokratie schlechthin, gegen den mit allen Mitteln vorzugehen sowohl geboten als auch legitim sei. Der Kampf um die Einheit war also in dieser Perspektive gleichzeitig ein Kampf um die Demokratie.

Der TS nahm erstmals am 28. Dezember 1945 gegen die Einheitserklärung Stellung. In einem Kommentar unter der Überschrift „Befehlsempfang in Berlin?" sprach sich der TS prinzipiell gegen Ver-

---

[415] Zitiert nach: Harold Hurwitz, Die Anfänge des Widerstands, Teil 1 (Führungsanspruch und Isolation der Sozialdemokraten), Köln 1990, 354.
[416] Zitiert nach: Die künftige deutsche Demokratie, von Theodor Walden in: TR vom 10.3.1946.
[417] Zitiert nach: Ohne geeinte Arbeiterschaft keine Demokratie – Lehren von gestern –Folgerungen für heute, von Theodor Schulze in: TR vom 11.1.1946.

schmelzungen von Parteien aus, kritisierte im konkreten Fall den Beschluss der Parteileitungen von oben und forderte die Möglichkeit zur freien Entscheidung der Parteimitglieder. Bereits in dieser ersten Stellungnahme gab sich der *TS* als Anwalt des bürgerlichen, westlichen Demokratieverständnisses zu erkennen. So schrieb er über die Einheitserklärungen der beiden Parteigremien wörtlich:

> „Sie ganz abzudrucken, fehlt uns der Raum. Aber auch wenn er nicht fehlte, hatten die fünf Sätze genügt, in die unsere Leser gestern die Erklärung zusammengedrängt fanden, weil alles andere nur eine Wiederholung dessen ist, was seit dem verflossenen Juni in fünfhunderttausend Sätzen unaufhörlich gesagt wurde. (...) Obwohl wir uns für die politische Zukunft nichts von Verschmelzungen versprechen, die notwendigerweise der inneren Wahrhaftigkeit ermangeln müssen und nur taktischen Erwägungen entspringen, obwohl wir den offenen Kampf der Geister einem unterirdisch schwelenden vorziehen und nicht recht begreifen, wie jemand die Grundsätze verleugnen könnte, denen er schliesslich seine Existenz verdankt, so kann natürlich die Entscheidung nur bei den Parteien selbst liegen. Allerdings müssten die Instanzen die Billigung der Mitglieder einholen. (...) Eine solche Auseinandersetzung muss auf der Basis gleich zu gleich erfolgen, und Beschlüsse können nur in Anwesenheit aller Beteiligten gefasst werden."[418]

Von nun an nahm sich der *TS* der Sache der antikommunistischen Sozialdemokraten zunächst vorsichtig und indirekt an. Diese die nächsten zwei Monate prägende, auf den ersten Blick merkwürdige politische Allianz zwischen dem liberalen *TS* und einem Teil der Berliner Sozialdemokraten beruhte auf dem gemeinsamen Eintreten für die Freiheitsrechte des Einzelnen als Grundlage einer demokratischen Ordnung, also den Grundfesten des US-amerikanischen Freiheits- und Demokratieverständnisses. Diese politische Symbiose aufgrund der gemeinsamen Haltung zu den Basiswerten eines neuen Staatswesens belegte eine Rede des sozialdemokratischen Marburger Oberbürgermeisters Siebecke über das „Wetterleuchten der geistigen

---

[418] Zitiert nach: Befehlsempfang in Berlin? Zur Einheitserklärung der SPD und KPD, von "D.T." (höchstwahrscheinlich Erik Reger), in: *TS* vom 28.12.1945. Hervorhebung im Original.

Auseinandersetzung im Abendland". Diese Rede, die stellvertretend für die Auffassungen der Sozialdemokraten in den Westzonen um Kurt Schumacher gesehen werden kann, druckte der *TS* am 31. Dezember 1945 ganzseitig ab und gab damit den Berliner Fusionsgegnern erstmals eine Stimme, ohne sie selbst sprechen zu lassen:

> „Es gehört zum unleugbaren Wesen des demokratischen Prinzips, dass der demokratische Staat sich als die Erfüllung der sittlichen Forderung des Individuums betrachtet, und dass deshalb wahre Demokratie nur da denkbar ist, wo sich der einzelne in Freiheit entfalten und im Glauben an den Wert des Denkens und in der Ehrfurcht vor der Wahrheit zu einer denkenden Weltanschauung emporzubilden vermag. (...) Niemals darf die Gesellschaft stärker auf den einzelnen wirken, als der einzelne auf die Gesellschaft zurückwirken vermag, wenn anders nicht jene unheilvolle Spannung zwischen dem einzelnen und der Gesellschaft entstehen soll, die die Wirklichkeit gewordene Abstraktion des Staatsgedankens problematisch macht und zur Staatskrise führt. In der jüngsten Vergangenheit hat die Geschichte das erbarmungswürdige Schicksal des Individuums demonstriert, das durch den Kollektivismus seiner Menschenwürde entkleidet wurde und nun vor den richtenden Nationen die Kollektivschuld verantworten soll."[419]

Von diesen Grundwerten ausgehend, wandte sich Siebecke im Weiteren klar gegen die Verschmelzung von Sozialdemokraten und Kommunisten, indem er die unüberwindlichen weltanschaulichen Gegensätze zwischen Kommunisten und Sozialdemokraten hervorhob. Denn

> „[h]ier leuchtet die Antithese auf zwischen dem Sozialismus als ökonomisches Prinzip und dem Sozialismus als ideengeschichtliche Lebensform. (...). Warum verschlimmerten sie [die Kommunisten – CM] das politische Delirium des Proletariats und warum zerspalteten sie die moralischen Kräfte der einzigen wirklichen Träger des demokratischen Gedankens? Sie verliessen unsere Reihen doch nur, weil sie sich zum Prinzip der sozialen Revolution und zum Ziele einer Diktatur des Proletariats entschlossen hatten. (...) Wir wenden uns gegen die Illusion, die die Freiheit in der Gesellschaft gesichert glaubt durch ihre Unterwerfung unter eine diktatorische Gewalt, die von der Gesamtheit

---

[419] Zitiert nach: Das Wetterleuchten der geistigen Auseinandersetzung im Abendland, von Horst Siebecke in: *TS* vom 31.12.1945. Hieraus auch das folgende Zitat.

der Werktätigen gegen jedes einzelne ihrer Glieder ausgeübt wird. Der Kampf gegen den Kapitalismus als die Form der Entrechtung der Masse des Volkes zugunsten weniger fordert mitnichten jene Diktatur als das einzige Mittel, die Rechte aller zu sichern."

Damit war der ideologische Rahmen der Auseinandersetzung innerhalb der deutschen Arbeiterbewegung um die Frage einer einheitlichen Arbeiterpartei abgesteckt. Es ging um nicht weniger als um die normativen Prinzipien einer künftigen demokratischen Staatsordnung. Beharrten die Einen auf der unbedingten Geltung der individuellen Grundfreiheiten und lehnten deswegen eine Vereinigung generell ab, so war diese Vereinigung für die anderen überhaupt die Voraussetzung dafür, demokratische Strukturen schaffen und damit erst die Freiheit für alle sichern zu können. Die sowjetisch lizenzierte Presse und der *TS* wurden zum öffentlichen Schauplatz der sich im Februar und März 1946 zuspitzenden Auseinandersetzungen.

Trotz oder wahrscheinlich gerade wegen des Widerstands der Sozialdemokraten – ein Parteitag der West-Sozialdemokraten hatte am 8. Januar mit großer Mehrheit eine Vereinigung abgelehnt[420] – drängten die KPD und insbesondere die SMAD in ihrer Zone und in Berlin ab Januar 1946 verstärkt auf eine sofortige Vereinigung der beiden Parteien. Sie sollte nach Aufzeichnungen Ulbrichts spätestens am 1. Mai vollzogen sein.[421] Häufig unter massivem Druck der SMAD – die sowjetischen Kommandaturen in der SBZ waren offiziell angewiesen, auf eine „ortsgruppenmässige Vereinigung" von SPD und KPD „einzuwirken"[422] – wurde nun in rascher Abfolge von lokalen Parteiorganisationen mehr oder weniger freiwillig der sofortige Zu-

---

[420] Vgl. Sozialdemokratie im Westen gegen die Berliner Beschlüsse, in: *TS* vom 8.1.1946.
[421] Vgl. Bericht Walter Ulbrichts über eine Beratung bei Stalin am 6.2.1946 um 9 Uhr abends, in: Badstübner, 68f. Hier: 68.
[422] Zitiert nach: Besprechung von Wilhelm Pieck am 1.2.1946 in Karlshorst bei Bokow, in: Ebda, 66f. Hier: 66.

sammenschluss gefordert. Gleichzeitig startete die Agitationsabteilung der KPD mit massiver Unterstützung der SMAD eine breit angelegte Propagandakampagne für die Einheit. Neben zahllosen Flugblättern, Plakaten und der Herausgabe der Zeitschrift *Einheit* berichteten alle sowjetisch lizenzierten Zeitungen – insbesondere das offizielle SPD-Parteiorgan *Das Volk*, das durch erhöhte Papierzuteilung von der SMAD bevorzugt unterstützt wurde[423] – fast täglich über den angeblich überschwenglichen Willen aller Parteimitglieder zu einer Vereinigung. „Chemnitzer Arbeiter für Einheitspartei", „Sachsen fordert Einheitspartei", „Für die Vereinigung der Arbeiterparteien – einmütiger Beschluss der Parteiorganisationen der SPD und KPD auf Kreisebene in Mecklenburg und Vorpommern"[424] – so und so ähnlich lauteten ab Mitte Januar in der *BZ* und der *TR* fast täglich die Schlagzeilen. In den Berichten wurden ausschließlich zustimmende Stimmen zur Einheitspartei zitiert. So wurde der Eindruck einer großen Einmütigkeit innerhalb der Parteimitgliedschaften erweckt. Dass es eine Gegnerschaft der Verschmelzung innerhalb der Arbeiterschaft gab, blieb anfangs unerwähnt und, wenn sie einmal angedeutet wurde, als Produkt reaktionären Wunschdenkens interpretiert.

Angesichts der einseitigen Kampagne der Ost-Zeitungen und des offenkundigen Machtstrebens der Sowjets zeigte der *TS* ab Januar 1946 immer offener seine Sympathien für die antikommunistischen Fusionsgegner, noch ohne direkt Partei zu ergreifen. So berichtete er ausführlich über die Meinungen der Sozialdemokraten in den Westzonen[425] und veröffentlichte erste Artikel, die – wenn noch sehr ver-

---

[423] Vgl. Hurwitz, Eintracht, 121.
[424] Vgl. *BZ* vom 20.1.1946 bzw. 24.1.1946; *TR* vom 2.2.1946
[425] Vgl. z.B. Niederlage der Gefühle – Zu den Frankfurter Beschlüssen, in: *TS* vom 9.1.1946; Redner und Führer, in: *TS* vom 24.1.1946.

steckt – die Methoden der geplanten Vereinigung kritisierten.[426] Das Bemühen des *TS* um sachliche und objektive Berichterstattung endete endgültig nach dem 11. Februar, als der Zentralausschuss der Berliner SPD um Otto Grotewohl nach kontroversen Beratungen entschied, die Vereinigung mit der KPD von einem SPD-Parteitag der sowjetischen Zone einschließlich Berlin über die Ostertage beschließen zu lassen[427]. Damit wich der Berliner Zentralausschuss der SPD angesichts der ablehnenden Haltung der Sozialdemokraten in den Westzonen von der anvisierten gesamtdeutschen Entscheidungsfindung ab. Der *TS* erkannte in dieser Entscheidung den unbedingten Willen der Berliner SPD-Führung um Grotewohl, trotz der Vorbehalte vieler Sozialdemokraten die Fusion auch in Berlin schnell zu verwirklichen und entschloss sich in der Folgezeit zu einer aggressiveren Intervention.

Der sich ab Januar 1946 besonders in den Berliner SPD-Kreisverbänden der Westsektoren formierende Widerstand gegen die Verschmelzung um die führenden Köpfe Karl Germer, Klaus-Peter Schulz und Franz Neumann hatte sich bisher öffentlich nicht artikulieren können, weil deren Ansichten von dem eigenen Parteiorgan *Das Volk* bewusst unterdrückt worden waren. Schulz und Germer nahmen Anfang Februar Kontakt zum *TS* auf und Reger erklärte sich „ohne Umschweife"[428] bereit, ihre Auffassungen im *TS* zu publizieren. Unter ausdrücklicher Billigung des US-

---

[426] Vgl. Der Mythos der Einheit, von Arno Ehrlich, in: TS vom 8.2.1946. Dort heißt es am Ende über die Methoden der Kommunisten: „Es wird erlaubt sein, dass die, denen demokratische Freiheit Lebensluft ist, die demokratischen Bekennertöne mit Skepsis aufnehmen. (...) Wenn die Kommunisten gleich der Majorität der Deutschen ernsthaft demokratisch umlernen, dann wird die Einheit von selbst erwachen. Diese Einheit kann nur am Ende eines Entwicklungsprozesses stehen."
[427] Vgl. Berlin, Kampf, 354.
[428] Zitiert nach: Klaus-Peter Schulz, Auftakt zum Kalten Krieg. Der Freiheitskampf der SPD in Berlin 1945/6, Berlin 1965, 192.

amerikanischen Kontrolloffiziers Fielden[429] erschien am 16. Februar im *TS* ein Artikel von Karl Germer mit dem Titel „Persönlichkeit und Masse". Damit sprach sich erstmals ein führender Berliner Sozialdemokrat öffentlich gegen die Vereinigung aus. Bereits einen Tag später veröffentlichte der *TS* interne Parteitagsbeschlüsse der SPD[430], die Schulz wieder einen Tag später in seinem Artikel „Politische Zwischenbilanz" kommentierte, ohne dass hierbei allerdings der Name des Autors genannt wurde.

Das nun immer klarer erkennbare Abrücken des *TS* von seiner überparteilichen Linie rechtfertigte Reger in seinem bezeichnenderweise mit „Zeit der Entscheidung" betitelten Leitartikel vom 19. Februar 1946 mit der neuen Tyrannei, die durch eine kommunistisch dominierte Massenpartei drohe. In gewohnt prophetisch-missionarischer Manier, die sich nicht zuletzt an die bildungsbürgerliche Stammleserschaft richtete, schrieb er hierbei u. a.:

> „Als der ‚Tagesspiegel' gegründet wurde, hielten wir es, unter anderem, für die nächstliegende Verpflichtung ein politisches Leben zu wecken, das durch die scharfe Abgrenzung der Standpunkte, nicht aber durch reglementierende Verwischung der Gegensätze fruchtbringend zu wirken imstande ist. (...) Der Kommunismus ist uns als solcher ein gleich wesentlicher, historisch bedingter und nicht wegzudenkender Faktor wie jede andere geistige und politische Bewegung, die darauf bedacht ist, dass sie nicht missdeutet werden kann und in ihr kämpferisches Arsenal keine Waffen eingeschmuggelt werden, die mit Erfolg nur im Dunkeln verwendbar sind. War dies schon immer Voraussetzung für die geistige Anerkennung einer Partei, die Wert darauf legt, auf einer höheren Ebene als der des Manövers zu bestehen, so ist es desto mehr der Fall nach einem Jahrzwölft, in dem Tarnungen aus bitterster Notwendigkeit grotesteste Formen annahmen. Mit Tarnungen muss es nun zu Ende sein, gleichwie es mit jeder Diktatur, jeder Tyrannei und allem, was auch nur entfernt nach totalitärem Staat aussieht, zu Ende sein muss. ‚Massenparteien' haben nicht die Aufgabe, die Persönlichkeit der Masse unterzuordnen, sondern umgekehrt aus der Masse Persönlichkeiten herauszubilden. Sozialismus heisst

---

[429] Vgl. Jans, 155.
[430] Vgl. Zur Frage der Verschmelzung SPD-KPD – Dokumente eines kritischen Stadiums, in: *TS* vom 17.2.1946.

nicht Proletarisierung des Bürgertums, sondern Aristokratisierung der Arbeiterschaft. Bisher, und gerade von 1920 bis 1933, ist alles den verkehrten Weg gegangen. Statt die unteren Schichten zu heben, zog man allein die oberen herab. Statt der Vermassung entgegenzuwirken, unterstützte man sie und mit ihr den einzigen Boden, auf dem die Tyrannei gedeiht. Der ‚Tagesspiegel' ist unabhängig von Parteien, aber nicht parteilos. Seine Partei ist Recht und Gerechtigkeit, ist Wahrheit, Menschlichkeit und Menschenwürde, ist Freiheit, Friede und Völkerversöhnung. Seine Partei ist der Geist einer produktiven Toleranz, die den Kampf nicht scheut und dort ihre Grenzen hat, wo die Grundsätze der Demokratie in Frage gestellt sind, sei es durch Gesinnung, Haltung oder Phraseologie. (...) In welcher der Parteien irgendetwas davon sich regt, diese Partei wird unsere Bundesgenossenschaft haben. In welcher der Parteien das Pendel nach der anderen Seite ausschlägt, diese Partei wird unsere Gegnerschaft haben."[431]

Die oppositionellen Berliner Sozialdemokraten erhielten jetzt auch verstärkte Unterstützung auf der originär politischen Ebene. So war Kurt Schumacher unter dem Schutz und dem ausdrücklichen Willen der britischen Besatzungsmacht[432] am 20. Februar 1946 nach Berlin gekommen, um in mehreren Versammlungen zu oppositionellen sozialdemokratischen Funktionären zu sprechen. Der *TS* druckte am 26. Februar ein längeres Interview mit Schumacher ab, in dem er die angestrebte Einheitspartei als eine Fortsetzung der KPD in anderer Form bezeichnete.[433]

Die innerparteiliche Auseinandersetzung eskalierte am 1. März 1946 während einer Konferenz von Berliner SPD-Funktionären im Admiralspalast. Die SPD-Opposition konnte nach einer turbulent verlaufenden Debatte[434] gegen den heftigsten Widerstand des Zentralausschusses mit 2/3-Mehrheit eine Resolution durchsetzen, in der eine

---

[431] Zitiert nach: Erik Reger, Zeit zur Entscheidung, in: *TS* vom 19.2.1946
[432] Vgl. Harold Hurwitz, Die Anfänge des Widerstands, Teil 2, (Zwischen Selbsttäuschung und Zivilcourage), Köln 1990, 1009.
[433] Vgl. Ein Probefall der Demokratie – Dr. Schumacher zu den politischen Tagesfragen, in: *TS* vom 26.2.1946
[434] Vgl. hierzu die detaillierte Schilderung der Ereignisse bei: Hurwitz, Widerstand, 1022-1030. Die Sicht der DDR-Geschichtsschreibung, in: Thomas, 200f.

Urabstimmung aller Berliner SPD-Mitglieder über das Ja oder Nein zur Vereinigung gefordert wurde.

Die diametral unterschiedliche Darstellung der Ereignisse in den Berliner Zeitungen verdeutlichte, wie sehr die Zeitungen inzwischen zu einer parteilichen Berichterstattung übergegangen waren. Die *BZ* erwähnte in ihrer kurzen Nachricht über die Konferenz auf der ersten Seite am 2. März die verabschiedete Resolution überhaupt nicht. Dort konnte man nur lesen, dass sich in der Versammlung eine „Meinungsverschiedenheit der Funktionäre über die Wege und Methoden zur Erreichung der Einheit" ergeben hätte. „Die[se] Aktivität, die von allen Versammlungsteilnehmern an den Tag gelegt wurde", bewies der *BZ* allerdings nur, „dass die Fusion beider Arbeiterparteien und die Schaffung einer sozialistischen Einheitspartei eine Frage von gewaltiger, lebenswichtiger Bedeutung für die gesamte Arbeiterklasse in Deutschland ist."[435] Dagegen bejubelte der *TS* am selben Tag enthusiastisch die Entscheidung zu einer Urabstimmung mit dem Aufmacher und der Schlagzeile „Eindeutiger Kurs für wahre Demokratie".[436]

Der Machtkampf in den Zeitungen um die Haltung der SPD-Mitglieder nahm von nun eine neue Qualität an und erreichte bis 31. März, dem Termin der Urabstimmung, einen vorläufigen Höhepunkt. Die sowjetische Propagandaverwaltung versuchte mit allen Mitteln die Teilnahme der SPD-Mitglieder im sowjetischen Sektor an der Urabstimmung, insbesondere aber die von „Anhängern Schumachers"[437], zu unterbinden. Wilhelm Pieck bezeichnete diese in

---

[435] Zitiert nach: Versammlung der Berliner SPD-Funktionäre, in: *BZ* vom 2. März 1946.
[436] Vgl. Eindeutiger Kurs für wahre Demokratie, in: *TS* vom 2.3.1946.
[437] Zitiert nach: Tjulpanow, in: Rupieper (Hg.), 14. Zur Verhinderung der Teilnahme von sozialdemokratischen Oppositionellen schreckte man auch nicht vor Inhaf-

einer Besprechung vom 1. März 1946 als „Fraktionstreiber" und „Feinde der Demokratie"[438]. Gleichzeitig wurde die Propagierung der Einheit durch Flugblätter und Plakate nochmals verstärkt.[439] Ebenso erhielten die Zeitungen zusätzliches Papier bewilligt. Auch die sozialdemokratische Opposition bekam „vom Westen starke Unterstützung".[440] So erklärte Clay auf einer Pressekonferenz am 23. März, dass die US-amerikanische Besatzungsmacht eine sozialistische Einheitspartei nur anerkennen würde, wenn die sozialdemokratischen Mitglieder in der Urabstimmung mehrheitlich für eine solche votierten.[441] Dem *TS* wurde massive Unterstützung gewährt. Nach kontroversen internen Diskussionen[442] wurde die Auflage des *TS* im März 1946 kontinuierlich auf offiziell 450.000 Exemplare erhöht[443], inoffiziell war von bis zu 550.000 Exemplaren die Rede.[444]

Im März wurde der *TS* offiziell zu einem Sprachrohr der sozialdemokratischen Fusionsgegner. Klaus-Peter Schulz arbeitete auf Vorschlag Germers bereits ab 2. März als fester Mitarbeiter für die Zeitung, als er in einem Eilverfahren Mitte März von Reger im Einverständnis der Berliner Informationskontrolle zum Leiter des innenpolitischen Ressorts beim *TS* ernannt wurde.[445] Reger sicherte Schulz

---

tierung und Deportation der betreffenden Personen durch die SMAD zurück. Vgl. Loth/Badstübner (Hg.), 71.

[438] Zitiert nach: Besprechung bei Bokow am 1.3.1946, in: Badstübner /Loth (Hg.), 70f. Hier: 70.

[439] Vgl. Leonhard, 489f. Nach Darstellung Hurwitzs wurde den sozialdemokratischen Fusionsanhängern Papier für den Druck von zwei Millionen Plakaten und einer halben Million Flugblättern bewilligt. Vgl. Hurwitz, Stunde Null, 343.

[440] Zitiert nach: Balfour, 312.

[441] Vgl. u. a. Hurwitz, Stunde Null, 345.

[442] Vgl. ausführlichst: Hurwitz, Eintracht, 107-124.

[443] Vgl. Hurwitz, Stunde Null, 345.

[444] So Klaus-Peter Schulz in seinen Erinnerungen: Vgl. Schulz, 198.

[445] So hieß es in dem Antrag Regers vom 4.3.1946 an die Berliner Informationskontrolle: „Wir beabsichtigen Herrn Dr. Klaus Schulz (...) als innenpolitischen Redakteur einzustellen. Herr Dr. Schulz ist ein Funktionär der SPD Berlin und hat uns

für die konkrete Gestaltung der Innenseiten des *TS* „völlige Freiheit"[446] zu. In seinem ersten Leitartikel vom 15. März unter der Parole „Kampf um Freiheit", die bis 31. März fast täglich die Seiten des *TS* schmückte, kündigte Schulz die neue Stufe der Parteinahme des *TS* für die Opposition an und verwies hierbei nochmals auf die grundsätzliche Bedeutung der Ereignisse für die zukünftige demokratische Entwicklung Deutschlands. Mit hohem Pathos schrieb er hierbei:

> „Die Problematik des augenblicklich in einem Teile Deutschlands betriebenen Verschmelzungsprozesses der beiden Arbeiterparteien geht weit über solche [parteipolitische – CM] Massstäbe hinaus. Es wird hierdurch vielmehr eine Entscheidung darüber herbeigeführt, ob in Deutschland lediglich ein neues System an die Stelle des alten treten soll, oder ob uns sechs Jahre Krieg und zwölf Jahre Hitlerdiktatur als einzigen Gewinn neben unendlichen Trümmern und Opfern wirklich eine neue Gesinnung beschert haben. (...). Diese Vergewaltigung der Demokratie [durch den Zentralausschuss – CM], wir deuteten es bereits an, ist keine interne Parteifrage mehr, sondern Sache der Öffentlichkeit. (...) Wir fühlen uns daher als unabhängiges Organ verpflichtet, den um die demokratischen Lebensrechte der Partei schwer ringenden Berliner Sozialdemokraten dadurch eine Entlastung zu verschaffen, dass wir uns dieser Auseinandersetzung noch mehr als bisher annehmen. Wir werden den Funktionären und Mitgliedern der SPD Gelegenheit geben, durch uns zur Öffentlichkeit zu sprechen, eine Gelegenheit, die Ihnen von ihrem eigenen Organ vorenthalten wird. Wir haben uns zu diesem Schritt bewusst und nach sorgsamer Erwägung entschlossen, nicht etwa, um von unserer grundsätzlichen Linie abzuweichen, sondern um ihr weiterhin verpflichtet zu bleiben. Wir dienen damit nicht einer großen Partei, sondern der großen Sache der Demo-

---

bisher die Berichte über die Parteivorgänge geliefert. Er ist ein Gegner der Verschmelzung unter den gegenwärtigen Bedingungen. (...). Ich wäre dankbar, wenn die Prüfung vor seiner Einstellung erfolgte und möglichst rasch." Zitiert nach: Memorandum Bert Fieldens an den Leiter der Berliner Informationskontrolle vom 4.3.1946, in: OMGBS 4/17-1/10. Bereits zehn Tage später war Schulz Leiter des innenpolitischen Ressorts. Vgl. Schulz, 189.

[446] Zitiert nach: Schulz, 189.

kratie, von deren Verwirklichung es allein abhängt, ob aus unserer trostlosen Gegenwart noch einmal eine hellere Zukunft wird."[447]

Auf diese eindeutige und klare Stellungnahme des *TS* schienen die sowjetisch kontrollierten Zeitungen nur gewartet zu haben. So setzte sich bereits einen Tag später Rudolf Herrnstadt höchstpersönlich offen mit dem *TS* auseinander und bezog sich hierbei direkt auf den zitierten Artikel. Mit unverhohlener Schadenfreude und ironischem Wortwitz kommmentierte er die Wandlung des *TS* zu einem Parteiorgan:

> „Die naiven Leser des ‚Tagesspiegel' dürften sich heute morgen erstaunt die Augen gerieben haben. (...) Er, das ‚parteiungebundene' Organ, das nicht genug über die ‚parteigebundenen' Blätter höhnen konnte, stellt sich ihnen ... hier stockt die Feder – als Parteiorgan kann man nicht sagen, als Parteiersatzorgan, als Ersatzorgan einer Ersatzpartei, als Ersatzparteiersatzorgan vor. Er teilt seinen Lesern mit, dass er zum Organ der oppositionellen ‚Sozialdemokraten' geworden sei."[448]

Der Einschätzung des *TS*, dass es sich bei den Auseinandersetzungen um eine grundsätzliche Entscheidung über die demokratische Zukunft handelte, stimmte Herrnstadt im Weiteren ausdrücklich zu und zitierte zu diesem Zweck einen Satz aus dem besagten *TS*-Artikel. Diesen deutete er allerdings im Sinne der sozialdemokratischen und kommunistischen Fusionsanhänger um.

> „Es geht darum, dass die kommende Einheitspartei der Werktätigen, die ‚SEPD', m i t d e m T a g e i h r e s E n t s t e h e n s d e r i n n e n p o l i t i s c h e n E n t w i c k l u n g i n D e u t s c h l a n d d a s G e s e t z g e b e n w i r d, dass sie die Interessen der arbeitenden Menschen zum Siege führen wird, dass ihr gegenüber alle reaktionären Tendenzen zu Niederlage und Untergang verurteilt sein werden. Diese Tatsache, die Tatsache des unbezweifelbaren Sieges der geeinten Arbeiterpartei, stellt der ‚Tagesspiegel' fest. ‚Es wird

---

[447] Zitiert nach: Kampf um Freiheit, von „-lz" (Kürzel von Schulz) in: *TS* vom 15.3.1946.
[448] Zitiert nach: Rudolf Herrnstadt, Hochzeit, in: *BZ* vom 16.3.1946. Hervorhebung im Original. Hieraus alle folgenden Zitate.

hierdurch', so schreibt er händeringend über den Verschmelzungsprozess der beiden Arbeiterparteien, ‚eine Entscheidung darüber herbeigeführt, ob in Deutschland lediglich ein neues System an die Stelle des alten treten soll, oder ob uns sechs Jahre Krieg und zwölf Jahre Hitler–Diktatur als einzige- Gewinn neben unendlichen Trümmern und Opfern eine neue Gesinnung beschert haben.' Lassen wir die von Grund auf falsche und verlogene Gegenüberstellung in diesem Satz ausser acht. Uebersehen wir auch die im ‚Tagesspiegel' übliche dunkle und geschwollene Sprache. Was bleibt? Es bleibt die Anerkennung der Tatsache, dass durch die Verschmelzung der beiden Arbeiterparteien nicht eine gewöhnliche Partei entsteht, sondern die beherrschende politische Kraft in Deutschland. Jawohl, so ist es. Die Verschmelzung der beiden Arbeiterparteien, das haben wir stets erklärt, gibt den arbeitenden Massen in Deutschland und damit dem Fortschritt n i c h t n u r e i n e P a r t e i, s o n d e r n d e n S i e g. Wie nehmen mit Genugtuung an, dass auch der ‚Tagesspiegel' dies feststellen muss. Der Sieg des Fortschritts aber – das ist die Niederlage der Hintermänner des ‚Tagesspiegel', (...) jenen mit den Berliner Wellen ringenden Resten des Monopolkapitals in Deutschland. Und die Perspektive der eigenen Niederlage, die der ‚Tagesspiegel' eingesteht, ist die tiefere Erklärung dafür, dass er sich dem Häuflein oppositioneller Funktionäre der Sozialdemokratischen Partei zur Verfügung steht."

Für Herrnstadt zeigte die Liaison von Teilen der Sozialdemokatie mit „jenen Herren mit eingebeulten Zylindern", die der *TS* repräsentiere, nicht nur deren reaktionäre Beweggründe, sondern führe auch zu

„eine[r] äusserst erfreuliche[n] Klärung auf dem Kampffeld zwischen Fortschritt und Reaktion. Den fortschrittlichen Massen, die im Begriff sind, sich in der ‚Sozialistischen Einheitspartei' ihren stärksten Sammelpunkt zu schaffen, stellt sich eine andere ‚Konzentration' gegenüber: Die Reaktionäre des ‚Tagesspiegel' fusionieren sich mit den von Bord gehenden Reaktionären der sozialdemokratischen Opposition."

Abstrahiert man die konkrete inhaltliche Aussage, entsprach die von Herrnstadt konstatierte ideologische Frontstellung zweifellos der tatsächlichen Berichterstattung der Berliner Presse in den nächsten zwei Wochen. Beide Seiten kämpften jetzt mit offenem Visier gegeneinander.

Der *TS* stellte sich ab 15. März ganz in den Dienst der sozialdemokratischen Rebellen. So baute Schulz sein Redaktionsbüro zu einer „kleinen SPD-Informationszentrale"[449] aus. Mindestens eine Seite war nun täglich dem „Kampf um die Freiheit" – so das Motto einer von Klaus-Peter Schulz eingeführten eigenen Rubrik – vorbehalten. Dort kommentierte Schulz, der am 21. März vom SPD-Vorstand aus der Partei ausgeschlossen wurde[450], die tagespolitischen Entwicklungen in der Frage der Vereinigung und warf vor allem dem sozialdemokratischen Zentralausschuss regelmäßig Verrat an sozialdemokratischen Idealen vor. Sie betreibe die „Vernichtung der Sozialdemokratie, indem sie „nichts Eiligeres zu tun hat, als eine überlebte und katastrophal gestrandete Ideologie mit veränderten Vorzeichen wiederauferstehen zu lassen."[451] In jenen Tagen ließ Schulz keinen Artikel der Ost-Presse unbeantwortet.[452] Als Beispiel lässt sich hier die Diskussion um die Legitimität einer Urabstimmung anführen. Dem von der *BZ* vertretenen Hauptargument, dass eine Urabstimmung der Tradition sozialdemokratischer Entscheidungsfindung fremd sei und von den Gegnern nur als Mittel erfunden worden sei, um die Einheit zu verhindern[453], hielt Schulz entgegen, dass der Beschluss zur Selbstauflösung selbst ein Novum in der Parteigeschichte sei und darüberhinaus in einer solchen existentiellen Frage der Mehrheitswille der Mitglieder von der Parteiführung bewusst missachtet werde.[454] Neben Schulz kamen auch andere namhafte Sozialdemokraten zu Wort. Gustav Klingenhöfer brandmarkte am 29.

---

[449] So Klaus-Peter Schulz im Gespräch mit Jans. Zitiert nach: Jans, Anfänge, 162.
[450] Vgl. Parteispalter werden aus der SPD ausgeschlossen, in: *BZ* am 22. März 1946.
[451] Zitiert nach: Spiel mit dem Feuer – Zu den Massnahmen des Zentralausschusses, von Klaus-Peter Schulz, in: *TS* vom 26.3.1946.
[452] Vgl. Schulz, 197.
[453] Vgl. Wer ist eigentlich darauf gekommen? – Zur Frage der Urabstimmung, in: *BZ* vom 29.3.1946.
[454] Vgl. Eine geschichtliche Richtigstellung von Klaus-Peter Schulz, in: *TS* vom 16.3.1946.

März die geplante Verschmelzung als „Einheit der Furcht"[455]. Am selben Tag richtete Karl Germer zusammen mit Schulz unter der Losung: „Für Freiheit, Demokratie und Sozialismus!" einen direkten Wahlaufruf an die Berliner Sozialdemokraten.[456]

Neben dem Abdruck von Solidaritätserklärungen von Sozialdemokraten aus den Westzonen und dem Ausland dienten aber auch historische Berichte mit direkten Anleihen an die nationalsozialistische Zeit der publizistischen Strategie. So druckte der TS am 23. März 1946 Auszüge der berühmten Rede von Otto Wels vom 23. März 1933 nach, in der Wels anlässlich der Verabschiedung des „Ermächtigungsgesetzes" den Nationalsozialisten ein flammendes Bekenntnis zu den „ewig[en]" und „unzerstörbar[en] Grundsätzen der Menschlichkeit und der Gerechtigkeit, der Freiheit und des Sozialismus" entgegengehalten hatte. Der abschließende Kommentar des Artikels bezog die Rede auf die gegenwärtige Situation. So hieß es dort wörtlich:

> „Auch heute dürften diese Worte der Klarheit noch aktuell sein. Am aufmerksamsten sollte vielleicht der Zentralausschuss der heutigen Sozialdemokratie die Rede des Parteivorsitzenden von 1933 noch einmal lesen."[457]

Durch einen solchen Analogieschluss setzte man die von der Parteileitung beabsichtigte Verschmelzung unverblümt mit dem diktatorischen Machtwillen der Nationalsozialisten gleich. Schulz selbst sprach am selben Tag von der Gefahr einer „neuen Diktatur".[458]

Diese starke publizistische Gegenoffensive der sozialdemokratischen Fusionsgegner blieb natürlich nicht ohne Wirkung auf die Berichter-

---

[455] Vgl. Gustav Klingenhöfer, Einheit der Furcht?, in: TS vom 29.3.1946.
[456] Vgl. An die Sozialdemokraten Berlins, in: TS vom 29.3.1946.
[457] Zitiert nach: Worte der Klarheit, in: TS vom 23.3.1946. Dort auch die Zitate aus der Rede von Otto Wels.
[458] Vgl. Neue Diktatur, von Karl-Heinz Schulz, in: Ebda.

stattung der sowjetisch lizenzierten Presse. Neben den zahllosen Berichten über einmütige Beschlüsse der Parteiorganisationen über den Zusammenschluss versuchte man jetzt auch direkt auf die Argumente der Einheitsgegner einzugehen. In einem von der *BZ* veröffentlichten ganzseitigen offenen Brief von Max Fechner, Mitglied des sozialdemokratischen Zentralausschusses, an Kurt Schumacher warf er diesem die bewusste Spaltung der Sozialdemokratie vor.[459] In weiteren Berichten wollte man die Leser von der „Legitimität des Zentralausschusses der SPD" überzeugen.[460] Fusionswillige sozialdemokratische Parteiorganisationen richteten über die *BZ* direkte Appelle an die Berliner Genossen.[461] In der *TR* waren mehrere Stellungnahmen von Berliner SPD-Kreisverbänden zu lesen, die den freien Willen zur Einheit betonten.[462]

Auch wurden die Angriffe der sowjetisch lizenzierten Zeitungen gegen die Fusionsgegner immer aggressiver und martialischer. Man warf nun den Fusionsgegnern ihrerseits diktatorische Methoden vor. So glaubte Günter Kertzscher in der *BZ* vom 26. März 1946 überall gewaltsame „Gegenangriff[e] der Reaktion" zu erkennen.

> „In beträchtlichen (sic!) größerem Umfange stößt sie [die Reaktion – CM] in den anderen Zonen vor, wobei sie sich organisierter Störtrupps, Malkolonnen und verschiedener Methoden des offenen Terrors bedient."[463]

---

[459] Vgl. Offener Brief von Max Fechner an Kurt Schumacher, in: *BZ* vom 22.3.1946.
[460] Vgl. Die Legitimität des Zentralausschusses der SPD, in: *BZ* vom 28.3.1946.
[461] Vgl. z.B. Worauf warten wir noch? – Aufruf der sächsischen Sozialdemokraten an ihre Berliner Genossen, in: *BZ* vom 27.3.1946; Einheit – eine historische Notwendigkeit, in: *BZ* vom 26.3.1946.
[462] Vgl. z.B. Aus freiem Entschluss, von Willi Schwarz, Kreisleiter der SPD Berlin-Friedrichshain, in: *TR* vom 26.3.1946. Darin: "Niemand hat die, welche so entschieden haben, hierzu gezwungen. Alle liessen sich nur davon leiten, das Beste für die sozialistische Bewegung, die Arbeiterschaft und das deutsche Volk zu erzielen."
[463] Zitiert nach: Die Taktik des Gegenangriffs, von Günter Kertzscher, in: *BZ* am 26.3.1946.

In einem Bericht vom 16. März über eine sozialdemokratische Betriebsgruppenversammlung orakelte die *TR* von Sabotageversuchen der Reaktionäre. So hieß es in dem Artikel, nachdem vorher die Begeisterung aller Teilnehmer über den einträchtigen Beschluss für die Einheit hervorgehoben worden war:

> "Von reaktionärer Seite war bis zum letzten Augenblick alles versucht worden, um die Konferenz zu sabotieren. Im reaktionären Lager kannte man die wahre Stimmung nur allzu gut. Man wusste ganz genau, dass das Bild einer starken Opposition gegen die Vereinigung der beiden Parteien, das man der Aussenwelt entworfen hatte, grotesk verstellt war. Doch die Wahrheit kam ans Licht. Daran änderten auch die dunklen Machenschaften der letzten 24 Stunden nichts mehr." [464]

Solche, selten konkret werdende Attacken belegten, wie sehr die Berichterstattung über die Vereinigung von der eigenen ideologischen Wahrnehmung der Wirklichkeit geprägt war. Die Fusionsgegner wurden immer klarer als kapitalistische Feinde und getarnte Faschisten gezeichnet. Die *TR* versuchte in einem Leitartikel vom 31. März 1946 den antifaschistischen Nimbus Kurt Schumachers zu untergraben, indem sie Schumacher der antikommunistischen Kollaboration mit den Nationalsozialisten bezichtigten, dabei wurde auch explizit auf den *TS* Bezug genommen und dessen „faschistischen" Charakter hervorgehoben:

> „In Berlin gibt es eine Zeitung, die den genannten Herrn Schumacher noch höher hebt und ihn nicht anders als ‚Redner und Führer' bezeichnet. Doch auch dieser Zeitung darf man nicht glauben, denn in ihrer Redaktion wurden erst vor kurzem ehemalige Nazisten entfernt, und daher ist das Beiwort Führer in bezug auf Schumacher offensichtlich eine eingewurzelte Gewohnheit der Menschen, die sich einen neuen ‚Führer' gesucht haben, nachdem ihr ‚früherer Führer' so kläglich gescheitert ist. Es ist selbstverständlich, dass diese Menschen jetzt mit den Worten der Demokratie jonglieren. Dies ist eine Forderung der Zeit, und ohne diese Worte kann man nicht auf Popularität

---

[464] Zitiert nach: Ein schwerer Schlag für die Reaktion – SPD-Betriebsgruppen-Funktionäre für die Vereinigung, in: *TR* vom 16. 3. 1946.

und Unterstützung von seiten der Massen rechnen. Doch nichtsdestoweniger, die durchblickende Sehnsucht nach dem ‚Führer' enthüllt genügend das Wesen dieser Menschen."[465]

Gemäß der jeweiligen weltanschaulichen Überzeugung arbeiteten also beide Seiten bei ihrem Kampf um die Meinungsbildung der Berliner Sozialdemokraten direkt oder indirekt mit bewussten Anspielungen an die vergangene nationalsozialistische Terrorzeit.

Am Ende verbot die SMAD die Urabstimmung in ihren Sektoren – der Zentralausschuss hatte am 29. April offiziell den Boykott verkündet[466] – und in den Westsektoren wurde eine sofortige Verschmelzung mit überwältigender Mehrheit abgelehnt. Die zweite Frage, ob ein enges Bündnis der Arbeiterparteien erwünscht sei, das einen „Bruderkampf" ausschließe, wurde von 61,6 % der Westsozialdemokraten bejaht.[467] Unbeirrt von dem Ergebnis beschloss ein Bezirksparteitag der SPD im Ostsektor am 13. April die Vereinigung[468], die dann eine Woche später feierlich vollzogen wurde. Damit war gleichzeitig auch die erste Spaltung in der Stadt vollzogen – nämlich die Spaltung der SPD.

Die Konflikte waren in politischer Hinsicht[469] und im publizistischen Bereich ein entscheidender Wendepunkt hin zu einer offenen Konfrontation zwischen dem westlichen und östlichen Lager. Indem der *TS* sich für zwei Monate den rebellierenden Sozialdemokraten zur Verfügung stellte, war aus dem bisherigen „Propagandisten" und

---

[465] Zitiert nach: Antlitz des „Verteidigers der Demokratie", in: *TR* vom 31.3.1946
[466] Vgl. An die Sozialdemokratie, in: *TR* vom 29.3.1946.
[467] Vgl. Berlin, Kampf, 404.
[468] Vgl. Ebda, 416.
[469] Die Parteiarbeit der SED wurde in den US-amerikanischen Sektoren ab Ende 1946 behindert. Demonstrationen wurden nicht genehmigt und Werbeplakate abgerissen. Vgl. hierzu: Bericht aus dem Kreis Kreuzberg und Schöneberg über Behinderung der Parteiarbeit von seiten der amerikanischen Besatzungsmacht, unsigniert und undatiert, in: LAB C Rep. 901/ Nr. 410.

„Agitator" quasi auch ein „Organisator" des westlichen Demokratie- und Freiheitsverständnisses geworden. Die große Bedeutung, die der TS für den Erfolg der westlich orientierten Sozialdemokraten hatte, ist von den Beteiligten immer wieder hervorgehoben worden. Klaus-Peter Schulz schrieb später in seinen Erinnerungen:

> „Ohne die bereitwillige Unterstützung durch ein unabhängiges Presseorgan hätte der Freiheitskampf der Berliner SPD nicht die unerwartete Breiten- und Tiefenwirkung gehabt, die wahrscheinlich die wesentliche Voraussetzung des schliesslich errungenen Sieges war".[470]

Seit diesen Tagen im März 1946 war die Berichterstattung in der Berliner Presselandschaft von Polemik und gegensätzlichen Feindbildern bestimmt; dabei nahm die Polarisierung des Meinungsklimas in Berlin insbesondere 1948, in dem Jahr der nationalen wie lokalen Spaltung, drastische wie teils bizarre Züge an. In dem folgenden Kapitel soll anhand einschneidender politischer Ereignisse skizziert werden, wie die politischen Frontlinien bis 1953 verliefen bzw. sich änderten und mit welchen publizistischen Mitteln Erik Reger und Rudolf Herrnstadt versuchten, ihre politischen Ziele zu erreichen.

III. Positionen, Strategien und Entwicklungen (1946-1953)

Der TS wurde ab 1946 in der Ost-Presse zum Inbegriff der kapitalistischen Restauration und damit zum hauptsächlichen Angriffsobjekt. Im Nachlass von Erik Reger füllen Artikel der „Ostpresse" aus den Jahren 1946 bis 1953, die sich kritisch bis hetzerisch mit Erik Reger persönlich auseinandersetzten, fünf dicke Mappen. ND, BZ und die anderen kommunistischen Blätter arbeiteten sich an Reger ab wie an keinem anderen West-Journalisten. „Goebbels-Imitator", „verhinderter Hitler", „Faschist" und vor allem „Kriegshetzer" in allen Varian-

---

[470] Zitiert nach: Schulz, 198.

ten lauteten die Standardansprachen für Reger in diesen Jahren. Und dies umso mehr, als Reger stur und unbeirrt bei seinen antikommunistischen Grundhaltungen blieb und damit politisch zunehmend Erfolg hatte. Nach der Zwangsvereinigung von SPD und KPD wurde der *TS* unter Regers Federführung zum „publizistischen Hauptankläger der Verhältnisse in der Sowjetischen Besatzungszone".[471] Tagespolitisch wurde konsequent Stellung genommen gegen die Einheitssozialisten und ihre sowjetische Schutzmacht. Den großartigen Erfolg der SPD und die desaströse Niederlage der SED bei der ersten Stadtverordnetenwahl am 20. Oktober 1946 deklarierte der *TS* als ersten großen Erfolg.

> „Jetzt ist auch für den größten Skeptiker jeder Zweifel daran beseitigt, daß die Vereinigung der SPD und KPD zur SEP nicht dem Willen der Mehrheit entsprach und dass die SEP in Wahrheit nicht einmal einen ansehnlichen Bruchteil der Arbeiterschaft vertritt. Was ihr verblieb, sind (...) bekenntnistreuen Sektierer, für die Politik Religion ist. Der Freiheit einer Gasse schlagen – Berlin hat gewählt",

jubilierte Erik Reger in seinem Kommentar am 21. Oktober 1946.[472] In dieser Zeit veröffentlichte Rudolf Herrnstadt kaum eigene Artikel. Nur zur Einführung des neuen Magistrats schrieb er am 7. Dezember 1946 unter der Überschrift „Fürchtet Euch nicht" den Leitartikel in der *BZ*, in dem er versöhnlich die neu gewählten Mitglieder des Magistrats zur gemeinsamen Arbeit anhielt und sich sonst politischer Angriffe weitgehend enthielt.[473]

Mit der wirtschaftlichen Vereinigung der englischen und US-amerikanischen Zone zur Bizone am 1. Januar 1947 und der zunehmenden Entfremdung der Besatzungsmächte auch auf offizieller

---

[471] Andreas Petersen, Der Tagesspiegel und der DDR-Geheimdienst: Zeitung im Visier der Stasi, in: http://www.tagesspiegel.de, 18.03.2015. Abruf: 29.05.2016.
[472] Erik Reger, Protestwahlen, in: *TS* vom 21. Oktober 1946.
[473] Rudolf Herrnstadt, Fürchtet Euch nicht, in: *BZ* vom 9. Dezember 1947.

politischer Ebene verschärfte sich erneut das publizistische Klima. Zumal im Berliner Magistrat die SED-Minderheit die Politik der Mehrheitsparteien mit Hilfe der sowjetischen Besatzungsmacht regelmäßig sabotierte und demokratische Beschlüsse bekämpfte.[474] Für Erik Reger, der seit 1945 engen Kontakt mit führenden Politikern im Südwesten wie dem späteren FDP-Vorsitzenden und Bundespräsidenten Theodor Heuss hielt[475], war mit dem NS-Regime auch die Vorstellung eines zentralen deutschen Reichs untergegangen. Ausgangspunkt seiner politischen Vision war es von Anfang an, den sowjetischen Einfluss auf die zukünftige Gestaltung Deutschlands zu minimieren bzw. von vorneherein auszuschalten. Der Kommunismus war für rg mit Demokratie prinzipiell nicht vereinbar und kompromissfähig. Als im Sommer 1947 die Sowjetunion für ihren Einflussbereich die Teilnahme am Marshall-Plan kategorisch ausschloss, wagte sich Erik Reger in einer Artikelserie aus der Deckung und plädierte offen für die Bildung eines westdeutschen Staates als eines antikommunistischen Gegenmodells zur SBZ. Dieser Staat sollte in dem Sinne, was man später „Magnettheorie" nennen sollte, „mit einer auf das unumgänglich Gemeinsam begrenzten Zentralinstanz als Musterland[es]" gebildet werden,„dem alle übrigen deutschen Länder sich jederzeit anschließen können." Folgerichtig plädierte Reger für die „Stärkung des föderalistischen Gedankens und Selbständigkeitsbewußtseins der Länder."[476] Berlin sollte in diesem Szenario, das die realen Entwicklungen quasi vorwegnahm,

> „der gesamtdeutsche Taubenschlag zu sein, der Widerpart aller Tendenzen zu hermetischem Abschluß. (...) Berlin liegt in der russischen Zone und ist inner-

---

[474] So wurde die demokratische Wahl Ernst Reuters zum Oberbürgermeister von Berlin am 24. Juni 1947 von der SED nie anerkannt.
[475] Vgl. Korrespondenz mit Theodor Heuss im Nachlass Reger. Vgl.: Adk, NL Reger, Mappe 311.
[476] Alle Zitate aus: Erik Reger, Westdeutschland als Beispiel, *TS* vom 5. Juli 1947, in: ders., Zwei Jahre nach Hitler, Berlin 1986, 47-56. Hier: 52.

lich ein Teil von ihr, äußerlich [sektoral] aus ihr herausgeschnitten. [Die Stadt] befindet sich zu den verschiedenen Gegenden aber in einer so verschiedenartigen Entfernung, daß ihr ideologischpolitisches Maß nicht selten in umgekehrtem Verhältnis zu ihrem geographischen steht und es nach Leipzig beispielsweise weiter sein kann als nach Frankfurt."[477]

Um nicht wirtschaftlich-politisch völlig isoliert zu werden, müsste für Berlin das „Tor zum Westen geöffnet werden."[478]. Im Windschatten einer erblühenden freiheitlichen westdeutschen Republik könnte West-Berlin zur Avantgarde bzw. zum „Bindeglied"[479] für ein geeintes freies demokratisches Gesamtdeutschland werden. Diese ungewohnte Klarheit und Radikalität in der Öffentlichkeit waren für den Osten eine Provokation und riefen in der Ost-Berliner Presse heftige persönliche Polemiken gegen Reger hervor. Der Beweis schien erbracht, dass Reger US-amerikanische über deutsche Interessen stellen würde. Er wurde mal als „Spalter", mal als „Nationalnihilist" beschimpft. In Herrnstadts *BZ* hieß es, der *TS* als US-amerikanisch lizenzierte Zeitung habe

> „das Programm der amerikanischen Imperialisten bezüglich der Gestaltung Deutschlands besonders weitgehend und deutlich formuliert. Die leichten Truppen des Dollar-Imperialismus von Reger bis Schumacher [sind] mit lautem Trompetengeschmetter zum Angriff übergegangen."

Die USA wolle Deutschland teilen und seine „westdeutsche Bundesrepublik dem amerikanischen Protektorat einordnen."[480] Dagegen gab sich die SED als Bewahrerin der nationalen Souveränität und inszenierte im Herbst 1947 in Abstimmung mit den Sowjets den „Deutschen Volkskongress für Einheit und gerechten Frieden", der sich für eine gesamtdeutsche Regierung einsetzte, aber gleichzeitig auch die Gründung eines eigenen kommunistischen Staates zumin-

---

[477] Erik Reger, Der Status von Berlin", in: Ebda, S.56-61. Hier: 56 bzw. 60.
[478] Ebda, 60.
[479] Ebda.
[480] Zitiert aus: „Westdeutsche Bundesrepublik", *BZ* vom 6. Juli 1947.

dest ideologisch vorbereitete. Als im Frühjahr 1948 im Westen unwiederbringlich die Weichen für einen separaten Weststaat gestellt wurden, stellten die Sowjets in Berlin offen die Machtfrage. Über eine Blockade der Verkehrswege wollten die Sowjets die Einbeziehung West-Berlins in einen neuen Weststaat verhindern und wenn möglich die Westalliierten ganz aus ihren Sektoren drängen. Im November 1948 wurde der demokratisch gewählte Magistrat für abgesetzt erklärt und ein SED-treuer Magistrat eingesetzt. Berlin sollte auch ideologisch ganz im Osten verankert werden. Eine Kriegserklärung an den Westen, die auch mit Verschleppung von missliebigen Journalisten einherging.[481]

In den ersten Wochen der Blockade rief Erik Reger fast täglich im *TS* die West-Berliner Bevölkerung zum Durchhalten und zum Kampf um die Freiheit auf. Angesichts der Notlage, die trotz der erfolgreichen „Luftbrücke" in West-Berlin herrschte, und dem aus der geografischen Isolation gespeisten Gefühl der Ohnmacht wurde die westliche Publizistik martialisch und kriegerisch. Auch auf kultureller Ebene war für Reger der Ostzone nur noch mit Kampf und auch Ignoranz beizukommen. „[L]aßt die vom Ostsowjet annektierten Theater veröden; nennt nicht mehr die Namen der Künstler, die dort spielen – sie seien vergessen."[482] In seinem Leitartikel „Sensationen der Kriegsschauplätze" vom 7. November 1948 sprach Reger offen von der Notwendigkeit eines neuartigen Kriegs, um die wahrgenommene weltweite kommunistische Aggression zu beenden:

---

[481] So verschleppten SED-Leute am 6. September den 21-jährigen *TS*-Reporter Wolfgang Hanske in den Osten und verurteilten ihn wegen Spionage und antisowjetischer Propaganda zu 3 x 25 Jahre Arbeitslager, was zum Stadt-Politikum wurde. Vgl.: Andreas Petersen, Der Tagesspiegel und der DDR-Geheimdienst: Zeitung im Visier der Stasi, in: http://www.tagesspiegel.de, 18.03.2015. Abruf: 29.05.2016.
[482] Erik Reger, Kulturbanausen, *TS* vom 5. Dezember 1948.

„Der Pragmatismus der Amerikaner ist zwar bestrebt, die Lücken der Ideologie langsam mit Materie zu füllen. Trotzdem schreckt auch er davor zurück, für eine Sache unmittelbar den Ausdruck zu gebrauchen, der [...später] als ihr gemäß und unverwechselbar empfunden werden muß. Ein solcher Ausdruck ist der dritte Weltkrieg – zweifellos ein bisher ungeahntes Phänomen der Tarnkunst. [Die Kriege] hatten sich mannigfach in ihrer Art gewandelt. Die Wandlungen waren technischer Natur; die jetzige ist strukturell. Die Waffen, die in der Vorstellungskraft die schrecklichsten Rollen spielen, scheinen gar nicht angewandt zu werden. Die Waffen, die angewandt werden, mißversteht die Vorstellung. Statt daß das am meisten Gefürchtete eintritt, tritt etwas ein, was nicht genug gefürchtet wird. Die Benutzung der Befürchtung als eines Betäubungsmittels gegen Furcht, die Bevorzugung des Schreckenzustandes gegenüber dem Schrecken ist das Merkmal dieses dritten Weltkrieges, der sich entwickelt hat, [...] der, während man noch alles aufbietet, ihn zu verhindern, in vollem Gange ist – weniger tödlich, nicht weniger gräßlich, weniger maschinell, aber nicht weniger mechanistisch. [...] Was anderes könnte die Aufgabe des amerikanische Präsidenten sein als die, [...] den dritten Weltkrieg so energisch, furchtlos und neuartig zu führen, dass er mit einem die freiheitlichen Völker vom Alpdruck erlösen Frieden beendet werden kann, ohne daß zuvor ein vierter, wiederum blutiger Weltkrieg folgen muß".[483]

Obwohl Reger mit den zweifellos dunkel formulierten Sätzen eindeutig keinem Atomkrieg, sondern einem geistigen Weltkrieg das Wort redete, war dieser missverständliche Artikel willkommener Beweis für die ideologisch fundierte Überzeugung der Ost-Presse, Reger sei ein „Kriegshetzer". „Herr Reger ist ein großer Krieger. Er lechzt förmlich nach Blut".[484] Unerbittlich wurde Reger ins Kreuzfeuer genommen.[485] In Steckbriefen wurde die Bevölkerung von einem „Komitee gegen Kriegshetzer" aufgefordert, Auskünfte über seine Tätigkeit während der NS-Zeit zu geben.[486] Doch der Versuch,

---

[483] Erik Reger, Sensationen der Kriegsschauplätze, *TS* vom 7. November 1948.
[484] Päpstlicher als der Papst, in: *TR* vom 28. Februar 1950
[485] Allein im Jahr 1948 erschienen in der Ost-Presse 471 Artikel über die Unperson Erik Reger. Vgl. Andreas Petersen, Der Tagesspiegel und der DDR-Geheimdienst: Zeitung im Visier der Stasi, in: http://www.tagesspiegel.de, 18.03.2015. Abruf: 29.05.2016.
[486] Entsprechende Gesuche wurden u. a. gedruckt in: *BZ* am 24. April 1949 und *ND* am 12. Mai 1949.

Erik Reger zu einem waschechten „Faschisten" zu machen, ging nicht richtig auf, denn wirklich Substanzielles gab es nicht. In einem Flugblatt gegen die „Kriegshetzer" aus dem Jahr 1949 wurde nur vermerkt, Reger sei nicht „in der Widerstandsfront gegen Hitler aktiv gewesen" und hätte als Lektor eine Biografie eines niederen NS-Funktionärs überarbeitet.[487] Doch wie Reger im Kampf gegen die totalitäre Sowjetunion eine Fortsetzung des Kampfes gegen den Nationalsozialismus erkannte, betonte die Ost-Presse gleichsam in ideologischer Spiegelung weiter die Kontinuität zwischen dem „Faschisten" und dem „US-Imperialisten" Reger:

> „Verdeutschte Reger einst die Arbeiten von Nazigrößen, so überträgt er jetzt die Anweisungen von OMGUS in das Deutsch des ‚Tagesspiegels'. Was auf dasselbe herauskommt. Wes Brot er ißt, des Lied er singt. Gestern das Horst-Wessel-Lied und heute das Star Spangled Banner"[488],

hieß es etwa in der *TR*. Reger wurde auch kaum mehr verhüllt Gewalt angedroht:

> „Es ist gut, dass sich Erik Reger endgültig entlarvt hat. Von nun an ab werden die Quislinge in Deutschland gezählt werden. Wie die Völker in den von Hitler besetzten Ländern, so wird auch unser Volk mit ihnen fertig werden." [489]

Doch jenseits der ideologischen Verunglimpfungen setzte die sowjetisch lizenzierte Presse auch auf subtilere Methoden, um Erik Regers Glaubhaftigkeit zu erschüttern. So versuchte etwa das offizielle sowjetische Publikationsorgan *TR* am 25. Juni 1948[490] in einem prominent platzierten Artikel, Regers antisowjetische Haltung mit Replik auf seine *Union der festen Hand* zu widerlegen. In dem Artikel stellt die *TR* Regers Industrieroman aus den 1920er-Jahren als Paradebeispiel

---

[487] Vgl. loses und undatiertes Flugblatt „Spalter und Kriegshetzer werden Millionäre", in: AdK, NL Reger, Mappe 382/1
[488] Zurück zu den alten Göttern, in: *TR*, 28. September 1948.
[489] Landesverräter Erik Reger, in: *ND* vom 9. Juni 1948.
[490] Reger gegen Reger, in: *TR* vom 25. Juni 1948.

für die Korrumpiertheit der Ruhrgebiets-Barone und als Plädoyer für die Notwendigkeit einer einheitlichen Arbeitervertretung dar.

> „Unverständlich bleibt nur, warum er jetzt genau das tut, was er früher sehr entschieden verurteilt hat. Es scheint, dass nicht nur die ‚Union der festen Hand' eine Entwicklung durchgemacht hat, sondern auch ihr Verfasser."[491]

Am Ende wird suggeriert, Erik Reger hätte sich von den US-Amerikanern kaufen lassen; er wäre also gar kein Überzeugungstäter, sondern einfach der Verkünder von Meinungen der US-Presseoffiziere. Reger hätte für Unmengen von Geld seine eigenen Überzeugungen verraten. Das in der politischen Linken seit jeher populäre Narrativ vom bösen Reichen, das sowohl an das kommunistische Kapitalismustheorem als auch an das nationalsozialistische Feindbild vom amerikanischen Plutokraten anschließt, wurde immer wieder eingesetzt. „Sie verdienen an dieser volksfeindlichen Politik Millionen. Erik Reger und [...] sind schon Millionäre geworden", heißt es etwa 1948 in einem Flugblatt über die „Hetzer und Spalter".[492] Neben dem vermeintlichen Reichtum wurde regelmäßig auch auf die Bildungsbeflissenheit und literarische Vergangenheit von Erik Reger angespielt, die im ideologischen Kontext mit Bürgerlichkeit und Arroganz verbunden wurden und wodurch traditionelle populistische Klassenvorurteile bedient werden sollten. Etwa heißt es in der *BZ* am 4. August 1947 in Bezug auf einen Beitrag von Erik Reger:

> „Gerüchten zufolge soll Herr Erik Reger am 21. Juli auf seiner rituellen Abendbefragung eine unbefriedigende Antwort erhalten haben. Bei der bekannten Schlussformel: „Tagesspiegelein – Spiegelein an der Wand, wer ist der geistreichste im ganzen Land?" soll sich das Spieglein, nach der Art des Lachkabinetter, ovalisiert und den Frager in eine komische Figur verwandelt

---

[491] Ebda.
[492] Vgl. loses und undatiertes Flugblatt „Spalter und Kriegshetzer werden Millionäre", in: AdK, NL Reger, Mappe 382/1.

haben. (Der Artikel ist – CM) eine arge Torheit, aber e[r] klingt geistreich. E[r] erweckt beim Publikum – bei jenem Kurfürstendammpublikum mit dem Korsett aus Blasiertheit und Snobismus – den Anschein weltweiser Informtheit, wo Unkenntnis und Arroganz sich die Waage halten."[493]

Es findet sich auch offene Häme über die teils dünkelhafte, oft nicht volksnahe und tendenziell schwer verständliche Sprache Regers.[494] Im *ND* vom 11. April 1951 glaubt man Herrnstadts Spott heraushören zu können, wenn dort ein etwas kryptischer Satzteil Regers aus einer Analyse der Pariser Außenministerkonferenz zum Aufhänger einer ironischen Replik gemacht wurde. In „Autonomie des Ereignisses" wurde Regers Zitat zum Anlass für folgende Ausführungen:

> „‚Die Neigung der Ereignisse zur Autonomie zu bekämpfen, ist der Ausgangspunkt staatsmännischer Kunst, und ereignisreich sind nicht nur die äußeren, offenbaren, sondern auch die inneren, latenten Vorgänge.' Ja, diese verdammte ‚Neigung der Ereignisse zur Autonomie!' An dieser ‚Neigung' sind schon andere gescheitert. Eben deswegen zerbiß Herr Hitler, Herrn Trumans Vorgänger, so manches liebe Mal Gardinen und Teppiche. Und auch das half nichts. Jetzt bringt diese ‚Neigung' die Sessel der Adenauers und Schumanns nicht schlecht ins Rutschen. Die Herren wollen beispielsweise die Remilitarisierung Westdeutschlands, aber die ‚Autonomie der Ereignisse' sagt ‚Ohne uns'! Und das überall auf der Welt. Da also auch alle staatsmännischen Künste diese ‚Autonomie der Ereignisse' nicht aufzuhalten vermögen, sucht und findet der gemarterte Kopf des armen Reger eine letzte große Tröstung: ‚Die Sowjetunion braucht die Existenz des anderen Systems sogar, weil sie weder ihr eigenes Volk, noch die unterworfenen Völker in den ihr wünschenswerten Gemütszustand versetzen kann, ohne die von einem ‚Gegner' drohende Gefahr an die Wand zu malen.' Wie würden die Sowjetmenschen je in den ‚Gemütszustand' versetzt worden sein, in dem sie alle bisher üblichen Arbeitsnormen brachen, die Natur bezwangen, an das gigantische Werk der Großbauten des Kommunismus gingen, wenn es Herrn Truman und seine regen Schreiberlein nicht gäbe? [O]ffensichtlich durch die ‚Autonomie der Er-

---

[493] Zitiert nach: jetzt schlägt's zwölf, in *BZ* vom 4. August 1947.
[494] Etwa als Beispiel von vielen: Ein „literarischer" Provokateur, in: *ND* vom 16. Oktober 1946.

eignisse', die sich absolut nicht aufhalten lassen will. Und sie bedeutet: Der Friede ist doch stärker als der Krieg."[495]

Der Kleinkrieg gegen den TS und vor allem gegen Reger gerade im Blockadejahr 1948 trug keine politischen Früchte. Im Mai 1949 wurden die Transportwege zu West-Berlin wieder geöffnet und die westlichen Besatzungsmächte waren stärker denn je in ihren Berlin-Sektoren verwurzelt, ohne dass die Eigenständigkeit West-Berlins von den Sowjets wirklich anerkannt worden wäre.

Mit der Gründung der beiden deutschen Staaten Bundesrepublik und DDR 1949 wurde der Ton in den Auseinandersetzungen nicht weniger feindlich, aber die Konzentration lag nicht mehr primär auf der Verdrängung des Gegners, sondern zunehmend auf der Konsolidierung der eigenen Machtsphäre.[496] Ohne dass beide Seiten den Anspruch auf deutsche Einheit (zu den eigenen Bedingungen) aufgaben, versuchte man sich zu arrangieren. West-Berlin versuchte sich mit den Lebensbedingungen der Insellage zu arrangieren. In der „Hauptstadt der DDR" war die SED in erster Linie mit der Sowjetisierung der Gesellschaft und der Absicherung des eigenen Herrschaftsanspruchs beschäftigt.

Bis 1952 entwickelte sich die SED zu einer kommunistischen Kaderpartei, d. h. sie verstand sich als „Partei neuen Typus, deren integraler Bestandteil ,Kritik und Selbstkritik' war"[497], was in marxistisch-leninistischer Terminologie in der Regel die öffentliche Unterwerfung unter die jeweils gültige Parteilinie bedeutete. Mit der hektischen Deklaration des „Aufbaus des Sozialismus" im Juli 1952, was vor allem die Kollektivierung in der Landwirtschaft und den Ausbau

---

[495] (D.R.),„Autonomie des Ereignisses", in: ND vom 11. April 1951.
[496] Zametzer, 439-470.
[497] Zitiert nach: Müller-Engbers, Fall Herrnstadt, 106.

der Schwerindustrie implizierte, vertiefte sich die gesellschaftliche Spaltung in Deutschland und in Berlin.

Rudolf Herrnstadt war als Politiker wie als Publizist an dieser Entwicklung maßgeblich beteiligt. Rudolf Herrnstadt hatte im Frühjahr 1949 die Redaktion des *ND* übernommen, mit dem Auftrag, auch eine „Presse neuen Typs" aufzubauen und die Kommunikation von Parteibeschlüssen an die Massen zu verbessern. Und mit Rudolf Herrnstadt lockerte sich tatsächlich der Stil des biederen Parteiorgans und das Betriebsklima wurde in den gesetzten Grenzen liberaler und „journalistischer". Sogenannte Volkskorrespondenten wurden eingesetzt, um stärker Volkes Stimme in das Blatt zu heben.[498] Deutlich bemängelte er die fehlende demokratische Mitsprache in den politischen Entscheidungsprozessen, ohne dabei allerdings das System im Ganzen in Frage zu stellen. Die unter den Arbeitern ungeliebte Ablösung der Tarifverträge durch Betriebskollektivverträge in der DDR im Jahr 1951 etwa nahm Herrnstadt zum Anlass, mit dem „Bürkokratismus und Formalismus" der Gewerkschaften ins Gericht zu gehen. Klar und ohne ideologische Phrasen machte Herrnstadt klar, dass die Gewerkschaften nur mit mehr demokratischer Kontrolle von unten ihre Aufgaben als wirkliche Interessenvertreter der Arbeiter erfüllen könnten.

> „Es muss endlich mit der Übung Schluß gemacht werden, daß Gewerkschaftsfunktionäre in Reden, Entschließungen und Artikeln auswendiggelernte Formeln von der Sorge um den Menschen, von Kritik und Selbstkritik, von innergewerkschaftlicher Demokratie, von Anleitung der unteren Funktionäre und ähnliches mehr deklamieren, ihre Ausführungen sogar mit den passenden Zitaten aus den Werken Lenins und Stalins schmücken – in der Praxis aber nichts tun, um von alledem auch nur ein Jota zu verwirklichen."[499]

---

[498] Vgl: Ebda, 94ff.
[499] Rudolf Herrnstadt, Befreit die Gewerkschaften vom bürokratischen Rost, in: *ND* vom 19.2.1952

Offen kritisierte er fehlende demokratische Strukturen in Partei und Staat. Ohne seinen Artikel namentlich zu kennzeichnen, waren im Januar 1952 diese fast unglaublichen Sätze im offiziellen Parteiorgan der SED zu lesen:

> „Entspricht die Wirklichkeit in der DDR dem demokratischen Charakter unserer Gesetze? Entspricht das Leben in unserer Partei dem Demokratismus unseres Statutes? Sie herrscht noch nicht bei uns. Nicht in der Partei, nicht im Staat. Zahllos sind die Fälle, in denen die Initiative der Massen erstickt oder blockiert wird. Zahlreich sind die Fälle, in denen anmaßende Partei- oder Staatsfunktionäre mit dem Mittel des Kommandierens oder Einschüchterns ihre' Linie durchsetzen, welche weder die Linie unserer Partei noch die des Staates ist."[500]

Um die Initative der Arbeiter anzuregen, rief Rudolf Herrnstadt die Kampagne „Heraus mit der Sprache" im *ND* ins Leben.[501] Alle Fehlleistungen der Partei sollten offen angesprochen werden. „Fürchtet keine Nackenschläge von der Seite und von hinten." Diese Offenheit ging den anderen Mitgliedern des SED-Zentralkomitees zu weit. Die Kampagne wurde einige Tage später eingestellt.

Keiner aus dem engeren Machtzirkel der jungen DDR kritisierte die gesellschaftlichen Zustände schonungsloser als Herrnstadt. Herrnstadt schrieb mit bemerkenswerter Klarheit, denn in der Regel fehlte seinen Artikeln bei aller Ideologie die übliche Formelhaftigkeit. Mit großer innerer Freiheit schien er das zu sagen, was er sagen wollte, auch wenn er wie alle Medienvertreter der von Hermann Axen geleiteten ZK-Abteilung Propaganda unterstand.[502] Trotz seines politischen Selbstbewusstseins blieb Herrnstadt immer auch ein braver Parteisoldat in einem Zwangssystem. Als 1952 in der DDR der Beschluss zum Aufbau des Sozialismus gefällt wurde, was ideologisch

---

[500] Zitiert aus: Müller-Engbergs, Fall Herrnstadt, 125.
[501] Vgl. Rudolf Herrnstadt, Heraus mit der Sprache!, in: *ND* vom 25.1.1952. Aus dem Artikel auch das folgende Zitat.
[502] Vgl. Stulz-Herrnstadt, Das Herrnstadt-Dokument, 17.

"eine Verschärfung des Klassenkampfes" bedeutete, rückte sein Ziel der deutschen Einheit in weite Ferne. Natürlich reihte er sich offiziell in die Riege der Jubler ein.[503] Seit der Zeit in Moskau wusste Herrnstadt, letztlich von den Launen höherer Mächte abhängig zu sein, die er nur bedingt beeinflussen konnte.

Von diesen inneren Debatten eines im ideellen Kern totalitären Systems wollte Erik Reger vom *TS* nichts wissen, wenn er diese überhaupt wahrnahm und nicht pauschal als taktische Manöver abtat. Für ihn war die junge DDR prinzipiell nichts anderes als „ein sowjetisches Sklavengebiet" mit „roten Mördern"[504]. Mit „Pankow" war kein Kompromiss möglich. Wie Bundeskanzler Konrad Adenauer, mit dem er regelmäßig Kontakt hielt, war er überzeugt, dass zunächst die Sicherung der demokratischen Freiheiten Westdeutschlands im Vordergrund stehen und dementsprechend die Zusammenarbeit mit den USA und Westeuropa institutionell und vor allem auch kulturell intensiviert werden müssten. [505] In dem weltweiten Freiheitskampf gegen die sowjetischen Machtansprüche stehe West-Berlin an vorderster Front. Diese Überzeugung verbreitete Reger auch in den vielen Abendvorträgen, die er als hoch anerkannte politische Persönlichkeit nicht nur in Berlin hielt und in denen er zuvorderst über die Aufgaben einer demokratischen Presse referierte. Zur Sozialdemokratie hielt er nach der kurzzeitigen Zusammenarbeit mit der Berliner SPD im Zuge der SED-Zwangsvereinigung betont Abstand. Gerade zur Zeit der Blockade 1948 und zur Zeit der Verhandlungen zum Grundgesetz im Vorfeld der bundesrepublikanischen Staatsgründung 1949 kritisierte er heftig viele Positionen der zu-

---

[503] Vgl. Müller-Engbergs, Fall Herrnstadt, 148ff.
[504] Vgl.: Andreas Petersen, Der Tagesspiegel und der DDR-Geheimdienst: Zeitung im Visier der Stasi, in: http://www.tagesspiegel.de, 18.03.2015. Abruf: 29.05.2016.
[505] Zu den Kontakten mit Dr. Adenauer vgl. AdK, NL Reger, Mappe 311. Zur politischen Konzeption Adenauers vgl. Hans-Peter Schwarz, Anmerkungen zu Adenauer, München 2004, 73-117.

nehmend national orientierten Schumacher-SPD. „[Regers] Ausfälle, die er sich gegen die ‚Hannoversche' SPD leistet, können kaum noch von der ‚Täglichen Rundschau' überboten werden", heißt es etwa im *Sozialdemokrat* am 20. August 1948.[506]

Es gibt einige Anzeichen, dass Reger verstärkt ab 1952/1953 zur Monarchie als präferierter Staatsform tendierte. Dafür sprechen Hinweise in der langjährigen Korrespondenz mit Kronprinzen Louis Ferdinand von Preußen.[507] Auch kamen verstärkt hohe internationale Adelsträger im *TS* zu Wort, etwa Wladimir Fürst von Russland.[508] Die Beseitigung des Kommunismus war für Reger wohl nicht unbedingt mit der Institution der Republik verbunden. Der weltweit mediale „Hype" um die offizielle Krönung der britischen Königin Elisabeth II. im Jahr 1953 mag Reger in seinem Glauben an die nationale Integrationskraft einer Monarchie bestärkt haben. 1953 arbeitete er auch an einem biografischen Roman über Elisabeth II.[509] An Regers Kampf gegen die SED-Herrschaft in Ost-Berlin und der SBZ änderte diese politische Interessenverschiebung nichts. Reger blieb Ansprechpartner für Mitglieder der privat organisierten und seit 1952

---

[506] Zitiert nach:„ Ritter Don Quichotte", in: *Der Sozialdemokrat* vom 24. 8.1948.
[507] Seit 1947 unterhielt Erik Reger Kontakt mit dem preußischen Kronprinzen Louis Ferdinand von Preußen. Seit 1951 arbeitete Reger mit ihm intensiv an einem Buch mit dem Titel „Als Kaiserenkel durch die Welt". Reger war auch im Vorstand der 1952 in Bremen gegründeten Prinzessin-Kira-Stiftung. Für Regers politische Nähe zu der Aristokratenfamilie sprechen Briefwechsel. „[Aus der Unterredung mit Professor Schoeps] gewann ich den Eindruck, dass wir im Prinzip dieselbe Einstellung zu der ‚gewissen' Frage besitzen, auch zu ihrer Loesung", schrieb Erik Reger in einem Brief vom 10. Mai 1951. Vgl. AdK, NL Reger, Mappe 312. Im Kondolenzschreiben der „Deutschen Vereinigung zur Förderung des monarchistischen Gedankens" zum Tod Regers hieß es: „Seine Idee, die die unsere war […]." Vgl.: Schütz, Empfänglichkeit, 348 (Anm.106).
[508] Seit 1950 gab es im *TS* in unregelmäßigen Abständen die Kolumnenserie „Königskinder". Etwa: „Appell an die freie Welt von Wladimir Großfürst von Russland", im *TS* vom 13. Februar 1952.
[509] Vgl.: Adk; NL Reger, Mappe 230.

komplett von der CIA finanzierten „Kampfgruppe gegen Unmenschlichkeit", die mit Sabotageakten und Spitzeltätigkeiten aktiv gegen das SED-Regime kämpfte.[510] Und als am 17. Juni 1953 breite Teile der DDR-Bevölkerung gegen die Herrscher rebellierten und nur der Einsatz der Sowjetarmee die Macht der SED retten konnte, sah sich Reger in seinem Engagement für eine kompromisslose „Politik der Stärke" bestätigt. Berlin habe der freien Welt wieder ein leuchtendes Beispiel gegeben, schrieb er am 18. Juni in seinem Leitartikel:

> „Zum ersten Mal sind es die Ostberliner, die den Namen Berlins als einer der sichersten Stützen des Freiheitskampfes in alle Welt tragen. [...] Während ein großer Teil der westlichen Völker, auch der Regierungen, von der sowjetischen Ölzweig-Offensive so benebelt worden ist, dass er in einer Entfernung von vielen hundert Kilometern um Gottes willen nichts mehr für die Stärke des Westens tun will, ‚weil es die Sowjets reizen könnte', haben die von den Sowjets Unterdrückten unmittelbar unter den Gewehren der Roten aufbegehrt und einen weithin sichtbaren Ausdruck für die geballte Kraft des Elends gefunden."[511]

Reger blieb immer einer der großen Feinde für die östlichen Geheimdienste. Nach eigener Aussage erhielt er regelmäßig Drohungen.[512] Als Reger völlig unerwartet am Morgen des 10. Mai 1954 in Wien tot aufgefunden wurde, war die Bonner und West-Berliner Politprominenz erschüttert und sprachlos. Es wurde von einem Auftragsmord gemunkelt. Der Todesursache war aber wohl natürlich: akutes Herzversagen. Der Obduktionsbericht sprach von einem

---

[510] Dafür sprechen Informationsschreiben vom rechten SPD-Mann und KgU-Mitglied Karl Germer, den Reger seit der Zeit des gemeinsamen Kampfes gegen die Zwangsvereinigung von SPD und KPD kannte. Vgl. AdK NL Reger, Mappe 271. Neueste Forschung zur KgU: Enrico Heitzer: "Die Kampfgruppe gegen Unmenschlichkeit (KgU). Widerstand und Spionage im Kalten Krieg 1948-1959", Köln 2015.
[511] Berlin und Korea von Erik Reger, in: TS vom 18.06.1953.
[512] So in einem Schreiben an die Leitung der „Kampfgruppe gegen Unmenschlichkeit" vom 19. April 1954. Vgl. AdK, NL Reger, Mappe 271.

schwer vorgeschädigten Herzen.[513] Die Ost-Medien schwiegen zu dem Vorfall. Auch viele Gegner, und es waren auch in dem nichtkommunistischen Teil Deutschlands nicht wenige, spürten, dass eine einzigartige publizistische Stimme auf dem Pressemarkt verstummt war.[514] Aus allen Teilen der Welt kamen Beileidstelegramme. Besonders viele kamen aus den USA, denen Reger sein Berufsleben als Journalist zu verdanken hatte und die er politisch bewunderte – aber in kritischerer Distanz, als die sowjetische Propaganda glauben machte.

IV. Zwischen Unterwerfung und Selbstbehauptung: Das Verhältnis zur Besatzungsmacht

a) Erik Reger und sein Verhältnis zur USA

Die enge Beziehung von Erik Reger zu den USA nach dem Krieg beruhte auf gemeinsamen politischen Überzeugungen und persönlichen Erfahrungen mit seinen Vorgesetzten vor Ort. Für die allermeisten Deutschen war zu jener Zeit eine Reise in die USA außerhalb jeder Vorstellung. Erik Reger hatte durch sein Engagement für die demokratische Sache viel Ansehen unter den US-Besatzungsoffizieren gewonnen. So entschieden sie, Erik Reger als einen der ersten deutschen Journalisten in die USA reisen zu lassen.

---

[513] Vgl. Schütz, Erik Reger, 349 (Anm. 112).
[514] Der Nachruf im französischen „Abend" am 11. Mai 1954 durfte wohl die Stimmung in West-Berlin am besten widergespiegelt haben: „(...) Der Haß der Sowjetmenschen ist der Maßstab für die Größe eines journalistischen Freiheitskämpfers. Ihr Haß ist Reger in hellen Flammen entgegengeschlagen. Das zeigt, was für ein Mann er war. (...) Politischer Journalist in der Bastion der Freiheit sein, die Berlin heißt, heißt kämpfen. Wir anderen, ob wir nun immer mit ihm einverstanden waren oder nicht, wir fühlen heute – und das gilt für jeden Berliner, der seiner Aufgabe sich bewusst ist – wir fühlen: ‚Ich hatte einen Kameraden...'" Zitiert aus: Ein Streiter für die Freiheit, *Der Abend* vom 11. Mai 1954.

In einer Mitteilung von Fielden an den Chef der Berliner Informationskontrolle vom 21.2.1947 hieß es zur Begründung:

> „For the prestige of not only DER TAGESSPIEGEL as leading German newspaper, but also especially for the prestige of Mr. Erik Reger who, as you know, has been subject to very strong attacks in the various papers, it is considered of extreme importance that he be included in the first group of German newspapermen to visit the USA."[515]

Im Jahr 1948 verbrachte Erik Reger vom 15. März bis 29. April fast sechs Wochen in den USA. Eine Reise, die er handschriftlich genau dokumentierte.[516] Ziel war es, die Medienlandschaft der USA und die redaktionelle Arbeit der dortigen Zeitungen kennenzulernen. Tag für Tag besuchte er Radiostationen bzw. Zeitungsredaktionen. Er hielt Vorträge an der *School for Journalism* und gab Interviews. Von dem Besuch sollten beide Seiten profitieren: So wie Reger seine in den USA gemachten Erfahrungen zum Ausbau einer freien demokratischen Presse in Deutschland einsetzen sollte, verkörperte Reger für die US-Administration das Idealbild eines demokratischen Deutschen und sollte quasi den „eigenen" Erfolg in der Heimat dokumentieren. Reger fuhr regelmäßig bis 1951 in die USA und wurde bei seinen Besuchen hofiert. So residierte er am 16. September 1950 im „Little White House" in Warm Springs, Georgia, Rückzugsstätte von und Gedenkstätte für Franklin D. Roosevelt.[517] Am 27. September 1950 wurde Reger zum Ehrenbürger der Stadt Chicago ernannt.[518] Aufschlussreich sind seine Radioreportagen aus den USA aus dem Jahr 1948 für den RIAS, in denen er aktuelle politische Berichterstattung mit Ausführungen über die Funktionsweise der US-amerikanischen Institutionen und die US-Kultur mischte. In Hinblick auf die noch ganz frischen Erfahrungen aus der NS-Diktatur

---

[515] Zitiert nach: OMGBS 4/17-1/8.
[516] Vgl.: Adk NL Reger, Mappe 308.
[517] Vgl. Ebda, Mappe 340.

wirkt seine aufrichtige Bewunderung für die unaufgeregte Bürgernähe des demokratischen Systems in den USA verständlich. So schilderte Reger in einer Radioansprache vom 26. März 1948 seinen Berlinern Hörern den Besuch des Weißen Hauses folgendermaßen:

„Eine Pressekonferenz des Präsidenten der Vereinigten Staaten von Amerika (...) fügt sich in die unzähligen kleineren Bilder des täglichen Lebens, die hier immer wieder, in hundert Einzelheiten, die Selbstverständlichkeit, die Zwanglosigkeit, die Unabhängigkeit und die Freimütigkeit erkennen lassen, womit sich der einzelne nicht nur in seinem Umkreis, sondern auch in ungewohnteren Situationen bewegt. Niemand von den Teilnehmern ändert seine menschliche Haltung, wenn er durch das Gartentor beim Weißen Haus schreitet. Dort steht ein Beamter mit einer Liste. Ich habe mich bemüht, an ihm ein Zeichen dafür zu entdecken, dass ihm irgendwann einmal der Gedanke kommen könnte, er sei ein Vorgesetzter seiner Mitbürger. Stellen Sie sich das bitte in Deutschland vor. (...) Wie unformell alles zugeht, erlebte ich selbst, als ich dem Präsidenten durch seinen Sekretär, Mr. Ross, vorgestellt wurde. Präsident Truman interessierte sich für das Leben in Deutschland. Ich sprach auch von Berlin. Der Präsident versicherte, dass die amerikansche Besatzungspolitik in Berlin fortgeführt wird."[519]

Immer wieder zeigte sich Reger beeindruckt von dem unbeschwerten Leben in den USA, das er mit materiellem Überfluss in Verbindung brachte, aber vor allem mit nationalem Freiheitssinn identifizierte. Dabei kokettierte er durchaus mit dem damals unter europäischen Intellektuellen gängigen Stereotypen vom kulturlosen US-Amerikaner:

„Wenn man selbst hier weilt, sogar nach wenigen Tagen schon, bemerkt man an sich selbst, wie entrückt die europäischen Dinge zu werden drohen (...). (der Hafen) gehört immer noch zu einem anderen Kontinent, dessen innere Entfernung sich nicht mit technischen Mitteln überwinden läßt. Das Merkmal dieses anderen Kontinents ist nicht bloß der sowohl der Weiträumigkeit des Landes wie der ungeheueren Geschäftigkeit angepaßte Lebensstil. Es ist auch nicht bloß das gewaltige Potential und die vitale Energie, die einem überall begegnet (...) in den Straßen der Städte, entlang den Bahnlinien, aber auch auf

---

[518] Vgl. Ebda, Mappe 338.
[519] Radioansprache von Erik Reger am 26. März 1948. Vgl. Ebda, Mappe 308.

dem Lande – eine Landfrau unterscheidet sich äußerlich wenig von der Frau in der Stadt, – und die Zahl der schnellen, meist funkelnd neuen Autos ist fast überall gleich. Nein, das wirklich entscheidende Merkmal ist das Beharren auf einem erstaunlichen Maß an persönlicher Freiheit, das sich niemand rauben lässt, und das seinen Niederschlag auch im politisch-parlamentarischen Leben findet. (...) Der Washingtoner Bezirk mit den riesigen Regierungsgebäuden mit dem Kapitol, dem Tagungsort des Parlaments, mit dem Weißen Haus des Präsidenten, dem gigantischen Washington-Obelisk, dem Lincolndenkmal, der Kunstgalerie, in der jetzt die aus Deutschland geretteten Gemälde ausgestellt sind. (...) Noch denken wenige von den vielen Besuchern des Washingtoner Regierungsviertels daran, dass hier mehr als eine Sehenswürdigkeit ist, nämlich das Zentrum der gesamten alten und neuen Welt. Wer als Europäer durch die Gänge und Säle des Kapitols wandert, die voll mit historischen Gemälden und Statuen – nicht immer sehr geschmackvoll nach unseren Begriffen, aber eine Atmosphäre erzeugend, die die Kraft der Nation widerspiegelt – dem drängen sich zwei Erkenntnisse auf. Einmal, dass diese Nation 150 Jahre in sich geruht und in die Geschicke der übrigen Welt wenig eingegriffen hat. (...) Hier in Washington spürt man, welche Sicherheit und welche Macht 150 Jahre geben, in denen eine Nation niemals den Sinn für die Freiheit und niemals den Inhalt der Freiheit verloren hat."[520]

Man muss die katastrophale Situation Berlins in diesen Monaten vor Augen haben, um Regers heute etwas naiv anmutende Faszination für ein Land zu verstehen, das alles zu haben schien, was er politisch erträumte: Freiheit, gleichberechtigte Mitbestimmung und auch Sicherheit. Die Reise bestärkte Reger in seinem Glauben an die freiheitlich-demokratische Mission der USA.[521] Noch mehr als vorher war er jedem „Amerikanischen" von vornherein sehr positiv voreingenommen – selbst Wohlgesonnene wurden zitiert, von Reger noch nie

---

[520] Radioansprache von Erik Reger am 24. März 1948. Vgl. Ebda.
[521] In einem letzten Radiobeitrag von der USA-Reise für die Columbia Broadcasting Station am 14. April 1948 betonte Reger, dass er bestärkt nach Hause fahre, die Demokratie aufzubauen. Pathetisch endet er: „During these weeks I have seen a democracy in action. (...) Ist idea of human being seems to be based on the thought that man is not on earth just in order to manage to live and to brave sufferings of all kind, but to enjoy life and to have some pleasure in it, with dark days as an exception. This is one oft he strongest impressions which I have got during my stay in the United States. (...The Germans) may answer that they cannot enjoy a life which is misery." Vgl. Ebda.

etwas Schlechtes über die US-Amerikaner gehört zu haben.[522] Auch westliche Zeitungen sahen in Reger, sicher nicht ohne eine Portion Eifersucht, vor allem ein Sprachrohr der US-amerikanischen Besatzungspolitik.[523] Denn wer immer aus den Westzonen gegen die US-amerikanische Oberaufsicht bei der bundesrepublikanischen Staatenbildung agierte und etwa gegen den Besatzungsstatus als „Kolonialstatus" polemisierte[524], wurde von Reger scharf abgekanzelt. Nicht zuletzt aufgrund der eigenen Erfahrungen in Berlin war die Freiheitssicherung für Reger untrennbar mit der US-Militärpräsenz verbunden. Aus dieser Verbindung darf nicht blind gefolgert werden, dass Reger einfach die US-amerikanischen Verhältnisse Eins zu Eins in Deutschland umsetzen wollte. Er betrachtete die US-Präsenz als Schutzschild gegen den sowjetischen Totalitarismus und als notwendige Voraussetzung, eigene deutsche demokratische Strukturen schaffen zu können. Nie empfand er sich als Befehlsgeber der US-amerikanischen Militärregierung. Reger vertraute vor allem seinen eigenen Überlegungen, die am meisten mit seiner Persönlichkeit, und wenn kollektiv, dann mit deutscher Kultur- und Politsozialisation zu tun hatten. Schon ganz am Anfang, bei der Wahl des Titels der ihm anvertrauten Zeitung, widersetzte er sich den US-amerikanischen Vorschlägen und setzte sich durch – mit dem „Tagesspiegel".[525] Auch bei seiner Entscheidung für die Intervention des

---

[522] Vgl.: Pflicht zu Schweigen, DER SPIEGEL vom 31.01.1948.
[523] So schrieb etwa Fritz Exner in seiner Rezension zu „Zwei Jahre nach Hitler" in den *Hannoverschen Neuesten Nachrichten*, die Wichtigkeit der Lektüre von Erik Regers Texten ergebe sich allein „aus seinen Beziehungen zur amerikanischen Sphäre der Besatzungsmächte." Vgl. Adk, NL Reger, Mappe 383.
[524] Vgl. etwa die Auseinandersetzung mit dem Freidemokraten Dr. Thomas Dehler anlässlich Regers Artikels „Krisenstimmung – Furcht vor der Krise" vom 21. Februar 1948. Siehe Korrespondenz in: Ebda, Mappe 311.
[525] Rudolf Brockschmidt, Stunde Null: Eiserne Demokraten, in: Der Tagesspiegel, 27.09.2015. http://www.tagesspiegel.de/themen/70-jahre-tagesspiegel/berlin-chronik-1945-bis-1954-stunde-null-eiserne-demokraten/12364350.html. Aufruf: 05.08.2016.

TS im Zuge der Vereinigungsbestrebungen von SPD und KPD im Frühjahr 1946 hatte er gegen Bedenken linksgerichteter US-Offiziere anzukämpfen.[526] Immer fühlte er sich auf Augenhöhe mit US-Autoritäten wie etwa General Lucius Clay, mit dem er regelmäßig schriftlich in Kontakt stand. Immer selbstbewusst und mit eigenen Vorstellungen brachte er sich in politische Diskussionen ein.[527] Das US-amerikanische Politiksystem betrachtete Reger in keiner Weise in allen Punkten als vorbildlich. Eine Republik mit einem starken Präsidenten an der Spitze war für ihn nicht zuletzt wegen der frischen Erfahrungen mit einem „Führertum" jenseits aller Vorstellungskraft.[528] Als Deutscher und gerade als Berliner begriff Reger aber schnell, dass der Spielraum für deutsche Politik abhängig von deren Stellenwert im Kontext der Globalinteressen der beiden neuen Weltmächte war. Nur als Teil der größeren westlichen „freien Welt" könne ein einiges freies Deutschland entstehen. Er sah sich als deutscher Weltbürger und dachte immer in diesen großen ideologischen Lagerkategorien. Dabei sah Reger wohl bereits im Jahr 1948 die Monarchie als ideale Staatsform an, um die Demokratie vor der vermeintlichen kommunistischen Aggression zu schützen. „Ist die Monarchie eine wirkliche Hilfe bei Festigung der Demokratie?" Gerade Monarchie im Westen würde magnetische Kraft für die sowjetische beherrschte Zone haben", lauteten Stichpunkte für eine Rede während seiner ersten US-Reise.[529] Reaktionen waren nicht zu finden. Die Präferenz für monarchistische Staatsformen muss in einem erzrepu-

---

[526] Vgl. Hurwitz, Stunde Null, 344ff.
[527] Siehe die ausführliche politische Korrespondenz mit General Lucius Clay auch im Krisenjahr 1948, in: AdK, NL Reger, Mappe 311.
[528] In seiner CBS-Rede vom 14. April 1948 setzte sich Reger engagiert mit der starken Stellung des Präsidenten im US-amerikanischen Politiksystem auseinander, verwirft diese Möglichkeit aber ausdrücklich für Deutschland wie für ganz Europa. Vgl. Ebda, Mappe 308.
[529] Handschriftliche Aufzeichnungen während der USA-Reise (16. März bis 29. April 1948). Ebda, Mappe 314.

blikanischen Staatswesen wie der USA allerdings vor allem Befremden ausgelöst haben.

Auf östlicher Seite waren die öffentlich bekannten USA-Reisen Erik Regers natürlich ein gefundenes Fressen. Für die Ost-Presse war es die Bestätigung von dessen, was sie ideologisch schon immer wusste: dass Reger ein US-Agent und der *TS* keine deutsche, sondern eine US-amerikanische Zeitung war. Wenn es um den *TS* ging, war, je nach Laune des jeweiligen Redakteurs, vom gekauften Chefredakteur oder gleich von einem „Kolonialblatt" die Rede. Die Ost-Presse nahm die konkrete Ankündigung der USA-Reise Regers auch zum Anlass, ein paar spöttische Zeilen zu formulieren. „Wörtlich also: Zur ‚Berichterstattung'. Zur Berichterstattung in die USA befohlen. Ist das nicht köstlich", hieß es etwa in der *BZ* am 21. März 1948.[530] Jenseits der propagandistischen immer gleichen Beschimpfungen wurde auch wieder Satire als Kampfmittel eingesetzt, indem Regers schwärmerischer Zug von Amerika ironisiert und auch sein weltpolitisches Pathos ins Lächerliche gezogen wurden. In dem 1946 von den Sowjets lizenzierten Satiremagazin *Der freie Wind*, das zunächst vom ersten *ND*-Chefredakteur Ende verantwortet wurde und später 1954 in den noch heute erscheinenden *Eulenspiegel* überging, hieß es unter der Überschrift „Die Entdeckung Amerikas durch Erik Reger bzw. Erik Regers durch Amerika" am 16. August 1947 wörtlich:

> „Damit Erik Reger Amerika entdecken konnte, musste Hitler kommen – und gegangen werden, mussten ganze Armeen aus Amerika nach Deutschland mühselig verfrachtet werden. Der Vorgang war also gerade umgekehrt wie der bei Columbus; für die Amerikaner komplizierter, für Reger einfacher. Dieser saß jahrelang still und wartete darauf, von Amerika zufällig entdeckt zu werden. Der Schlaukopf. […] „Sieh da, Amerika!", rief eines Morgens der rege Erik verzückt aus, „Look on, Mister Reger!", tönte es dem neuen Columbus entgegen. Es war eine historische Stunde. Die gegenseitige Entdeckung war gemacht. Nun ging alles wie am Schnürchen. In den Annalen des ‚Tagespie-

---

[530] „Zum Weitersagen", in: *ND* vom 21.März 1948.

gel' sind die Etappen der Entdeckungen nachzulesen, die der Karl May der Politik mit dem irreführenden Wikinger-Namen nunmehr Tag für Tag in rascher Aufeinanderfolge gewissermaßen an seine föderalistische Fahne heften konnte. Seitdem wird für ihn die neue Welt schöner mit jedem Tag. Man weiß nicht, was noch kommen mag. An allem vergangenen und kommenden Elend in dieser Welt Regers ist die deutsche Einheit schuld. (...) Die sich nach Reger irrten, waren Stalin, Truman und Bevin [britischer Außenminister – CM] 1945 in Potsdam, weil sie den deutschen Staat nicht zerschlugen. Sie verabsäumten es, damals Herrn Reger als deutschen Experten um seine Meinung zu befragen. Er war um diese frühe Stunden wohl noch nicht auffindbar und sich nicht ganz im klaren, ob er von nun an mit Romanen oder mit politischen Artikeln handeln soll. Inzwischen stehen seine Segel im prallen Westwind, je tiefer er in die neue Welt vordringt, auf neue Ideen kommt, wie man als erstes Deutschland von der Landkarte der alten Welt wegwischen könnte. Um ihn herum gruppieren sich die ewigen deutschen Esel mit ihren langen Ohren und lobpreisen den Kühnen, der Deutschland zerschlagen will – im Namen der so reizvollen westlichen Demokratie, einer aufflammenden Weltbürgerei und des amerikanischen Monopolkapitals, das mit Care-Paketen füttert."[531]

Nach den totalitären Erfahrungen des Zweiten Weltkriegs wurden die USA für Erik Reger zu einem demokratietheoretischen Fixstern, ohne dass er in seinem politischen Denken die speziellen deutschen Bedingungen aus den Augen verlor. Die USA blieben für Reger ein fremder Kontinent, der praktisch Schutz und theoretisch entscheidende demokratische Impulse und Aufbauhilfen für Deutschland geben konnte – mehr aber auch nicht. Anders Herrnstadt. Für ihn war die Sowjetunion bereits seit seinen Tagen im *BT* ideeler Begleiter, später dann Lebensmittelpunkt und vor allem immer auch Sehnsuchts- und Rettungsort.

---

[531] Zitiert nach: „Die Entdeckung Amerikas durch Erik Reger bzw. Erik Regers durch Amerika", Frischer Wind, Nr. 33, 16. August 1947. Vgl. Ebda, Mappe 80.

b) Die Russen und ich: Der Sowjetmensch Rudolf Herrnstadt

„Die große Liebe meines Vaters war die Sowjetunion. [...] Eine Idee, die Materie wurde und vor unseren Augen zerfiel oder eben sich loslöste, wegtreibt, kaum noch zu sehen – die große Liebe meines Vaters".[532]

So klar wie gefühlvoll beschreibt Liebmann den politischen Standort von Rudolf Herrnstadt. Ein Thema zieht sich durch fast alle seine Artikel: die Freundschaft zur „humanistischen" Roten Armee und zu den Völkern der Sowjetunion. Allein diese Freundschaft ermögliche die revolutionäre Umgestaltung im Sinne des Sozialismus. Sie hätte durch ihren heldenhaften wie opferreichen Militärgang die Deutschen nicht nur vom Faschismus, sondern eben auch von der vermeintlichen Knechtschaft des Kapitalismus befreit.[533] Es ist nicht übertrieben zu behaupten, Herrnstadt wäre die Sowjetunion heilig gewesen; er glaubte „an die frohe Botschaft, dass es die Sowjetunion ist, die der Menschheit den Frieden bringt und ein besseres Zeitalter."[534] Dazu war er auch privat eng mit der Sowjetunion verbunden. Herrnstadt hatte nach 1939 in der Sowjetunion gelebt und dort den Holocaust überlebt. Er sprach fließend Russisch und war mit einer Russin verheiratet. Sichere Quellen gibt es wohl nicht, aber Herrnstadt stand wahrscheinlich noch bis weit nach dem Krieg direkt im Dienst des sowjetischen Geheimdiensts.[535] Aufgrund des bereits genannten Schicksals seiner Familie, aber auch aufgrund persönlicher Erfahrungen im Nachkriegsberlin blieb er auf Distanz zu den Deutschen, und das weniger, weil er zumindest anfangs nicht einmal die

---

[532] Zitiert nach: Liebmann, 111.
[533] Zur Rolle und Wahrnehmung der sowjetischen Besatzungstruppen in Deutschland allgemein: Silke Satjukow, Besatzer – „Die Russen" in Deutschland 1945-1994, Göttingen 2008. Hier besonders: 64-67.
[534] Zitiert nach: Liebmann, 260.
[535] „Bis 1950 gehörte ich der Sowjetarmee an", wird Herrnstadt von seiner Tochter zitiert. Vgl. Ebda, 279.

deutsche Staatsbürgerschaft besaß.[536] Ihn verstörte vor allem das allgemeine Ausbleiben von „Bekennermut und Sühne" gegenüber dem Geschehen. Jenseits aller Ideologie irritierte ihn, dass die meisten Deutschen schon unmittelbar nach Kriegsende keine Mitschuld an dem nationalsozialistischen Terrorsystem empfanden, sondern sich zu Opfern stilisierten.[537]

Als bedingungsloser Anhänger der Sowjetunion schmerzte ihn das abgrundtief schlechte Ansehen der sowjetischen Besatzungsmacht in der Bevölkerung. Wohl in keinem Bereich war die Diskrepanz zwischen kommunistischer Propaganda und tatsächlicher Stimmung so groß wie in dem Verhältnis der Deutschen zur sowjetischen Besatzungsmacht. Der Ruf der „Russen" war so schlecht, dass die sowjetische Militärregierung im Sommer 1947 die Isolierung der Truppen befahl. Es entstanden eigene Stadtviertel, in denen nur die Sowjetangehörigen lebten.[538] Die große emotionale Ablehnung der „Russen" bei der Bevölkerung resultierte neben der allgemeinen ablehnenden Haltung gegenüber der polit-ökonomischen Entwicklung in der SBZ „in hohem Maße aus Gewalterfahrungen der unmittelbaren Nachkriegszeit."[539] Das Befreiungsnarrativ musste angesichts der zahllosen sexuellen Übergriffen und Plünderungen durch Sowjetsoldaten auf viele Menschen wie eine Provokation wirken.

Der Kommunikationsexperte Herrnstadt wusste, dass die „Russenpartei" SED niemals Akzeptanz gewinnen würde, solange diese Probleme nicht öffentlich thematisiert werden würden. Er wollte ein ehrliches Verhältnis zu der Sowjetunion – und er war der Einzige,

---

[536] Herrnstadts Staatsbürgerschaft galt zunächst offiziell als ungeklärt. Er besaß nach eigener Aussage von 1946 sowohl einen abgelaufenen tschechoslowakischen als auch einen seit 1941 ungültigen deutschen Pass. Vgl.: Hartewig, 416, (Anm. 345).
[537] Vgl.: Müller-Engsberg, Fall Herrnstadt, 70f.
[538] Vgl.: Satjukow, Russen, 62.
[539] Ebda, 60.

der dies aufgrund seiner Stellung herstellen konnte. So ging Herrnstadt wohl auf Anregung von sowjetischer Seite[540] im Herbst 1948 für einige Tage in Klausur und veröffentlichte am 11. November 1948 einen spektakulären, für damalige Verhältnisse geradezu aufrührerischen Artikel über das Verhältnis der SED zur Sowjetunion. Zu dieser Zeit war die Stimmung für die Sowjets auf dem Tiefpunkt: die Blockade West-Berlins und die Stalinisierung der SED („Partei neuen Typs") waren im vollen Gang. Der Beitrag richtete sich vor allem an die deutschen Genossen, weswegen der Beitrag im Parteiorgan ND erschien. Schon die Überschrift hatte es in sich: „Über die ‚Russen' und über uns"[541]. Den umgangssprachlichen, negativ konnotierten Begriff „Russen" hatte man in einer kommunistischen Zeitung bis dahin noch nie gelesen. Der groß aufgemachte sechsspaltige Aufsatz verband geschickt emphatische Propaganda mit kalkulierten Tabubrüchen. Der Beitrag beginnt mit dem üblichen Glaubensbekenntnis: „Keinen Weg zum Sozialismus ohne rückhaltloses Bekenntnis zur Sowjetunion, ohne uneingeschränkte Unterstützung der Sowjetunion". Und im Laufe des Artikels wird dieser Faden immer wieder aufgenommen, wenn es auf eine rhetorische Frage, ob alles in der Sowjetunion zu verteidigen sei, heißt: „Jawohl, alles – prinzipiell alles". Doch schon im zweiten Absatz liest man etwas Unerhörtes: dass auch die SED „nicht frei vom Einfluß des Gegners" sei und vielerorts die Sowjetunion „als ‚Belastung' empfunden wird. Um diesen Zustand zu überwunden, müsse man die tieferen Gründe der wirkungsmächtigen ‚antisowjetischer Propaganda'"angehen. In einem fiktischen Gespräch ließ er einen Parteigenossen von der Basis, den „kleinen Mann", immer wieder gängige Vorbehalte gegenüber den „Russen" artikulieren, um sie dann ideologisch zu wider-

---

[540] Vgl.: Müller-Engbergs, Fall Hernstadt, 86.
[541] Rudolf Herrnstadt, Über die „Russen" und wir, in: ND vom 19.11.1948. Wenn nicht anders vermerkt, beziehen sich die folgenden Zitate auf diesen Artikel.

legen. „Sie wollen also sagen, dass es in der Sowjetunion nur Gutes, Schönes, Edles gäbe?", lautete eine dieser Fragen, worauf Herrnstadt antwortete:

> „Wie soll es in der Sowjetunion nur Gutes geben, wenn das Wesen, die Größe der Sowjetunion darin besteht, daß das Gute das Schlechte überwidnet? Natürlich gibt es Schlechtes in der Sowjetunion. 300 Jahre Verkrüppelung des Menschen durch den Kapitalismus gehen nicht in 30 Jahren restlos aus den Kleidern. Es gibt in der Sowjetunion noch Tagediebe und Bürokraten, Karrieristen und Gauner, ja nach dem Kriege auch wieder Mörder, die es vor dem Kriege schon nicht mehr gab."

Diese schlechten Menschen würden allerdings im Gegensatz zu den „imperialistischen Staaten" nicht Politik und öffentliches Leben dominieren, sondern wären „durch das ganze zum Fortschritt entfesselte herrschende Volk" im Niedergang begriffen. So klar wie damals möglich, nahm Herrstadt in der Folge das Verhalten der Roten Armee gegenüber der Bevölkerung kritisch in den Blick. Wieder nimmt er die Perspektive des „kleinen Mannes" ein, wenn er von den Ängsten und Wahrnehmungen zu Kriegsende schreibt, „wie die Welt in seinem Kopf aussah und wie sie wirklich war":

> „[Das Kriegsende] hielt er für eine Niederlage, obwohl es sich in Wahrheit um den welthistorischen Sieg der Arbeiterklasse handelte – auch der deutschen, wenn sie nur verstand, ihn zu nutzen. Und die Armee, die da kam? Sie war ihm unheimlich, denn der Instinkt sagte ihm, dass sie mit ihm nicht befreundet sein könne, weil er nicht gekämpft hatte. [Denn eine aktiv handelnde Arbeiterklasse gab es nicht]. Sah er, woher sie kam? ‚Aus Frankfurt an der Oder', hätte er vermutlich geantwortet. Nein, sie kam von dorther, woher er nicht kam, nämlich aus dem Klassenkampf in seiner erbittersten, wildesten Form, aus dem Freiheitskampf eines überfallenen Volkes, gegen das vier Jahre lang Krieg auf Leben und Tod geführt worden war. Sie kam daher nicht in abgetragenen, aber sauberen Schuhen, auch nicht in den geputzten Schühchen aus der kürzlich verlassenen Friedenskaserne in Boston oder Manchester, aus denen später einige andere kamen. Sie kam in klobigen Stiefeln, an denen der Dreck der Historie klebte, entschlossen, entzündet, gewarnt, geweitet, in Teilen auch verroht – jawohl, in Teilen auch verroht, denn der Krieg verroht die Menschen, wer hat ein Recht, sich darüber zu erregen?"

Verroht. Wenn auch konkret im Text „nur" auf den Diebstahl von Fahrrädern Bezug genommen wurde, wussten die Leser doch instinktiv, auf was dieser Begriff offensichtlich anspielte: die öffentlich tabuisierten Vergewaltigungen und Pflünderungen der Roten Armee. Der Artikel wurde zum gesellschaftlichen Ereignis. Säckeweise Leserzuschriften aus der Bevölkerung erreichte die Redaktion, von denen auch viele, natürlich vorsortiert, veröffentlicht wurden. [542] Es begann eine ungewohnt freie Debatte, die es in der SBZ bis dahin nicht im Ansatz gegeben hatte und auch später in der DDR nicht mehr geben sollte. Selbst besonders Herrnstadt-kritische Autoren wie Steffen Wolle räumen eine ungewohnte Lebendigkeit und Offenheit der Diskussion ein.

> „Bis in den Januar 1949 liest man von öffentlichen Diskussionen in der ganzen sowjetisch besetzten Zone, die so viel Zulauf haben, dass Räume verlegt, Lautsprecher für die draußen Zuhörenden angebracht werden mussten. Auch sowjetische Offiziere stehen da Rede und Antwort, so heißt im ‚Neuen Deutschland'."[543]

Im Winter fanden regelmäßig Diskussionsabende in und um Berlin statt, an denen vor allem akademische Würdenträger und Nazigegner teilnahmen. Die Übergriffe wurden nicht verleugnet, dafür in der Regel mit dem Verweis auf die deutschen Verbrechen und die großen Aufbauleistungen der Sowjets relativiert. [544] Die große Aussprache hatte nicht die gewünschte Wirkung. An der geringen Akzeptanz der sowjetischen Besatzungspolitik innerhalb der Bevölkerung änderte sich Umfragen zufolge substantiell nur wenig.[545]

---

[542] Vgl. Stefan Wolle, Der große Plan – Alltag und Herrschaft (1949-1961), Berlin 2013, 66.
[543] Zitiert nach: Liebermann, 259.
[544] Vgl. Wolle, 65-68.
[545] Vgl. Satjukow, 61.

Einige Zeitungen im Westen gingen durchaus auf den Artikel von Rudolf Herrnstadt ein, indem sie ihrerseits die Gewaltexzesse der Roten Armee thematisierten.[546] Auf die Diskussionsrunden und Gespräche allerdings gingen der *TS* und andere West-Berliner Zeitungen mit keinem Wort ein. Zur Zeit der Berlin-Blockade standen die Zeichen auf Konfrontation mit allen propagandistischen Mitteln. In West-Berliner Zeitungen wurde über sowjetische Missbrauchsfälle in einer Form berichtet, die wohl absichtlich an das populäre Narrativ des russischen Barbars anschloss. So war am 8. Januar 1949 etwa im *TS* als Meldung zu lesen:

> „Ein Bandit in russischer Uniform versuchte am Abend des Neujahrstages die neunundzwanzigjährige Getrud Licht aus der Emser Straße 44 in Neukölln, die ihre im Ostsektor wohnende Schwester besucht hatte, in der Koppenstraße zu vergewaltigen. Der Uniformierte zerriß ihr die Kleider. Als die Überfallene sich wehrte, stieß der Täter sie zu Boden und trat sie so, daß ihr Unterkiefer gebrochen wurde und sie am ganzen Körper Verletzungen erlitt."[547]

Solche Artikel der „Feindpresse" dürften Herrnstadt wenig beeindruckt haben. Sie gehörten zur eigenen Ordnung des Weltbildes. Auch nach der Blockade bekämpften sich beide Seiten gnadenlos – nicht nur publizistisch, sondern inzwischen auch ganz real. In einem brutalen Untergrundkrieg kam es zwischen 1950 und 1953 immer wieder zu Entführungen, Sprengstoffanschlägen und Morden.[548] Die einheitlichen Attacken aus Ost-Berlin gegen die westlichen „Faschisten, Kriegstreiber und Imperialisten" verdeckten die inneren Grabenkämpfe zwischen den sowjetischen Machthabern und den deutschen SED-Genossen. Offene Kritik an der SED-Politik war in der Ost-Berliner Presselandschaft nur in einer Zeitung zu lesen: in der

---

[546] Z.B. Der Dreck der Historie, in: Der Kurier, 22.11.1948; Am Problem vorbei, in: Die *Neue Zeitung* vom 14.12.1948. Auch: Müller-Engbergs, Fall Herrnstadt, 363.
[547] *TS* vom 8. Januar 1949
[548] U. a.: George Bailey/Sergej A. Kondraschow/David E. Murphy, Die unsichtbare Front. Der Krieg der Geheimdienste im geteilten Berlin, Berlin 1997, 162-167.

TR, der Zeitung der sowjetischen Besatzungsmacht[549]. Und Rudolf Herrnstadt diente wiederum immer wieder als Vermittler zwischen der sowjetischen Besatzungsmacht und der eigenen Partei – als Politiker im Zentralkomitee der SED und vor allem als Publizist. Dabei ging es erneut vor allem darum, sowjetische Politik in der SED-Führung zu vertreten und zu kommunizieren. Welche Artikel Herrnstadts persönliche Meinung widerspiegelten oder in erster Linie als Auftragsarbeit für die Partei gelesen werden müssen, lässt sich nur schwer klar unterscheiden. Immer wieder löste Herrnstadt zwischen 1950 und 1953 im *ND* mit Artikeln Diskussionen aus, die die missliche Realität selbstkritisch an den kommunistischen Idealen maß. Schon lange vor den revolutionären Junitagen im Jahr 1953 wuchs in der DDR-Bevölkerung der Unmut über die selbstherrliche und diktatorische Politik der SED, zumal sich auch die Wirtschaft in den Westzonen sichtbar besser entwickelte. Ende des Jahres 1951 wurden Ulbrichts Herrschaftspraktiken in der *TR* massiv gerügt und die Partei öffentlich zur kritischen Selbstreflexion, im kommunistischen Jargon: zu „Kritik und Selbstkritik" ermahnt. Herrnstadt nahm gerne die Vorlage der *TR* auf und brachte in der Folge immer wieder seine drei Lieblingsthemen in die SED-Öffentlichkeit: „Freundschaft zur Sowjetunion, ein neues und einiges Deutschland und Kritik an den eigenen Leuten."[550] In seiner teils deutlichen Kritik blieb das System an sich gegen den Feind immer schützenswert. Ob Herrnstadt daran gezweifelt hat, dass er tatsächlich auf der richtigen Seite stand? Einzelne Schilderungen von Herrnstadts Tochter deuten darauf hin. So schreibt sie etwa, ihren Vater nach 1952 beim heimlichen Hören des „Feindsenders" RIAS erwischt zu haben, ein „Vergehen", das bei den Nazis mit dem Tode bestraft worden war, wie Herrn-

---

[549] Vgl.: Reinhardt, 98f.
[550] Vgl.: Liebmann, 275.

stadt selbst anmerkte.[551] Auch erzählt sie, wie Herrnstadt nach Zeugenaussage 1953 spontan auf Initiative einer wütenden *ND*-Journalistin mit der S-Bahn in die Westsektoren gefahren sei. Herrnstadt soll gestaunt haben angesichts des für damalige Verhältnisse pulsierenden Konsum- und Stadtlebens dort: „Dann ist ja alles falsch, was wir darüber schreiben!", wird Herrnstadt zitiert. [552]

Mit dem überraschenden Tod Stalins am 5. März 1953 gerieten die Machthierarchien im Staat ins Rutschen und Herrnstadts Traum einer Demokratisierung der DDR bzw. einer nationalen Vereinigung schien plötzlich realisierbar. In der führerlosen Sowjetunion gewann kurzfristig Stalins gefürchteter Geheimdienstchef Beria Einfluss, der aus ökonomischen und außenpolitischen Gründen einen radikalen Kurswechsel in der sowjetischen Deutschlandpolitik einleiten wollte. Herrnstadt gehörte wohl zu den ersten Ansprechpartnern auf deutscher Seite.[553] Der Aufbau des Sozialismus rückte plötzlich in den Hintergrund, auch die Existenz der DDR stand offen zur Disposition.[554] Die *TR* brachte „nun ständig Texte zur deutschen Einheit, Vereinigung."[555] Am 4. Juni 1953 wurde Walter Ulbricht in Moskau mitgeteilt, dass umgehend „Maßnahmen zur Gesundung der politischen Lage in der DDR" eingeleitet werden müssten. Der „Neue Kurs", der in fast allen Bereichen auf Liberalisierung abzielte (bessere Versorgung, mehr Rechtssicherheit, mehr Freiheiten für Mittelstand), wurde unter den verwirrten deutschen Spitzengenossen heftig diskutiert. Wie war der radikale Kurswechsel umzusetzen, ohne den Führungsanspruch der SED in der Öffentlichkeit zu delegitimie-

---

[551] Vgl. Ebda, 333.
[552] Vgl. Ebda, 332f. Auch: Ciesla, Külow, 84.
[553] Vgl.: Hartewig, 417.
[554] Vgl.: Wolle, 245ff.
[555] Zitiert nach: Liebmann, 338.

ren? Die Zeichen standen auf der Wachablösung von Ulbricht. Im Windschatten des neuen sowjetischen Anspruchs einer „kollektiven Führung" brach sich der Unmut gegen Ulbrichts selbstherrlichen Führungsstil Bahn.

Herrnstadt, der selbst leidenschaftlich im Sinne des „Neuen Kurses" argumentierte, fungierte in den nächsten Tagen als „Schreibfeder" des Politbüros und sollte die politische Neuorientierung konzeptionell entwickeln und vermitteln.[556] Er ahnte wohl die Schockwirkung der Öffentlichkeit und bat Wladimir Semjonow, den Sowjetvertreter in der DDR, zunächst um Aufschub. „In vierzehn Tagen werden Sie vielleicht schon keinen Staat mehr haben", lautete die berühmte Antwort.[557] Hals über Kopf wurden am 11. Juni 1953 im *ND* Beschlüsse verkündet, die die bisherige Politik zur bloßen Makulatur machten und Parteibasis und Bevölkerung ungläubig zur Kenntnis nahmen. Ausgerechnet die Arbeiter sollten von den staatlichen Erleichterungen nur wenig profitieren. Die 1952 beschlossene Arbeitsnormenerhöhung wurde zunächst nicht angetastet, was große Empörung unter den Arbeitern auslöste. Arbeitsniederlegungen an den Baustellen der Stalinallee am 16. Juni 1953 waren der Auslöser einer großen Streikwelle in Ost-Berlin. Die Nachricht von Streiks und Demonstrationen in Berlin verbreitete sich nicht zuletzt durch Meldungen der Westmedien rasend schnell in der DDR. Die Proteste entwickelten sich zu einem Volksaufstand, im Zuge dessen vermehrt der Sturz des SED-Regimes gefordert wurde. Erst die Ausrufung des Kriegsrechts und der Einsatz der sowjetischen Panzer am 17. Juni

---

[556] Ciesal/Külow, 90.
[557] Zitiert nach: Wolle, 250.

retteten das Regime der selbsternannten Kaderpartei der Arbeiterklasse.[558]

Die DDR-Regierungsvertreter standen unter Schock. Am 19. Juni 1953 verbreitete Rudolf Herrnstadt in einem nicht namentlich gekennzeichneten Leitartikel die offizielle Sprachregelung, der Aufstand wäre vom Westen gesteuert gewesen und das Werk „faschistischer Provokateure".[559] In der Folge wurde die offensichtliche Unwahrheit in unterschiedlichen Varianten propagiert und nach Beweisen gesucht, die sich nicht finden ließen, weil es sie nicht gab.[560] Dass am 22. Juni die SED in einer weiteren Erklärung im *ND* in einem Satz auch Schuld eingestand, nahm keiner wirklich wahr.[561]

Intern gingen die Machtkämpfe nach dem Aufstand verschärft weiter. Mit Herrnstadt warb vor allem der erste Minister für Staatssicherheit Wilhelm Zaisser für den Rücktritt von Ulbricht.[562] Als am 26. Juli, an dem Tag der beabsichtigten Absetzung des Generalsekretärs, Beria in Moskau in einer Nacht-und-Nebel-Aktion verhaftet

---

[558] Zum genauen Ablauf des Aufstands u. a. Ebda, 253-274. Aktuelle Gesamtdarstellungen u. a.: Ilko-Sascha Kowalczuk, 17. Juni 1953, München 2013; Hubertus Knabe, 17. Juni 1953: Ein deutscher Aufstand, Berlin 2003.

[559] „In Westdeutschland saßen und sitzen die amerikanischen Agenturen, die auf Anweisung von Washington die Pläne für Krieg und Bürgerkrieg ausarbeiten. [...] Neben den ausländischen Kriegstreibern tragen Adenauer, Ollenhauer, Kaiser und Reuter die volle Verantwortung für das Blut, das bei der Niederschlagung des faschistischen Abenteuers geflossen ist." Zitiert nach: Der Zusammenbruch des faschistischen Abenteuers, in: *ND* vom 19. Juni 1953.

[560] Ciesal/Külow, 93f.. Insgesamt zur offiziellen SED-These: Wolle, 271-274.

[561] „Wenn Massen von Arbeitern die Partei nicht verstehen, ist die Partei schuld, nicht der Arbeiter". Der Satz stammt von Herrnstadt. Zitiert nach: Über die Lage und die unmittelbaren Aufgaben der Partei, in: *ND* vom 22. Juni 1953.

[562] Detailliert und differenziert zu den unterschiedlichen Konfliktlinien: Andrea Görldt, „Rudolf Herrnstadt und Wilhelm Zaisser. Ihre Konflikte in der SED-Führung im Kontext innerparteilicher Machtsicherung und sowjetischer Deutschlandpolitik, Frankfurt 2002. Auch: Stulz-Herrnstadt, Herrnstadt-Dokument, Hamburg 1991.

wurde und das neue Machttriumvirat (Chruschtschow, Malenkow und Molotow) in der Folge auf eine Stabilisierung der DDR drang, nahm die Situation eine abrupte Wendung. Ulbricht ging zum Gegenangriff gegen die „Fraktion Herrnstadt/Zaisser" über und ließ den Justizminister Fechner verhaften.[563] Herrnstadt und Zaisser wurden „parteifeindliche Tätigkeiten" vorgeworfen und aus dem Zentralkomitee ausgeschlossen.[564]

Es war der Anfang einer politischen Vernichtung. In den folgenden Wochen wurde in der SED-Öffentlichkeit eine publizistische Kampagne gegen Herrnstadt inszeniert. Der Vorwurf lautete, er hätte eine „kapitulantenhafte Linie" im Sinne des „Sozialdemokratismus" verfolgt und auf die Wiederherstellung der „kapitalistischen Herrschaft in der DDR" hingearbeitet.[565] Herrnstadt wurde ein Putschversuch vorgeworfen und im Januar 1954 aus der Partei ausgeschlossen. Die offizielle Begründung für den Parteiausschluss zeichnete das Bild von Herrnstadt als einem haltlosen Karrieristen:

> „Herrnstadt, der aus den Reihen des Bürgertums kommt, zur Intelligenz gehört und maßlos ehrgeizig ist, hat trotz seiner langen Parteizugehörigkeit keine Parteierfahrung und kein richtiges Verhältnis zur Arbeiterklasse. Daraus erklären sich seine politischen Schwankungen in den Tagen, als die Partei eine politische Wendung vollzog und es infolge eines verschärften feindlichen Angriffs politische Schwierigkeiten gab. Diese kleinbürgerlichen Schwankungen führten zu fraktionellen, parteizersetzenden Handlungen. Eine solche parteifeindliche Handlungsweise muß den Parteiausschluß zur Folge haben."[566]

---

[563] Der ehemalige Sozialdemokrat Fechner hatte von der Legitimität der Arbeiterstreiks geredet und den Streikenden Straffreiheit in Aussicht gestellt. Vgl. u. a.: Ciesal/Külow, 99.
[564] Vgl. „Aus der Geheimrede Walter Ulbrichts vor dem 15. Plenum am 26. Juli 1953, in: Stulz-Herrnstadt, Herrnstadt-Dokument, 255-263.
[565] Vgl. ausführlich: Müller-Engbergs, Fall Herrnstadt, 309-327.
[566] Zitiert aus: Hartewig, 424.

Wurzellos und zersetzend: Schamlos bediente sich die SED-Führung in der Erklärung auch antisemitischer Stereotype[567], um Herrnstadt als Intellektuellen der Bourgeoisie ohne echte Bindung zur Arbeiterklasse bloßzustellen. Schon der Schauprozess gegen den tschechoslowakischen Parteiführer Rudolf Slánský im Jahr 1952 trug deutlich antisemitische Züge, wie auch Herrnstadt empfand.[568] Auf die Stunde der Rache schienen einige in der *ND*-Redaktion nur gewartet zu haben. Die meisten Redaktionskollegen wandten sich von Herrnstadt ab und warfen ihm „Überheblichkeit und diktatorische Allüren als Chefredakteur" vor.[569]

Herrnstadt wurde parteiintern zur *persona non grata* erklärt und unter ständiger Bespitzelung nach Merseburg verbannt, wo er vereinsamt und isoliert als Archivar arbeitete. Seine wissenschaftlichen Arbeiten konnte er nur unter größten Schwierigkeiten publizieren. Öffentlich wurden sie totgeschwiegen. „Denn seine Partei hat ihr Ziel, ihn auszulöschen, niemals aus den Augen verloren."[570] Von seinem politischen Standpunkt rückte er niemals ab. Selbst als er von der Partei verfolgt wurde, versuchte er noch, sich vor dieser zu rechtfertigen und von ihr rehabilitiert zu werden. Bis zu seinem Tod 1966 unternahm Herrnstadt mehrere Anläufe zur Überprüfung seines Falls durch das ZK der SED. Der Antrag wurde 1956 abgelehnt; spätere wurden nicht mehr beantwortet.[571]

Herrnstadt blieb ein Sowjetmensch „aus Leninschem Geist und von Stalin geschweißt": Sein oppositionelles Handeln musste immer auf

---

[567] Vgl. u. a.: Marx, Christoph, Was ist Antisemitismus und was nicht? in: http://www.marx-bloggt.de/was-ist-antisemitismus-israel-antizionismus/. Abruf: 13.08.2016.
[568] Vgl.: Müller-Engsberg, Fall Herrnstadt, 162-171.
[569] Vgl.: Hartewig, 421. Ciesal/Külow, 100.
[570] Zitiert nach: Liebmann, 374.
[571] Vgl.: Hartwig, 425.

halber Strecke stehenbleiben, weil er die Grundpfeiler des SED-Staates, insbesondere das Machtmonopol der Partei, nie in Frage stellte. In der DDR waren Basisdemokratie und Sozialismus miteinander nicht vereinbar, was er am Ende seines Lebens auch erkannte.[572] So blieb Herrnstadt eine „tragische Gestalt[en] der (ost-)deutschen Revolutionsgeschichte, die daran scheiterte(n), dass [er] sich nicht zu dem durchringen konnte[n], was [ihm] vorgeworfen wurde: zu einer Distanz zur SED."[573]

---

[572] Müller-Engbergs, Fall Herrnstadt, 348.
[573] Laufer, Jochen: Rezension zu Görldt, Andrea: Rudolf Herrnstadt und Wilhelm Zaisser. Ihre Konflikte in der SED-Führung im Kontext innerparteilicher Machtsicherung und sowjetischer Deutschlandpolitik. Frankfurt 2002, in: H-Soz-Kult, 23.05.2003, http://www.hsozkult.de/publicationreview/id/rezbuecher-2911.

Schlussbetrachtung

Die trügerische Kriegsallianz zwischen den USA und der Sowjetunion und die Gründung der UNO am 26. Juni 1945 hatten idealistischen Träumen Nahrung gegeben, die auf eine dauerhafte globale Friedensordnung hinausliefen. Nur wenige Jahre später war Europa in zwei feindliche Lager geteilt, an deren Spitze die Kriegskoalitionäre von einst standen: USA und Sowjetunion. Dem Ziel der USA, konsequenter als 1918 nach einem Krieg in Europa politischen Individualismus, parlamentarische Demokratie und Marktwirtschaft durchzusetzen, stand der totale, weil durch die Geschichte legitimierte Anspruch der Sowjetunion entgegen, die Menschheit von dem vermeintlichen Kreuz der bürgerlichen Herrschaftsformen in all ihren Spielarten zu befreien. Diese Machtansprüche wurden zum politischen Schicksal Berlins für die nächsten 45 Jahre.

Die Presse entwickelte sich unmittelbar nach Kriegsende in Berlin zu einem Mittel im interalliierten ideologischen Machtkampf. In den ersten drei Monaten der sowjetischen Alleinherrschaft über die Stadt wurden diesbezüglich die entscheidenden Weichen für die weitere Entwicklung gestellt. Die Westmächte konnten den sowjetischen Pressevorsprung nach ihrem Einzug in die Stadt nie mehr ganz aufholen. Auch aufgrund ihrer insgesamt schwachen Position in Berlin waren die USA anfangs interessiert, die alliierte Einheit gegenüber den besiegten Deutschen zu betonen. Dies änderte sich in den ersten Monaten des Jahres 1946, als der politische Glaubensstreit der Sozialdemokraten um die Vereinigung mit den Kommunisten offen in der jeweiligen Publizistik ausgetragen wurde. Die parteipolitische Spaltung der Stadt leitete die Entwicklung zur späteren physischen Teilung der Stadt ein. Die in der Folgezeit eskalierenden Spannungen begleiteten die jeweiligen Zeitungen, die noch weitgehend frei überall in der Stadt zu haben waren, nun unverblümt mit parteilichem Engagement. Aus dem ideologischen Wettrüsten der Alliierten hatte sich in Berlin eine im nationalen Vergleich einmalige Pressedichte entwickelt. Dabei wurden aus praktisch allen tagesaktuellen Presseerzeugnissen spätestens ab 1947 angesichts der zunehmenden politischen Hysterie mit ihren vermeintlichen und realen Bedrohungsszenarien der jeweiligen Besatzungsmacht verpflichtete „kollektive Propagandisten, Agitatoren und Organisatoren". Nach der faktischen Teilung Berlins 1948 und der Gründung der beiden deutschen Staaten 1949 zementierte sich auch auf dem Berliner Pressemarkt die ideologische Teilung. Die West-Berliner Zeitungen verloren ihr Hinterland und ihre nationale Vorreiterschaft, zumal 1949 in der Bundesrepublik Deutschland fast vollständige Pressefreiheit gewährt wurde und neue Konkurrenzprodukte in der Stadt vertrieben wurden. Dazu gelangte 1952 mit der *Berliner Morgenpost* eine Traditionsmarke auf den Markt. Weil sich immer mehr Zeitungen in West-Berlin auf die gleiche Anzahl von potentiellen Lesern zu verteilen hatten, kämpften viele West-Berliner Zeitungen gerade in den ersten Jahren nach der Blockade um das wirtschaftliche Überleben. In Ost-Berlin gab es dank großer Subventionen keine wirtschaftlichen Probleme, dafür entwickelte sich die Teilstadt zum Zentrum der typischen DDR-Pressevielfalt in kommunistischer Einfalt. In West-Berlin blieb aufgrund der Insellage der strikte Antikommunismus Konsens aller relevanten Zeitungen. Hintergrund war der Expansionskurs des konservativen, ursprünglich in Hamburg beheimateten *Axel-Springer-Verlags*, der nach der Übernahme des Ullstein-Konzerns 1960 den Westberliner Zeitungsmarkt beherrschte. Aber auch der weiterhin konzernunabhängige, betont liberale *TS* blieb aufgrund der besonderen West-Berliner Situation bis weit in die 1960er-Jahre hinein ein Blatt im „kompromisslosen Kampf gegen den Kommunismus und das Ulbricht-Regime" und wurde zur eher intellektuellen Zuflucht aller politischen Kräfte, „die überzeugt waren, dass der von Hitler verschuldete Einbruch des Kommunismus in die westliche Welt nicht mit der deutschen Kapitulation von 1945 beendet war".[574] Erst mit der Gründung der *tageszeitung* 1979 konnte sich eine alternative Stimme am Berliner Pressemarkt durchsetzen.[575]

Die erste Hochphase des Kalten Kriegs nach 1946 endete 1953, als nach Stalins Tod in der Sowjetunion ein erstes „Tauwetter" einsetzte, der Korea-Krieg endete und die McCarthy-Hysterie in den USA allmählich am Abklingen war. In der Vier-Mächte-Stadt Berlin trug diese politisch-ideologische Auseinandersetzung, die wesentlich von der Beseitigung des jeweils Anderen ausging, besonders dramatische Züge. Das Ringen um die Macht in der ehemaligen Reichshauptstadt, das 1948/9 und 1953 eskalierte, bestimmte auch die Agenda von Erik Reger und Rudolf Herrnstadt, den Berliner Hauptprotagonisten an der publizistischen Front. Beide stammten nicht aus Berlin. Reger stammte aus einem rheinischen Bergarbeitermilieu, Herrnstadt einem jüdischen, liberal-großbürgerlichen Milieu in Schlesien. Beide kämpften mit allem, was Journalisten in die Waagschale werfen können, für die Durchsetzung des Liberalismus bzw. Kommunismus: mit Bildung, Informationen, mit Spott, Beleidigung, Argumenten und Scheinargumenten. Während Reger erst durch die Umstände ein Zeitungsmann wurde, lernte Herrnstadt das journalistische Handwerk von der Pike auf bei dem liberalen Wolffschen *BT*. Mit aller Kraft und unter Ausbeutung ihrer Gesundheit bauten Reger und Herrnstadt ihre publizistischen Bastione auf. Regers *Tagesspiegel* avancierte zum bildungsbürgerlichen Forum in Berlin und zum Werbeprodukt einer liberalen Demokratie, das wie im Fall der verfolgten Sozialdemokraten im Jahr 1946 bereit war, im Bedarfsfall

---

[574] Beide Zitate nach: Nikolas Benckiser (Hg.), Zeitungen in Deutschland – 56 Portraits von deutschen Tageszeitungen, Frankfurt 1967.
[575] Vgl. insgesamt zu den Ausführungen: Presse- und Informationsamt des Landes Berlin (Hg.), Berlin Handbuch. Das Lexikon der Hauptstadt, Berlin 1992, 949ff.

öffentlich für liberal-demokratische Werte einzutreten und damit auch Politik zu machen. Für Erik Reger war seine Publizistik immer auch angewandte Pädagogik. Als einer der ersten Journalisten der Nachkriegszeit durfte Reger in die USA reisen. Nach dem Ende der Berlin-Blockade bis zu seinem Tod 1954 galt er als bester Vermittler der neuen deutsch-amerikanischen Freundschaft in Berlin, als Publizist und Persönlichkeit im gesellschaftlichen Leben. Wie Reger stieg auch sein östliches Pendant Rudolf Herrnstadt hoch in der gesellschaftlichen Hierarchie auf. Und wie Reger mit seinen Ansichten nicht selten seine Bewunderer und Freunde irritierte, war auch Herrnstadt sein eigener geistiger Herr, ein denkender Mensch, der im Rahmen der marxistisch-leninistischen Denkkategorien unbeirrt die Verwirklichung der ethischen Werte der kommunistischen Vision einforderte. Herrnstadt war seit 1950 auch hoher Parteifunktionär, was aber auf seine publizistische Arbeit nur wenig Auswirkung hatte, denn eine Trennung zwischen Presse und Politik gab es im kommunistischen Verständnis nicht. Als Chef eines kommunistischen Pressekonzerns und der Parteizeitung nach 1950 setzte Herrnstadt mit gezielten Artikeln immer wieder politische Reizpunkte auch innerhalb der Partei. Trotz aller ideologischen Parteilichkeit verlangte er von seinen Mitarbeitern in erster Linie Qualität und Können. Keiner in der kommunistischen Kaderriege schrieb besser. An Herrnstadt konnte der „journalistische Nachwuchs erkennen, wie ausdrucksreich und schön unsere deutsche Sprache ist, wenn man sie mit Liebe und Sorgfalt in den Dienst einer großen Idee stellt", lobte Walter Ulbricht noch im März 1953 öffentlich im *ND*. [576] Der Jude Herrnstadt, der viele Familienmitglieder im Krieg verloren hatte, hielt immer Distanz zur deutschen Bevölkerung und war auch

---

[576] So Ulbricht in seinem öffentlichen Glückwunsch des Zentralkomitees der Sozialistischen Einheitspartei Deutschlands zum 50. Geburtstag Rudolf Herrnstadts, in: *ND* vom 18. März 1953.

in der SED Außenseiter. Er bezog seine Macht vor allem aus seiner engen persönlichen, kulturellen und politischen Verbindung zur Sowjetunion, die ihm im Zuge der Wirren nach dem 17. Juni 1953 allerdings zum Verhängnis wurde. Nach der Beseitigung seiner sowjetischen Unterstützer fiel er dem Machtinstinkt Walter Ulbrichts zum Opfer und wurde ins Exil nach Merseburg geschickt.

Als Erik Reger starb, waren halb Berlin und die gesamte politische Elite in der von Adenauer geprägten frühen Bundesrepublik in Trauer vereint. Er erhielt ein Ehrengrab auf dem Waldfriedhof Berlin-Zehlendorf in unmittelbarer Nähe von Ernst Reuter. Als Rudolf Herrnstadt 1966 in Merseburg an Lungenkrebs starb, war am Grab „kein Genosse der SED, keine Zeitung, kein Schüler, kein Freund von früher und niemand aus der Sowjetunion."[577] In westlichen Zeitungen gab es einige Nachrufe, in der DDR erschienen nur zwei kleine Todesanzeigen der Familie. In einer sollte unter seinem Namen stehen: „Er war ein aufrechter Kommunist". Das wurde vom Politbüro untersagt.[578] Erst am 29. November 1989 wurde Herrnstadt von der SED offiziell rehabilitiert, zu einer Zeit, als die Partei ihre Macht bereits verloren hatte und sich auf dem Weg zur Nachhut der revolutionären historischen Entwicklung befand.

---

[577] Zitiert nach: Liebmann, 399.
[578] Vgl. Müller-Engbergs, Fall Herrnstadt, 344f.

ANHANG

Abkürzungs- und Sigelverzeichnis

ABSIE	American Broadcasting Station in Europe
ApuZ	Aus der Politik und Zeitgeschichte
AZ	Allgemeine Zeitung
BBC	British Broadcasting Cooperation
BDU	Bund deutscher Offiziere
Bl.	Blatt
BT	Berliner Tageblatt
BZ	Berliner Zeitung
CCS	Combined Chiefs of Staff
DDR	Deutsche Demokratische Republik
EAC	European Advisory Commission
Etc.	Et cetera
FB	Fachbereich
FD	Freies Deutschland
FDGB	Freier Deutscher Gewerkschaftsbund
FU	Freie Universität
GWU	Geschichte in Wissenschaft und Unterricht
H.	Heft

JCS	Joint Chiefs of Staff
Jg.	Jahrgang
Kominform	Kommunistisches Informationsbüro
Komintern	Kommunistische Internationale
KgU	Kampfgruppe gegen die Unmenschlichkeit
KPD	Kommunistische Partei Deutschland
KpdSU	Kommunistische Partei der Sowjetunion
LAB	Landesarchiv Berlin Kalckreuther Straße
LAB (STA)	Landesarchiv Berlin (ehemaliges Stadtarchiv) Breite Straße
LDPD	Liberaldemokratische Partei Deutschlands
MOI	Ministry of Information
NE	Nachtexpress
ND	Neues Deutschland
NKFD	Nationalkomitee Freies Deutschland
NPL	Neue Politische Literatur
o.J.	ohne Jahr
o.O.	ohne Ort
OMGBS	Office of Military Government for Berlin Sector
OMGUS	Office of Military Government of the United States in Germany
OSS	Office of Strategic Studies

OWI	Office of War Information
P& PW Det.	Publicity and Psychological Warfare Detachments
PWE	Political Warfare Executive
PWD	Psychological Warfare Division
RIAS	Radio im amerikanischen Sektor
RKP	Russische Kommunistische Partei
RM	Reichsmark
SAPMO–BArch	Stiftung Archiv Parteien und Massenorganisationen der DDR im Bundesarchiv
SBZ	Sowjetische Besatzungszone
SED	Sozialistische Einheitspartei
SHAEF	Supreme Headquarters Allied Expeditionary Force
SKK	Sowjetische Kontrollkommission
Sowjetunion	Union der Sozialistischen Sowjetrepubliken
SPD	Sozialdemokratische Partei Deutschlands
taz	Die tageszeitung
TR	Tägliche Rundschau
TS	Der Tagesspiegel
u.a.	unter anderem/und andere
UNO	United Nations Organization
VfZ	Vierteljahreshefte für Zeitgeschichte

ZfG   Zeitschrift für Geschichtswissenschaft

ZV +ZV   Zeitungs-Verlag und Zeitschriften-Verlag

Quellen

a) Periodika

Allgemeine Zeitung, 1945, Berlin.

Berliner Zeitung, Jahrgang 1945-1953., Berlin.

Der Tagesspiegel 1945-1953, Berlin.

Die Zeit, Hamburg

Der Spiegel, Hamburg

Neue Berliner Illustrierte, Jahrgang 1945, Berlin.

Tägliche Rundschau, Jahrgang 1945-1953, Berlin.

Telegraf, Jahrgang 1946-1953, Berlin.

b) Archivmaterialien

Landesarchiv Berlin (ehemaliges Stadtarchiv) Breite Straße: LAB (STA)

Landesarchiv Berlin Kalckreuther Straße: LAB

Stiftung Archiv der Parteien und Massenorganisationen der DDR im Bundesarchiv: SAPMO–BArch

Geheimes Staatsarchiv Preussischer Kulturbesitz

Archiv der Akademie der Künste Berlin, Nachlass Erik Reger

c) Gedruckte Quellen

Badstübner, Rolf / Loth, Wilfried (Hg.), Wilhelm Pieck – Aufzeichnungen zur Deutschlandpolitik 1945-1953, Berlin 1994.

Berlin. Kampf um Freiheit und Selbstverwaltung, hg. im Auftrage des Senats von Berlin, Berlin 1961.

Berlin. Quellen und Dokumente, hg. im Auftrag des Senats von Berlin, 1. Halbband, Berlin 1964.

Bonwetsch, Bernd / Bordjugov, Gennadij / Naimmark, Norman (Hg.), Sowjetische Politik in der SBZ 1945-1949 – Dokumente zur Tätigkeit der Propagandaabteilung der SMAD unter Sergej Tjulpanow, Bonn 1998.

Chamberlain, Brewster S., Kultur auf Trümmern – Berliner Berichte der amerikanischen Information Control Section Juli-Dezember 1945, Stuttgart 1979.

Der erste Monat. Berlin im Mai 1945, aus der Materialsammlung für Geschichte der Stadt Berlin unter der Viermächtebesatzung im Auftrag des Senats für Volksbildung und des Presseverbandes Berlin, hg. von der Forschungsgruppe für Berliner Nachkriegsgeschichte, Berlin o.J.

Erler, Peter / Laude, Horst/ Wilke, Manfred (Hg.), „Nach Hitlerkommen wir" – Dokumente zur Programmatik der Moskauer KPD-Führung für Nachkriegsdeutschland, Berlin 1994.

Erklärung der Vereinten Nationen – Anerkennung der Prinzipien der Atlantik-Charta am 1. 1. 1942, in: Europa-Archiv 1 (1946/7), 343.

Herrnstadt, Rudolf, „Die Russen" und wir : Beiträge zur Frage der Herstellung eines Freundschaftsverhältnisses zur Sowjetunion dem Land des Sozialismus, Berlin 1949.

Ders., Der Weg in die Deutsche Demokratische Republik, Berlin 1950.

Keiderling, Gerhard (Hg.), „Gruppe Ulbricht" in Berlin April bis Juni 1945. Von den Vorbereitungen im Sommer 1944 bis zur Wiedergründung der KPD im Juni 1945. Eine Dokumentation, Berlin 1993.

Krause, Helmut / Reif, Karlheinz (Hg.), Geschichte in Quellen – Die Welt von 1945, München 1980.

Lautemann, Wolfgang / Schlenke, Manfred (Hg.), Geschichte in Quellen – Weltkriege und Revolutionen 1914–1945, München 1989.

Reger, Erik, Zwei Jahre nach Hitler, mit einem Vorwort von Walter Dirks, Berlin 1986 (Original: 1947).

Reger, Erik, Kleine Schriften – Band 1 und 2, hg. von Erhard Schütz, Berlin 1993.

Rürup, Reinhard, Berlin 1945 – Eine Dokumentation, Berlin 1995.

Rupieper, Hermann–Josef, Die Zwangsvereinigung von KPD und SPD – Einige ausgewählte Dokumente der SMAD 16.1.1946- 7.6.1946, Halle 1997.

Schäfer, Hans-Dieter, Berlin im II. Weltkrieg – Der Untergang der Reichshauptstadt in Augenzeugenberichten, München 1985.

Scheel, Klaus, Die Befreiung Berlins 1945, Berlin 1985.

Stulz-Herrnstadt, Nadja (Hg.), Das Herrnstadt-Dokument – Das Politbüro der SED und die Geschichte der 17. Juni 1953, Hamburg 1990.

Um ein antifaschistisch-demokratisches Deutschland – Dokumente 1945-1949, Berlin 1968.

Von Siegler, Hans (Hg.), Dokumentation zur Deutschlandfrage – Von der Atlantik-Charta 1941 bis zur Berlin-Sperre 1961, Bd.1, Bonn 1961.

Widder, Helmut / Bergmann, Marcus / Schambeck, Herbert, Dokumente zur Geschichte der Vereinigten Staaten von Amerika, Berlin 1993.

Wetzel, Jürgen (Hg.), Die Sitzungsprotokolle des Magistrats der Stadt Berlin 1945/6, bearbeitet und eingeleitet von Dieter Hanauske, Berlin 1995.

d) Memoiren

Bahr, Egon, Als rasender Reporter im zerstörten Berlin, in: Gustav Rampe, Die Stunde Null – Erinnerungen an Kriegsende und Neuanfang, München 1989, 293-301.

Boveri, Magaret, Tage des Überlebens, München 1968.

Dies., Wir lügen alle – Eine Hauptstadtzeitung unter Hitler, Freiburg 1965.

Dies., Berliner Sommer 1945 – Die ersten Zeitungen, in: Neue deutsche Hefte 15 (1968), H.2, 4-14.

Borgelt, Hans, Das war der Frühling von Berlin – Eine Berlin-Chronik, München 1980.

Clay, Lucius D., Entscheidung in Deutschland, Frankfurt 1950.

Djillas, Milovan, Gespräche mit Stalin, Gütersloh 1962.

Dyschmitz, Alexander, Ein unvergesslicher Frühling – Literarische Portraits und Erinnerungen, Berlin 1970.

Gerigk, Alfred, Zwei Jahre nachher. Ein pressegeschichtlicher Versuch, in: Neue deutsche Presse (1947), Jg.1, H.1, 3-8.

Habe, Hans, Im Jahre Null, München 1966.

Harich, Wolfgang, Ahnenpass – Versuch einer Autobiographie, Berlin 1999.

Höcker, Karla, Beschreibung eines Jahres. Berliner Notizen 1945, Berlin 1984.

Holmsten, Georg, Als keiner wusste, ob er überlebt – Zwischen den Sommern 1944/5, Düsseldorf 1985.

Huhn, Klaus, Der Fall Rudolf Herrnstadt, Berlin 2008.

Institut für Marxismus–Leninismus beim ZK der SED und Kulturbund der DDR (Hg.), ... einer neuen Zeit Beginn – Erinnerungen an die Anfänge einer Kulturrevolution, Berlin/Weimar 1980.

Kegel, Gerhard, In den Stürmen unseres Jahrhunderts, Berlin 1985.

Kindler, Helmut, Zum Abschied ein Fest, München 1991.

Kirsanow, W., Die ersten Schritte der deutschen demokratischen Presse, in: Neue deutsche Presse (1960), 5-7.

Leithäuser, Joachim, Journalisten zwischen zwei Welten – Die Nachkriegszeit der Berliner Presse, Berlin 1960.

Leonhard, Wolfgang, Die Revolution entlässt ihre Kinder, Bd.2, Leipzig 1990.

Liebmann, Irina, Wäre es schön? Es wäre schön! – Mein Vater Rudolf Herrnstadt, Berlin 2008.

Redslob, Erwin, Von Weimar nach Europa, Jena o.J.

Reger, Erik, Zeit des Überlebens – Tagebuch April bis Juni 1945, mit einem Nachwort von Andreas Petersen (131-159), Berlin 2014.

Reinhardt, Rudolf, Zeitungen und Zeiten, Köln 1988.

Schulz, Klaus-Peter, Auftakt zum Kalten Krieg. Der Freiheitskampf der SPD in Berlin 1945/6, Berlin 1965.

SchulzeWalden, Werner, Die „Tägliche Rundschau" – Deutsch–sowjetische Freundschaft in Aktion, in: Tag der Befreiung, hg. vom Institut für Gesellschaftswissenschaften beim ZK der SED, Berlin 1960, 94-104.

Tjulpanow, Sergei I., Die Rolle der SMAD bei der Demokratisierung Deutschlands, in: ZfG 15 (1967), 240–252.

Ders., Zeit des Neubeginns, in: Neue deutsche Literatur 9 (1979), 41-62.

Ders., Erinnerungen an deutsche Freunde und Genossen, Berlin 1984.

Ders., Deutschland nach dem Kriege (1945–1949), Berlin 1987.

Literatur

a) Lexika/Handbücher

Asendorf, Michael u.a., Geschichte – Lexikon wissenschaftlicher Grundbegriffe, Hamburg 1994.

Baumgartner, Gabriele / Hebig, Dieter, Biographisches Handbuch der SBZ/DDR 1945-1990, Bd.1, München u. a. 1996.

Brockhaus – Die Bibliothek, Die Weltgeschichte, Bd. 5f., Leipzig 1999.

Brunner, Otto / Conze, Werner / Koselleck, Reinhardt (Hg.), Geschichtliche Grundbegriffe – Historisches Lexikon zur politisch-sozialen Sprache in Deutschland, Bd. 4, Stuttgart 1978.

Der grosse Plötz. Die Daten-Enzyklopädie der Weltgeschichte, Freiburg 1998.

Ferker, Christian, Hundert Jahre Ullstein – Ein Bilderbuch mit Randbemerkungen, Berlin 1977.

International Biographical Dictionary of Central European Emigrees 1933-1945, Volume II, The Art, Sciences and Literature, Part 1f, München u. a. 1983.

Kessler, Wolfgang, Russland-Plötz – Russische und sowjetische Geschichte zum Nachschlagen, Freiburg 1991.

Killy, Walther, Literaturlexikon – Autoren und Werke deutscher Sprache, Bd. 9, München 1982.

Kindler, Hermann / Hilgemann, Werner, dtv-Atlas zur Weltgeschichte, Bd. II, München 1996.

Munziger Archiv, Internationales Biographisches Archiv 47 /92.

Neumann, Franz, Handbuch Politische Theorien und Ideologien I, Opladen 1995.

Presse– und Informationsamt des Landes Berlin (Hg.), Berlin Handbuch – Das Lexikon der Hauptstadt, Berlin 1992.

Schramm, Gottfried, Handbuch der Geschichte Russlands, Bd. 3 (1. Halbband), Stuttgart 1993.

Weisz, Christoph (Hg.), OMGUS–Handbuch – Die amerikanische Militärregierung in Deutschland 1945-1949, München 1994.

Wersich, Rüdiger B. (Hg.), USA-Lexikon, Berlin 1995.

b) Monografien, Aufsätze, Gesamtdarstellungen, Untersuchungen

Altrichter, Helmut, Kleine Geschichte der Sowjetunion, München 1993.

Autorenkollektiv unter Leitung von Hans Kaufmann (Hg.), Geschichte der deutschen Literatur 1917-1945, Bd. 10, Berlin 1973.

Baerns, Barbara, Ost und West – Eine Zeitschrift zwischen den Fronten, Münster 1968.

Dies., Deutsch-deutsche Gedächtnislücken: Zur Medienforschung der Besatzungszeit, in: Rolf Gerserick/ Arnulf Kutsch (Hg.), Publizistik und Journalismus in der DDR, München u. a. 1988, 61-114.

Bailey, George / Kondraschow, Sergej A./ Murphy, David E., Die unsichtbare Front. Der Krieg der Geheimdienste im geteilten Berlin, Berlin 1997.

Balfour, Michael, Vier-Mächte-Kontrolle in Deutschland, Düsseldorf 1959.

Barbian, Jan-Pieter, „Ein Autor, der nicht mehr so darf, wie er will": Erik Reger und der Rowohlt Verlag im Dritten Reich, in: Ders., Die vollendete Ohnmacht? : Schriftsteller, Verleger und Buchhändler im NS-Staat ; ausgewählte Aufsätze, Essen 2008, 227-251.

Becker, Marie-Luise, Die Aussenpolitik des Dritten Reiches, München 1990.

Benckiser, Nikolas (Hg.), Zeitungen in Deutschland – 56 Portraits von deutschen Tageszeitungen, dargeboten durch die *Frankfurter Allgemeine Zeitung*, Frankfurt 1967.

Bentele, Günter/ Jansen, Otfried (Hg.), Medienstadt Berlin, Berlin 1988.

Benz, Wolfgang, Potsdam 1945, München 1986.

Benz, Wolfgang, Die Gründung der Bundesrepublik Deutschland, München 1989.

Berg, Jan u.a. (Hg.), Sozialgeschichte der deutschen Literatur von 1918 bis zur Gegenwart, Frankfurt 1981.

Brockschmidt, Rolf, Stunde Null: Eiserne Demokraten – Berlin-Chronik 1945 bis 1954, in: Der Tagesspiegel vom 27. September 2015.

Bungert, Heike, Das Nationalkomitee und der Westen – Die Reaktion der Westalliierten auf das NKFD und die Neuen Freien Deutschen Bewegungen 1943-1948, Stuttgart 1997.

Ciesla, Burghard, Külow, Dirk, Zwischen den Zeilen – Geschichte der Zeitung „Neues Deutschland", Berlin 2009

Coppi, Hansi, Kebir, Sabine, Ilse Stöbe: Wieder im Amt, eine Widerstandskämpferin in der Wilhelmstraße, Hamburg 2013.

Craig, Gordon, Deutsche Geschichte 1933-1945, München 1989.

Creuzberger, Stefan, Die sowjetische Besatzungsmacht und das politische System der SBZ, Weimar u.a. 1996.

De Mendelssohn, Peter, Zeitungsstadt Berlin, Frankfurt/Berlin 1982.

Demps, Laurenz, Berlin-Wilhelmstraße – Eine Topographie preussisch-deutscher Macht, Berlin 1994.

Die Pflicht zu schweigen – Ein für allemal verdorben, in: DER SPIEGEL vom 31. Januar 1948

Dietrich, Gerd, Politik und Kultur in der SBZ 1945-1949, Bern 1993.

Ders., ... wie eine kleine Oktoberrevolution.... – Kulturpolitik 1945-1949, in: Gabriele Clemens (Hg.), Kulturpolitik im besetzten Deutschland 1945–1949, Stuttgart 1994, 219–237.

Dombrowsky, Nina, Lewerenz, Christoph, Antifaschistischer Schutzwall vs. KZ Berlin – Der 13. 8. 1961 in BRD- und DDR-Presse, München 2002.

Dülffer, Jost, Europa im Ost-West-Konflikt 1945-1991, München 2004.

Dussel, Konrad, Deutsche Tagespresse im 19. und 20. Jahrhundert, Berlin 2011

Foitzik, Jan, Sowjetische Militäradministration in Deutschland (SMAD), in: Martin Broszat/ Hermann Weber (Hg.), SBZ-Handbuch, München 1993.

Ders., Sowjetische Militäradministration (SMAD) 1945-1949 – Struktur und Funktion, Berlin 1999.

Fischer, Alexander, Sowjetische Deutschlandpolitik im Zweiten Weltkrieg 1941-1945, Stuttgart 1975.

Fischer, Hans-Dietrich, Reeducation- und Pressepolitik unter britischem Besatzungsstatus, Düsseldorf 1978.

Förster, Uwe (Hg.), Auftrag Luftbrücke: der Himmel über Berlin 1948-1949, Berlin 1998

Frei, Norbert, Medienpolitik der Alliierten nach dem Zweiten Weltkrieg – Die Situation in den Besatzungszonen und in Berlin, in: Studienkreis Rundfunk und Geschichte – Mitteilungen, 11.Jg./ H.1 (1985), 28-41.

Ders., Amerikanische Lizenzierungspolitik und deutsche Pressetradition – die Geschichte der Nachkriegszeitung Südwest-Kurier, München 1986.

Ders., Die Presse, in: Wolfgang Benz (Hg.), Die Geschichte der Bundesrepublik Deutschland, Bd.4, Frankfurt 1989, 370-416.

Ders., Der Führerstaat – Nationalsozialistische Herrschaft 1933-1945, München 1989.

Ders., Schmitz, Johannes, Journalismus im Dritten Reich, München 1989.

Füssl, Karl–Heinz, Restauration und Neubeginn – Gesellschaftliche, kulturelle und reformpädagogische Ziele der „Reeducation"-politik nach 1945, in: APuZ 6 (1997), 3-14.

Frohner, Gesine, Die „Allgemeine Zeitung". Portrait einer Zeitung für die Berliner Bevölkerung, unveröffentlichte Magisterarbeit an der Philosophischen Fakultät der FU Berlin 1966.

Furet, Francois, Das Ende der Illusion – Der Kommunismus im 20. Jahrhundert, Paris 1995.

Geschichte Berlin, Spiegel Geschichte 5/2012, Hamburg 2012,

Gimbel, John, Amerikanische Besatzungspolitik in Deutschland, Frankfurt 1971.

Görldt, Andrea, Rudolf Herrnstadt und Wilhelm Zaisser. Ihre Konflikte in der SED-Führung im Kontext innerparteilicher Machtsicherung und sowjetischer Deutschlandspolitik, Frankfurt 2002.

Grebner, Susanne, Der Telegraf: Entstehung einer SPD-nahen Lizenzzeitung in Berlin 1946 bis 1950, Münster 2002, 292.

Groschopp Horst, Der ganze Mensch Die DDR und der Humanismus – Ein Beitrag zur deutschen Kulturgeschichte, Marburg 2013.

Glaser, Hermann u.a. (Hg.), Soviel Anfang war nie – Deutsche Städte 1945–1949, Berlin 1989.

Ders., 1945 – Ein Lesebuch, Frankfurt 1995.

Ders., Deutsche Kultur 1945-2000, Berlin 1999.

Goldstein, Werner, „Tägliche Rundschau" – erste deutsche Nachkriegszeitung, in: Neue deutsche Presse 14 (1970), 13f.

Grosser, Alfred, Geschichte Deutschlands seit 1945 – Eine Bilanz, München 1978.

Guggisberg, Hans R., Die Geschichte der USA, Stuttgart 1988.

Hartewig, Karin, Zurückgekehrt: die Geschichte der jüdischen Kommunisten in der DDR, Köln/Weimar/Wien 2000.

Heideking, Jürgen, Geschichte der USA, Tübingen 1996.

Heider, Magdalena, Politik – Kultur – Kulturbund. Zur Gründungs– und Frühgeschichte des Kulturbundes zur demokratischen Erneuerung Deutschlands 1945-1954 in der SBZ/DDR, Köln 1993.

Heitzer, Enrico, Die Kampfgruppe gegen Unmenschlichkeit (KgU) – Widerstand und Spionage im Kalten Krieg 1948-1959, Köln/Weimar/Wien 2015.

Henke, Klaus-Dietmar, Die amerikanische Besetzung Deutschlands, München 1995.

Hillgruber, Andreas, Europa in der Weltpolitik der Nachkriegszeit 1945-1963, München 1993.

Holzweissig, Gunter, Massenmedien in der DDR, Berlin 1989.

Ders., Die schärfste Waffe der Partei. Eine Mediengeschichte der DDR, Köln 2002.

Hurwitz, Harold, Die Stunde Null der deutschen Presse, Köln 1972.

Ders., Antikommunismus und amerikanische Demokratisierungsvorhaben im Nachkriegsdeutschland, in: APuZ 29 (1978), 29-46.

Ders., Die Eintracht der Siegermächte und die Orientierungsnot der Deutschen 1945-1946, Köln 1984.

Ders., Die Anfänge des Widerstandes, Teil 1 und 2, Köln 1990.

Jakobs, Hans-Jürgen, Langenbucher, Wolfgang R., Das Gewissen ihrer Zeit – Fünfzig Vorbilder des Journalismus, Wien 2004.

Jans, Klaus, Die Anfänge des Tagesspiegel, unveröffentlichte Magisterarbeit am FB Kommunikationswissenschaften der FU Berlin 1986.

Jäger, Michael, Kultur und Politik in der DDR, München 1995.

Junker, Detlef, Der unteilbare Weltmarkt. Das ökonomische Interesse in der Aussenpolitik der USA 1933-1941, Stuttgart 1975.

Ders., Rooseveltund die nationalsozialistische Bedrohung der USA, in: Frank Trommler (Hg.), Amerika und die Deutschen, Opladen 1986.

Ders., Kampf um die Weltmacht – Die USA und das Dritte Reich 1933-1945, Düsseldorf 1988.

Keiderling, Gerhard, Berlin 1945-1986 – Geschichte der Hauptstadt der DDR, Berlin 1987.

Ders., Wir sind eine Staatspartei – Die KPD-Bezirksorganisation Gross-Berlin April 1945–April 1946, Berlin 1997.

Kershaw, Ian, Der NS-Staat – Geschichtsinterpretationen und Kontroversen im Überblick, Hamburg 1994.

Kowalczuk, Ilko-Sascha, 17. Juni 1953, München 2013.

Köpf, Peter, Schreiben nach jeder Richtung – Goebbels Propagandisten in der westdeutschen Nachkriegspresse, Berlin 1995.

Klessmann, Christoph, Die doppelte Staatsgründung – Deutsche Geschichte 1945-1955, Bonn 1991.

Knabe, Hubertus, 17. Juni 1953: Ein deutscher Aufstand, Berlin 2003.

Koszyk, Kurt, Kontinuität oder Neubeginn – Massenkommunikation in Deutschland 1945-1949, Siegen 1981.

Ders., Pressepolitik für Deutsche 1945-1949, Berlin 1986.

Kotowski, Georg u.a., Hauptstadt im Nachkriegsdeutschland und Land Berlin 1945-1948, hg. von der „Arbeitsgruppe Berliner Demokratie" am FB Geschichtswissenschaft der FU Berlin, Berlin 1987.

Kowalski, Hans-Günter, Die „European advisory Commission" als Instrument alliierter Deutschlandplanung 1943-1945, in: VfZ 19 (1971), H.3, 261-293.

Knütter, Hans Helmut, Die Juden und die deutsche Linke in der Weimarer Republik 1918-1933, Düsseldorf 1971.

Kruip, Gudrun, Das „Welt"-„Bild" des Axel-Springer-Verlags: Journalismus zwischen westlichen Werten und deutschen Denktraditionen, München 1999

Kuby, Erich, Die Russen in Berlin, München 1986.

Kuhn, Axel, Das nationalsozialistische Deutschland und die Sowjetunion, in: Manfred Funke (Hg.), Hitler, Deutschland und die Mächte – Materialien zur Aussenpolitik des Dritten Reiches, Düsseldorf 1976, 639-653.

Laschitzka, Horst, Kämpferische Demokratie gegen Faschismus – Die programmatische Vorbereitung auf die antifaschistisch-demokratische Umwälzung in Deutschland durch die Parteiführung der KPD, Berlin 1969.

Laufer, Jochen: Rezension zu Görldt, Andrea: Rudolf Herrnstadtund Wilhelm Zaisser. Ihre Konflikte in der SED-Führung im Kontext innerparteilicher Machtsicherung und sowjetischer Deutschlandpolitik. Frankfurt 2002, in: H-Soz-Kult, 23.05.2003, http://www.hsozkult.de/publicationreview/id/rezbuecher-2911

Laurien, Ingrid, Politisch-kulturelle Zeitschriften in den Westzonen 1945–1949 – Ein Beitrag zur politischen Kultur der Nachkriegszeit, Frankfurt 1991.

Lerner, Daniel, Skyewar – Psychological Warfare against Germany, Cambridge 1971.

Lieber, Hans-Joachim, Politische Theorien von der Antike bis zur Gegenwart, Bonn 1993, 507-577.

Liedtke, Rüdiger, Die verschenkte Presse. Die Geschichte der Lizenzierungen von Zeitungen, Berlin 1982.

Link, Werner, Das nationalsozialistische Deutschland und die USA 1933–1941, in: NPL 18 (1973), 225–233.

Loth, Wilfried, Die Teilung der Welt. Geschichte des Kalten Krieges 1941-1955, München 1985.

Ders., Stalins ungeliebtes Kind – Warum Moskau die DDR nicht wollte, Berlin 1994.

Matz, Elisabeth, Die Zeitungen der US-Armee für die deutsche Bevölkerung (1944–1946), Münster 1969.

Marx, Christoph, Reeducation und Machtpolitik – Die Neuordnung der Berliner Presselanschaft 1945-1947, Stuttgart 2001.

Ders., Volkssouveränität und Gewaltenteilung – Die US-Verfassung als globales Vorbild, in: BROCKHAUS Horizonte – Im Kampf um die Freiheit, 44-52.

Ders., Was ist Antisemitismus und was nicht?, in: http://www.marx-bloggt.de/was-ist-antisemitismus-israel-antizionismus/

Medebach, Friedrich, Stellung und Aufgabe der Berliner Presse seit 1945, in: ZV+ZV (Jg.56/1959), H.10, 354-362.

Meier, Ernst, Die Lizenzpresse in der amerikanischen Besatzungszone 1945–1949, in: Monomentum Bambergense, Festschrift für Benedikt Kraft, München 1955.

Mettler, Barbara, Demokratisierung und Kalter Krieg – Zur amerikanischen Informations– und Rundfunkpolitik 1945-1949, Berlin 1975.

Moltmann, Günter, Amerikas Deutschlandpolitik im Zweiten Weltkrieg – Kriegs– und Friedensziele 1941-1945, Heidelberg 1958.

Ders., Die amerikanische-sowjetische Partnerschaft im Zweiten Weltkrieg, in: GWU 3 (1964), 164–179.

Mosberg, Helmuth, Reeducation – Umerziehung und Lizenzpresse im Nachkriegsdeutschland, München 1991.

Müller–Engbergs, Helmut, Der Fall Rudolf Herrnstadt – Tauwetterpolitik vor dem 17. Juni, Berlin 1991.

Ders., Aufstieg und Fall eines Kommunisten, in: Berliner Zeitung vom 14.06.2003.

Ders., „Das ging ins Auge" – Aufstieg und Fall des Kommunisten Rudolf Herrnstadt, in: Neues Deutschland, 16.03.2013.

Oschilewski, Walther G., Zeitungen in Berlin – Im Spiegel der Jahrhunderte, Berlin 1975.

Payk, Marcus M., Der Geist der Demokratie – Intellektuelle Orientierungsversuche im Feuilleton der frühen Bundesrepublik: Karl Korn und Peter de Mendelssohn, München 2008.

Petersen, Andreas, Der Tagesspiegel und der DDR-Geheimdienst: Zeitung im Visier der Stasi, in: http://www.tagesspiegel.de, 18.03.2015. Abruf: 29.05.2016.

Petrick, Birgit, „Freies Deutschland" – die Zeitung des Nationalkomitees „Freies Deutschland" (1943-1945), München 1979.

Pingel, Falk, Die Russen am Rhein? – Zur Wende der britischen Besatzungspolitik im Frühjahr 1946, in: VfZ 30 (1982), H.1, 98-116.

Pollmer, Cornelius, „Ich werde Journalistin, aber nicht in der DDR!", in: http://www.sueddeutsche.de/medien/medien-in-der-ddr-ich-werde-journalistin-aber-nicht-in-der-ddr-1.2871159, 19. Februar 2016. Abruf: 27.08.2016

Pürer, Heinz, Raabe, Johannes, Presse in Deutschland, Konstanz 2007.

Raue, Günter, Im Dienste der Wahrheit – Ein Beitrag zur sowjetischen Pressepolitik der sowjetischen Besatzungsmacht 1945-1949, Leipzig 1966.

Ders., Die „Tägliche Rundschau" – Geburtshelfer des DDR-Journalismus, in: Beiträge zur Geschichte der Arbeiterbewegung 27 (1985), 174–181.

Ders., Geschichte des Journalismus in der DDR, Leipzig 1986.

Ribbe, Wolfgang, Berlin zwischen Ost und West, in: Ders. (Hg.), Geschichte Berlins, II. Bd, München 1988, 1028-1084.

Ribbe, Wolfgang, Geschichte Berlins, Berlin 2002.

Richert, Ernst, Agitation und Propaganda – Das System der publizistischen Massenführung in der Sowjetzone, Berlin 1958.

Riegel, Klaus-Georg, Gesinnung und Disziplin. Die Selbstdarstellung eines Parteidissidenten (Herrnstadt) der SED. In: Zeitschrift für Politik 38 (1991), S. 255-273.

Riess, Curt, Restitution und Neubeginn, in: Joachim Freyburg, Hundert Jahre Ullstein, Bd. III, Berlin 1977, 385-415.

Saage, Richard, Faschismustheorien, München 1981.

Satjukow, Silke, Besatzer – Die „Russen" in Deutschland, 1945-1994, Göttingen 2008.

Scheurig, Bodo, Verräter oder Patrioten – Das Nationalkomitee „Freies Deutschland" und der Bund Deutscher Offiziere in der Sowjetunion 1943-1945, Frankfurt 1993.

Schivelbusch, Wolfgang, Vor dem Vorhang – Das geistige Berlin 1945-1948, Frankfurt 1997.

Schütz, Erhard, „... der Wille zur Empfänglichkeit..." – Erik Reger Leben und Werk, in: Ders. (Hg.), Erik Reger Kleine Schriften, Bd. 2, Berlin 1993, 317-349.

Schumacher, Karl–Heinz, Auf dem Wege zu einer neuen Kultur, Berlin 1977.

Schwarz, Hans-Peter, Anmerkungen zu Adenauer, München 2004.

Schwendemann, Heinrich, Die wirtschaftliche Zusammenarbeit zwischen dem Deutschen Reich und der Sowjetunion 1939-1941, Berlin 1993.

Selesnjow, K.L., Zur Geschichte der Zeitung „Das freie Wort", in: Beiträge zur Geschichte der deutschen Arbeiterbewegung 13 (1971), 951-966.

Steinhage, Axel u.a., Berlin 1945-1989 – Vom Kriegsende bis zur Wende, Berlin 1995.

Stöber, Rudolf, Deutsche Pressegeschichte, Konstanz 2005.

Spoo, Eckhardt (Hg.), Die Amerikaner in der Bundesrepublik: Besatzungsmacht oder Bündnispartner, Köln 1989.

Stöver, Bernd, Geschichte Berlins, München 2010.

Stratenschulte, Eckart D., Kleine Geschichte Berlins, München 2001

Strunk, Peter, Pressekontrolle und Propagandapolitik der Sowjetischen Militäradministration (SMAD) – Der politische Kontrollappparat der SMAD und das Pressewesen im sowjetischen Besatzungsgebiet Deutschlands (1945-1947), Diss. Berlin 1989.

Ders., Zensur und Zensoren – Medienkontrolle und Propagandapolitik unter sowjetischer Besatzungsherrschaft in Deutschland, Berlin 1996.

Tauschke, Christian, Vivisektion der Zeit – Studien zur Darstellung und Kritik der Zeitgeschichte in Publizistik und Romanwerk Erik Regers (1924-1932), Hamburg 1997.

Thomas, Siegfried, Entscheidung in Berlin – Zur Entstehungsgeschichte der SED in der deutschen Hauptstadt 1945/6, Berlin 1967.

Trotnow, Helmut,von Kostka, Bernd, Die Berliner Luftbrücke – Erlebnis und Erinnerung, Symposium des Alliierten-Museums Berlin 23./24.4.2009, Berlin 2009

Ueberschär, Gerd R. (Hg.), Das Nationalkomitee „Freies Deutschland" und der Bund Deutscher Offiziere, Frankfurt 1995.

Van Roon, Ger, Widerstand im Dritten Reich, München 1981.

Von Rauch, Georg, Geschichte der Sowjetunion, Stuttgart 1990.

Vorfelder, Jochen, Der Neuaufbau der Berliner Tagespresse zwischen April und Dezember 1945 durch die Alliierten Siegermächte, unveröffentlichte Magisterarbeit am FB Kommunikationswissenschaften der FU Berlin 1985.

Weinert, Erich, Das Nationalkomitee „Freies Deutschland" 1943-1945, Berlin 1957.

Wendt, Bernd–Jürgen, Grossdeutschland – Außenpolitik und Kriegvorbereitung des Hitler-Regimes, München 1987.

Wetting, Gerhard, Neue Aufschlüsse über Moskauer Planungen für die politisch-gesellschaftliche Ordnung in Deutschland nach dem zweiten Weltkrieg, in: Jahrbuch für historische Kommunismusforschung 1995, Berlin 1995, 151-172.

Wetzel, Jürgen, Das OMGUS-Projekt – Die Verfilmung der Akten der US–Militärregierung, in: Hans Reichardt (Hg.), Berlin in Geschichte und Gegenwart. Jahrbuch des Landesarchiv Berlin, Berlin/Wien 1982, 121-130.

Wilke, Manfred, Die Anatomie der Parteizentrale – Die KPD auf dem Weg zur Macht, Berlin 1998.

Weichert, Stephan, Kramp, Leif, Der Berliner Pressemarkt – Historische, ökonomische und international vergleichende Marktanalyse und ihre medienpolitische Implikationen, Senatsverwaltung für Wirtschaft, Technologie und Frauen/Projekt Zukunft, Berlin 2009.

Wetzlaugk, Udo, Die Alliierten in Berlin, Berlin 1988.

Zametzer, Eva, Die Anfänge des Ost-West-Konflikts in der deutschen Sprache - Argumentationsstrategien in Tagesspiegel und Berliner Zeitung von 1945 bis 1949, Frankfurt u. a. 2006.

Zwischen den Zeilen? Zeitungspresse als NS-Machtinstrument, Katalog zur Sonderausstellung der Stiftung Topografie des Terrors Berlin, Berlin 2012.

Personenregister

A

Ackermann, Anton, 43, 150
Aust, Hans-Werner, 60

B

Bahr, Egon, 65, 76, 142, 144
Bauer, Rudolf, 83
Becher, Johannes R., 43, 92
Bekessy, Imre, 34
Beria, Lawrenti, 199, 201
Bersarin, Nikolai, 54, 65
Boenisch, Peter, 76
Bokow, Fjodor, 154, 160
Bolz, Lothar, 41
Borgelt, Hans, 62, 65, 83, 84
Boveri, Margret, 54, 62, 78, 132
Brandt, Willy, 109
Brecht, Bertolt, 35

C

Chamberlain, Houston, 53, 216
Chruschtschow, Nikita, 202
Churchill, Winston, 25, 26, 27

Clay, Lucius D., 100, 160, 189

D

Dannenberger, Hermann = Erik Reger, 119
Dimitroff, Georgij, 43
Doernberg, Stefan, 60
Dovifat, Emil, 18, 68, 87
Drechsler, Susanne, 140
Dyschmitz, Alexander, 62

E

Eisenhower, Dwight D., 31, 33, 53, 137
Engels, Friedrich, 22, 66
Erpenbeck, Fritz, 55, 63, 67

F

Fechner, Max, 166
Feldmann, I.E., 63, 90
Fielden, Bernt, 82, 99, 157, 161, 185
Florin, Wilhelm, 44

G

Galadshijew, Gen-Oberst, 55
Gerigk, Alfred, 87
Germer, Karl, 156, 157, 165, 183
Grindel, Gerhard, 65, 83, 85, 95, 96
Grotewohl, Otto, 149, 150, 156
Gyptner, Richard, 55

H

Habe, Hans, 34, 35, 36, 74
Harich, Wolfgang, 98
Heine, Heinrich, 66
Held, Ernst, 41
Hermann, Joachim, 65
Hermes, Andreas, 87
Herrnstadt, Ludwig, 124
Herrnstadt, Rudolf, 11, 13, 14, 18, 41, 42, 43, 47, 63, 64, 65, 79, 91, 113, 116, 119, 124, 125, 126, 127, 128, 129, 131, 132, 133, 134, 142, 143, 144, 145, 146, 147, 148, 162, 163, 169, 170, 172, 178, 179, 180, 181, 191, 192, 193, 194, 195, 196, 197, 198, 199, 200, 201, 202, 203, 204, 207, 208, 209

Heuss, Theodor, 171
Heym, Stefan, 33
Hitler, Adolf, 9, 20, 21, 24, 25, 36, 38, 39, 40, 42, 81, 136, 207
Holmsten, Georg, 65
Hom, Joseph, 66
Hugenberg, Alfred, 8, 36
Hurwitz, Harold, 16

K

Karsch, Walther, 80, 81
Kästner, Erich, 35
Kegel, Gerhard, 63, 91, 92
Keitel, Wilhelm, 53
Kerr, Alfred, 35, 75
Kerr, Sir Archibald Clark, 41
Kertzscher, Günter, 42, 64, 65, 166
Kindler, Helmut, 65, 78, 83, 95, 96, 131, 132, 134, 141, 142, 144, 145
Kirsanow, Alexandr, 59, 63
Klingenhöfer, Gustav, 98, 164, 165
Kluge, Walther, 83
Külz, Wilhelm, 68
Kurella, Alfed, 41
Kurtz, Rudolf, 78, 89, 90

L

Lenin, Wladimir, 22, 46, 66

Leonhard, F.N., 69, 71, 81, 96, 99

Leonhard, Wolfgang, 41, 55, 160

Lezinsky, Erich, 97

Luft, Friedrich, 76

M

Mahle, Hans, 55

Malenkow, Georgi, 202

Mann, Heinrich, 66

Mann, Thomas, 35, 62

Manuilskij, Dmitrij, 38

Maron, Karl, 41, 55

Marx, Karl, 22

McCarthy, Joseph, 207

McClure, Robert, 32, 35, 69, 73

Meier, Otto, 67, 98

Meinecke, Friedrich, 76

Mendelssohn, Peter, 16, 70, 78

Mendelssohn, Peter, 15, 16, 34, 59, 66, 70-75, 78-80, 82, 83, 87, 89, 97, 102, 105, 108, 110, 135, 136, 223

Michelis, Lew, 38

Molotow, Wjatscheslaw M., 24, 38, 41, 67, 202

Morgenthau, Henry, 30, 31

Mosse, Rudolf, 8

Mühsam, Erich, 62

Müller-Jabusch, Maximilian, 99

Mussler, Werner, 60

N

Neumann, Franz, 156

P

Pfeiffer, Herbert, 83

Pieck, Arthur, 39

Pieck, Wilhelm, 39, 43, 44, 67, 91, 149, 150, 154, 159, 216

Plievier, Theodor, 66

R

Redslob, Edwin, 80, 81

Redslob, Erwin, 80

Reger, Erik, 11, 13, 14, 17, 18, 79, 80, 81, 82, 84, 116, 119, 120, 121, 122, 123, 124, 129, 130, 131, 134, 135, 136, 137, 138-141, 147, 148, 152, 156, 157, 160, 169-178, 181-191, 207-209

Reinhardt, Rudolf, 59, 89, 92, 102, 220

Reuter, Ernst, 109, 171
Riess, Curt, 75, 78, 95, 96
Rilla, Paul, 65
Roosevelt, Franklin, 20, 21, 25, 26, 27, 31

S

Scholz, Arno, 97
Schreiber, Walther, 87
Schulz, Klaus-Peter, 156, 157, 160, 161, 162, 164, 165, 169
Schulze-Walden, Theodor, 60, 151
Schumacher, Kurt, 82, 149, 150, 153, 158, 159, 166, 167
Schwab, Sepp, 44
Schwarz, Willi, 166
Semjonow, Wladimir, 200
Shdanow, Andrej, 67
Shukow, Georgi K., 55, 56
Siebecke, Horst, 152, 153
Sigl, Fritz, 60
Sonnenfeld, Hans, 99
Springer, Axel, 110
Stalin, 11, 24, 25, 27, 38, 67, 107, 154, 199, 203, 207
Stöbe, Ilse, 126, 132, 146
Strunk, Ernst, 71

T

Tjulpanow, Sergej J., 43, 58, 59, 159
Toller, Ernst, 62
Truman, Harry S., 100, 137
Tucholsky, Kurt, 62

U

Ulbricht, Walter, 39, 43, 44, 45, 55, 113, 154, 201, 206, 208
Ullstein, Heinz, 78, 95

V

von Küngelgen, Bernt, 15, 42, 92
Von Ossietzky, Carl, 80
Von Schweinichen, Heinrich, 80, 83
Von Seydlitz, Walther, 40

W

Wallenberg, Hans, 33, 74, 75
Wandel, Paul, 67
Wegener, Paul, 74
Weinert, Erich, 40, 41, 42
Weisspapier, Grijori Lwowitsch, 59
Wels, Otto, 165

Werner, Arthur, 56

Westphal, Wilhelm, 77

Wiegler, Paul, 75, 78, 90

Wieland, Heinz, 91

Willmann, Heinz, 47

Winzer, Otto, 43, 55, 64

Wolff, Theodor, 126

Wollenschläger, Walter, 83

Z

Zaisser, Wilhelm, 201

Zweig, Stefan, 62

***ibidem*-**Verlag

Melchiorstr. 15

D-70439 Stuttgart

info@ibidem-verlag.de

www.ibidem-verlag.de
www.ibidem.eu
www.edition-noema.de
www.autorenbetreuung.de